"十三五"国家重点图书出版规划项目

21世纪海上丝绸之路与广东发展研究丛书（第2批） 主编：张燕生 王义桅

21 Shiji Haishang Sichou zhi Lu yu Guangdong Haiyang Jingji

21世纪海上丝绸之路与广东海洋经济

邓江年 ◎ 著

中山大学出版社

·广州·

版权所有　翻印必究

图书在版编目（CIP）数据

21世纪海上丝绸之路与广东海洋经济/邓江年著. —广州：中山大学出版社，2020.8

（21世纪海上丝绸之路与广东发展研究丛书·第2批/张燕生，王义桅主编）

ISBN 978-7-306-06781-4

Ⅰ. ①21… Ⅱ. ①邓… Ⅲ. ①海上运输—丝绸之路—中国—21世纪 ②海洋经济—研究—广东 Ⅳ. ①K203 ②P74

中国版本图书馆CIP数据核字（2019）第275202号

出 版 人：	王天琪
策划编辑：	金继伟　徐　劲
责任编辑：	徐诗荣
封面设计：	林绵华
责任校对：	邱紫妍
责任技编：	缪永文
出版发行：	中山大学出版社
电　　话：	编辑部 020-84110771，84113349，84111997，84110779
	发行部 020-84111998，84111981，84111160
地　　址：	广州市新港西路135号
邮　　编：	510275　传　真：020-84036565
网　　址：	http://www.zsup.com.cn　E-mail：zdcbs@mail.sysu.edu.cn
印 刷 者：	佛山市浩文彩色印刷有限公司
规　　格：	787mm×1092mm　1/16　21.25印张　316千字
版次印次：	2020年8月第1版　2020年8月第1次印刷
定　　价：	48.00元

如发现本书因印装质量影响阅读，请与出版社发行部联系调换

总序一

打开丛书，翻开一本本书稿，醒目的主题指引、鲜活的思想碰撞、深邃的智慧启迪、扑面而来的南国文采，深深吸引、打动和感染了我。"21世纪海上丝绸之路与广东发展研究丛书"是"十三五"国家重点图书出版规划项目、国家出版基金资助项目，第1批包括了《21世纪海上丝绸之路与广州发展》《21世纪海上丝绸之路与广州国际化大都市建设》《21世纪海上丝绸之路与广州离岸文化中心》《21世纪海上丝绸之路与广东自由贸易区》《21世纪海上丝绸之路与广东旅游发展》，第2批包括了《21世纪海上丝绸之路与广东国际贸易》《21世纪海上丝绸之路与广东海洋经济》《21世纪海上丝绸之路与广东会展发展》《21世纪海上丝绸之路与广东高等教育》《21世纪海上丝绸之路与广州国际航空枢纽》《21世纪海上丝绸之路与深圳科技产业创新》，涵盖了经济、社会、文化等不同主题。这是一套值得仔细阅读、慢慢品味和深入思考的好丛书，实在令人惊喜。

2018年是我国改革开放40周年。在人类社会的历史长河里，40年可谓弹指一挥间。然而，在中华民族数千年上下求索、连绵不息的文明史中，这40年则有着非同寻常的重大意义。在历史上，中华民族在大多数时期执行的都是开放包容的政策体系，由此创造了人类社会唯一没有中断的灿烂的中华文明。然而，作为历史片段的一项闭关锁国政策，再加上内部缺少变革活力和发展动力，最终造成了中华民族近代被动挨打的惨痛经历。习近平指出，人类社会发展的历史告诉我们，开放带来进步，封闭必然落后。中国开放的大门不会关闭，只会越开越大。这是中华民族从近代历史中汲取的惨痛教训,已凝练成中国人民永世难忘的集体记忆,成为推动中华儿女前赴后继勇于变革的强大动力。

习近平指出,古代丝绸之路打开了各国友好交往的新窗口,书写了人类发展进步的新篇章,"积淀了以和平合作、开放包容、互学互鉴、互利共赢为核心的丝路精神",这是人类文明的宝贵遗产。今天,我们要乘势而上、顺势而为,推动"一带一路"建设行稳致远,迈向更加美好的未来,将"一带一路"建成和平之路、繁荣之路、开放之路、创新之路、文明之路。①

历史之问:古代海上丝绸之路时期,广东海外贸易为什么长盛不衰?广东是中国 2000 多年来唯一一个海外贸易长盛不衰的地区。只是在宋元时期,泉州曾经超过广州成为中国最大的海外贸易地区。即便如此,那个时期以广州为核心的广东地区海外贸易也没有衰落。② 这套丛书的作者告诉我们,唐宋时期在广州居住的外国商人和侨民有十几万人,占广州居民的三成以上。广州在元朝已与众多国家和地区有贸易往来;在明朝成为我国朝贡贸易的第一大港;在清朝成为我国唯一的对外通商口岸,史称"一口通商";在 19 世纪中叶成为世界十大城市之一,是仅次于北京、伦敦、巴黎的世界性大城市。③

今日之问:广东作为 21 世纪海上丝绸之路最主要的始发地,未来仍能够引领国家海外贸易乘势而上、顺势而为、高质量发展吗?在新时代,广东站在了一个历史的新起点上,开始了现代化的新征程。无论是 21 世纪海上丝绸之路的建设,还是粤港澳大湾区世界级城市群的打造,

---

① 习近平:《携手推进"一带一路"建设——在"一带一路"国际合作高峰论坛开幕式上的演讲》,载《人民日报》2017 年 5 月 15 日。
② 王先庆:《21 世纪海上丝绸之路与广东自由贸易区》,中山大学出版社 2018 年版,第 2 页。
③ 姚宜:《21 世纪海上丝绸之路与广州国际化大都市建设》,中山大学出版社 2018 年版,第 26 页。

推动高质量发展、建设现代化经济体系、解决不平衡不充分发展的矛盾都是新时代的新要求。习近平指出："高质量发展，是能够很好满足人民日益增长的美好生活需要的发展，是体现新发展理念的发展，是创新成为第一动力、协调成为内生特点、绿色成为普遍形态、开放成为必由之路、共享成为根本目的的发展。"[①]

21世纪海上丝绸之路的相关经济体大多数是发展中国家。一方面，这些国家多是制度风险、政治风险、经济风险、市场风险和经营风险显著高发地区。越是艰险越向前，这是广东人的开放天性和独到本领。广东是我国第一侨乡，海外侨胞占全国的2/3，其中，在海上丝绸之路沿线东南亚国家的华侨占广东海外华侨人数的60%以上，因此，广东具有其他地区无可比拟的侨商优势。[②] 只要将广东人的特色与21世纪海上丝绸之路当地人的优势相结合，加上与在海上丝绸之路相关地区有百年以上从商经验的欧洲、北美、东北亚的企业、金融机构和社会组织开展全方位的国际合作，就能够取得双赢、多赢的结果。另一方面，21世纪海上丝绸之路相关经济体有着强烈的发展需要。广东可以聚焦于21世纪海上丝绸之路上的重点国家、重点地区、重点领域，开展双边、多边合作，尤其是推动第三方合作；基于共同合作意愿，推动交通、能源、电力、信息、通信基础设施建设、农业、先进制造业、服务业等领域的优势互补、互通互动、互利共赢的合作；通过构建21世纪海上丝绸之路建设的"项目群、产业链、经济区"等多种形式，打造利益共同体；通过最大限度发挥广东软实力优势，推动与21世纪海上丝绸之路相关经济体之间的人文交流、离岸文化、旅游休闲、社会民生、绿色发展等领域

---

① 中共中央宣传部：《习近平新时代中国特色社会主义思想学习纲要》，学习出版社、人民出版社2019年版，第112页。

② 秦学：《21世纪海上丝绸之路与广东旅游发展》，中山大学出版社2018年版，第10页。

的合作。

  21世纪海上丝绸之路建设的定位是"我国今后相当长时期对外开放和对外合作的管总规划"①，"本质上是通过提高有效供给来催生新的需求，实现世界经济再平衡"②。广东在推动21世纪海上丝绸之路全方位国际合作方面有着独特优势和社会责任。我们期待，这套丛书能够从全球经济、社会、人文等不同角度，推动社会各界关心、关注、关怀21世纪海上丝绸之路建设的方方面面，最大限度满足人民日益增长的美好生活需要，推动高质量发展，建设现代化的经济体系。同时，祝愿广东人民、全国人民、"一带一路"沿线各国人民乃至全世界人民在合作中生活得更加美好。

  （张燕生，国家发展和改革委员会学术委员会委员，研究员、博士生导师，中国国际经济交流中心首席研究员）

---

  ① 中共中央文献研究室编：《习近平关于社会主义经济建设论述摘编》，中央文献出版社2017年版，第276页。
  ② 习近平：《让"一带一路"建设造福沿线各国人民》，见习近平著《论坚持推动构建人类命运共同体》，中央文献出版社2018年版，第357页。

总序二

"一带一路"建设是我国未来一段时期最重要的发展战略之一,对于世界有着深远的影响。围绕如何推进"一带一路"建设,很多专家学者高屋建瓴,从国家层面提出了合理化建议。各省份也在积极探讨如何融入和对接"一带一路",以期准确抓住经济社会发展新的战略机遇。在"21世纪海上丝绸之路"建设中,广东省无疑具有举足轻重、不可替代的作用。系统地研究"21世纪海上丝绸之路与广东发展",对作为我国改革开放前沿、"海上丝绸之路"起点之一的广东省的未来发展具有极其重要的指导作用,对我国推进"一带一路"建设也将起到应有的促进作用。"21世纪海上丝绸之路与广东发展研究丛书"就是在这种背景下的及时之作。

广东作为改革开放的前沿地,在过去的40年里取得了辉煌的成就,为全国提供了重要的经验借鉴,也正在为"一带一路"沿线国家提供经济发展的样本。在建设"一带一路"的新历史时期,积极参与到国家的战略建设中,既是广东的机遇,也是广东的责任。广东地区的一批专家学者围绕国家的战略方向,结合广东地区发展的实际,从经济、文化、城市发展等角度,深入探讨"一带一路"建设带来的历史机遇,分析广东具有的优势,提出了一系列新观点、新思路和富有建设性的对策建议,在此基础上,汇集成为"21世纪海上丝绸之路与广东发展研究丛书",既有深远的学术价值,也有深刻的现实意义。

这套丛书的最大优点是把握住了国家战略与地方发展的互动。在我国当前的体制下,国家战略导向既是地方发展的重要机遇,也是各地许多已有研究成果的出发点。同时,各地在贯彻落实国家战略的过程中,形成各具特色的"走出去"模式,成为推进国家战略的有力支撑。广东由于其特殊地理位置和历史传统,在"一带一路"建设中,尤其是在21世纪海上丝绸之路的建设中,再次发挥着引领作用,甚至可以说在一定程度上影响着国家战略的实施效果。这套丛书对这种互动关系进行了深入阐发,具有较高的学术价值和指导意义。

作为"专题式系统研究之学术著作",这套丛书及时填补了"'一带一路'与区域发展"研究领域之空白,具有较高的史料价值。

这套丛书的鲜明特色是把握住了广东地方发展的实际与推进"一带一路"建设的优势。从国家层面来看,"一带一路"建设必须综合协调有序推进,但是从地方实践出发,必须扬长避短并形成区域优势。这套丛书的研究内容与广东地方实际结合得非常紧密,这也是广东最能发挥特长并在全国范围内形成示范的领域。相信这套丛书的出版,能助推广东再次成为改革开放的先锋,为全国各地贯彻落实"一带一路"倡议提供借鉴。

(王义桅,中国人民大学国际关系学院外交学教授、博士生导师,国际关系学博士)

第一章　海洋经济与中国海洋战略 / 1

  第一节　海洋资源与海洋经济……………………………………………… 3
  第二节　海洋经济要素构成和区域增长效应…………………………… 10
  第三节　海洋经济与大国崛起…………………………………………… 16
  第四节　经略海洋与中国战略…………………………………………… 24

第二章　海上丝绸之路与广东 / 33

  第一节　"海上丝绸之路"释义………………………………………… 35
  第二节　海上丝绸之路的发展历程……………………………………… 38
  第三节　广东在海上丝绸之路中的作用和贡献………………………… 46

第三章　广东：21世纪海上丝绸之路建设主力省 / 57

  第一节　21世纪海上丝绸之路建设中的广东优势…………………… 59
  第二节　广东发挥21世纪海上丝绸之路建设主力省作用………… 62
  第三节　构建21世纪海上丝绸之路建设广东新内涵………………… 65

第四章　海洋利益博弈与海上丝绸之路合作机制 / 69

  第一节　博弈论与海洋区域合作………………………………………… 71
  第二节　"10+1"框架下南海大区域战略资源合作开发机制……… 77
  第三节　广东省三大海洋经济合作区的协调发展……………………… 91
  第四节　广东跨省三大海洋经济合作圈建设…………………………… 95

第五章　海洋经济发展评估与运行监测 / 103

第一节　海洋经济的科学发展……………………………………… 105

第二节　海洋经济科学发展评价指标……………………………… 107

第三节　海洋经济发展规划与运行………………………………… 113

第六章　海洋经济转型与升级 / 127

第一节　海洋经济转型升级的基本机理…………………………… 129

第二节　中国海洋经济现状………………………………………… 137

第三节　海洋产业升级……………………………………………… 153

第四节　制度创新与有为政府……………………………………… 191

第七章　广东省海洋经济发展现状与环境 / 209

第一节　广东省海洋自然状况……………………………………… 211

第二节　广东海洋经济发展的总体状况…………………………… 213

第三节　广东海洋经济的发展环境………………………………… 219

第八章　广东省沿海城市海洋经济发展布局 / 229

第一节　珠三角地区………………………………………………… 231

第二节　粤东地区…………………………………………………… 243

第三节　粤西地区…………………………………………………… 251

第九章　深蓝广东与海上产业转移 / 257

第一节　广东海洋经济强省建设战略思路………………………… 259

第二节　海上产业转移……………………………………………… 261

第三节　战略支撑平台……………………………………………… 264

第十章　构建广东现代蓝色产业体系 / 271

第一节　广东海洋经济重点产业的选择…………………………… 273

第二节　提升发展传统优势海洋产业……278

第三节　培育发展海洋战略性新兴产业……284

第四节　集约发展高端临海产业……287

第十一章　广东建设21世纪海上丝绸之路重要支撑区 / 291

第一节　广州港：千年商都……293

第二节　建设广东—海上丝绸之路城市港口联盟……298

第三节　繁荣海上丝绸之路文化……307

参考文献 / 321

第一章

海洋经济与中国海洋战略

"海"的拆字意为"水是人类母亲"。海洋既是生命支持系统的重要组成部分,也是可持续发展的宝贵财富。海洋孕育了地球生命,也孕育着整个人类文明,是人类经济活动的物质基础和重要领域。

第一节　海洋资源与海洋经济

海洋是人类赖以生存的物质资源非常集中的区域，资源极为丰富，在人类发展普遍面临着资源短缺、环境恶化、空间不足等问题时，向海洋要资源、要环境、要空间成为必然的选择。

海洋是人类蛋白质资源的仓库。海洋生物资源中的海洋渔业资源、生物代谢产物资源和基因资源等是人类食品和蛋白质的重要来源。海洋生物每年生产的生物总量相当于整个地球的87%，[①] 甚至有人计算过，在不破坏生态平衡的条件下，海洋每年可提供30亿吨水产品，能够养活300亿人口。地球被称为"水的星球"，海洋是个巨大的天然水库，拥有133800万立方千米的水，约占全球水资源的97%，直接利用海水或进行海水淡化是人类解决水资源紧缺问题的重要出路。据国际石油研究机构估计，全球的石油可采储量大约3000亿吨，其中分布在海上的约为1350亿吨，即海洋的石油资源约占全球石油资源总量的45%。海洋天然气总储量约为140万亿立方米，约占全球总储量的50%。世界海洋3500～6000米深的洋底储藏的多金属结核约有3万亿吨，资源总量超过陆地上的资源储量。中国南海可燃冰资源量达700亿吨油当量，约相当于中国目前陆上油气资源量总数的1/2。目前，80%以上的国际贸易是通过海上运输完成的。全球已形成北大西洋航线、西欧—地中海航线、远东—中东航线等许多重要航线。海洋还拥有丰富的旅游资源。[②]

随着海洋资源开发向深度和广度扩展，海洋经济也不断得到迅猛发

---

① 鹿守本：《海洋管理通论》，海洋出版社1997年版。
② 王磊：《天津滨海新区海陆一体化经济战略研究》，天津大学博士学位论文，2007年。

展，已经形成了独立的经济体系。同时，随着海洋的大规模开发，对海洋经济的研究工作也得到不断深化。

一、海洋经济与蓝色经济

人类的海洋经济活动已有上万年的历史，捕鱼是对海洋资源的原始利用方式，以后逐步自觉地开发海洋，制盐、运输有了发展。因此，传统上由于认识的局限，人们习惯性地把海洋资源等同于海洋水产资源，把海洋经济局限于海洋渔业经济。但是，随着海洋经济的不断发展和海洋产业的不断更迭和扩充，对海洋经济内涵的认识也得到不断深化。目前，各界关于海洋经济概念和内涵的认识主要有以下几种代表性的观点：①海洋经济是指开发利用海洋的各类产业及其相关活动的总和。[①] ②海洋经济是活动场所、资源依托、销售或服务对象、区位选择和初级产品原料对海洋有特定依存关系的各种经济的总和。[②] ③海洋经济是以海洋空间为活动场所或以海洋资源为利用对象的各种经济活动的总称。[③] ④海洋经济是对海洋及其空间范围内的一切海洋资源进行开发的经济活动或过程。海洋经济实质上是关于海洋资源的经济问题，即为了满足人们对海洋资源产品的需要，如何开发与管理、利用与保护、改造与培育的经济问题。[④]

本书认为，海洋经济指的是围绕海洋空间进行的一切经济性开发活动和围绕海洋资源进行生产、加工、开发、利用、保护、服务而形成的经济及其过程。它是人们为了满足社会经济生活需要，以海洋及其资源为劳动对象，通过一定的劳动力而获取物质财富的经济活动的总称。

海洋经济是由海洋产业和海洋相关产业构成的，包括主要海洋产业、

---

① 《国务院关于印发全国海洋经济发展规划纲要的通知》，见中华人民共和国中央人民政府网站（http://www.gov.cn/gongbao/content/2003/content_62156.htm）。
② 徐质斌、牛福增：《海洋经济学教程》，经济科学出版社2003年版。
③ 陈可文：《中国海洋经济学》，海洋出版社2003年版。
④ 郑贵斌：《蓝色战略与蓝色经济区》，经济管理出版社2011年版。

海洋科研教育管理服务业、海洋相关产业三部分（见图1-1）。主要海洋产业是海洋经济的基础，是直接开发和利用海洋资源的产业；海洋相关产业是海洋经济的重要组成部分，是主要海洋产业的延伸和扩展；海洋科研教育管理服务业是从海洋相关产业中分离出来的，并与主要海洋产业密切相关的行业（见图1-2）。①

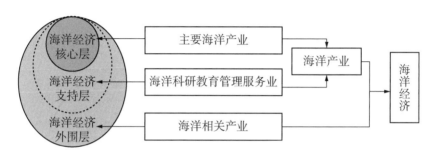

图1-1 海洋经济结构层次

蓝色经济是以海洋经济为基础，却又不完全等同于海洋经济的概念。蓝色经济的概念首先是由山东省社会科学院的郑贵斌研究员提出的，他认为，蓝色经济是一个包括海洋经济、临海经济和涉海经济在内的多种经济集成概念。其中，海洋经济是从海洋资源与空间利用的角度出发，指开发、利用和保护海洋的各类产业活动的总和；临海经济和涉海经济则是分别从区域经济和产业经济的角度出发来界定和划分的相关产业活动的总称，即临海经济为临海地区经济的总称，涉海经济是与海洋开发、利用和保护活动相关的各类产业的总和。总的来说，蓝色经济是海洋经济概念的提升和发展，它在海洋经济发展理念的基础上，涵盖临海经济范畴，融入海陆统筹、绿色经济、外向型经济、生态经济等可持续发展理念，更加突出海洋科技创新、海洋新兴产业培育与海洋生态环境保护，形成一个以海洋资源开发为基础、以海洋经济发展为特色、以海洋新兴产业培育为前

---

① 狄乾斌：《海洋经济可持续发展的理论、方法与实证研究——以辽宁省为例》，辽宁师范大学博士学位论文，2007年。

提、以海洋生态系统管理为手段的综合性经济类型。①

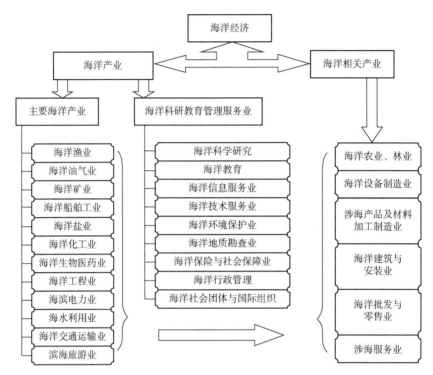

图1-2 海洋经济与海洋产业分类②

二、海洋经济的基本特征

海洋经济与陆域经济同是国民经济的组成部分，但具有相对独立的经济生态，从总体上来看，它具备以下五个主要特征。

---

① 刘康：《"蓝色经济"与"蓝色经济区"的概念发展》，载《蓝色经济》2011年第1-2期。
② 狄乾斌：《海洋经济可持续发展的理论、方法与实证研究——以辽宁省为例》，辽宁师范大学博士学位论文，2007年。

(一) 资源依赖性

海洋经济是涉海性的人类经济活动,是与陆域经济直接对应的经济范畴。海洋经济源于对海洋资源的简单利用。现今世界海洋经济的主体仍然是海洋资源的开发,只是深度和广度远非远古时的人类可比。对海洋资源的开发利用,可以分为两类:一是直接利用海洋资源进行生产性开发,如海洋油气、海洋矿产、海洋渔业、海水制盐等;二是对海洋资源的非生产性开发,主要是滨海旅游、海水牧场等海洋服务业。①

(二) 高风险性

现代海洋经济的发展实质上是现代科技的发展,海洋科学技术是现代海洋经济发展的核心依托。全球很多最新高科技的研发和利用都与海洋有关,海洋是国际科技竞争的主战场。海洋高科技的研发需要投入大量的前期费用,如果没有雄厚的国力,很难支撑海洋科技的持续研发,所以,国际上的海洋经济强国也基本上就是经济大国和科技大国。高额的海洋科技研发费用本身就蕴含着巨大的研发风险。② 另外,由于海洋气候环境的变化,海洋自然灾害的不可预测性和不可控性更强,容易给海洋产业带来巨大破坏。例如,日本 2011 年的大地震和引发的大海啸基本上摧毁了日本福岛一带的经济。

(三) 公共性

海洋是人类共同所有的,海洋的公海部分是全球所有人的共同资源。领海和专属经济区虽然归属于某个国家(地区),但由于海水是流动的,海中的很多资源也是流动的,这使得海洋的海区、岸线和大陆架连为一体,

---

① 杨健:《中国从海洋经济大国建设为海洋经济强国的战略取向》,辽宁师范大学硕士学位论文,2008 年。

② 伍业锋:《海洋经济:概念、特征及发展路径》,载《产经评论》2010 年第 3 期。

并联通了领海、专属经济区和公海。因为海洋资源具有公共属性,所以,海洋资源开发也带有半公共产品和公共经济的属性,这也决定了在海洋资源开发上既有合作,也有竞争。共享性的资源可以无须付费即可开发,而竞争性的资源又会因被过量使用而遭到破坏、衰退甚至枯竭。①

(四) 联动性

海陆一体化是现代海洋经济发展的重要方向,海陆之间资源互补、产业互动、区域关联的重要性日益显现。沿海地区、近海地区与腹地之间形成分工合理、功能互补、协调发展的海洋产业集群,进而利用沿海地区的优势带动并辐射周边地区拓展产业布局和城市发展空间,是海洋经济发展的重要方向。同时,相对陆域而言,海洋经济内部系统的各个组成部分之间的联系更加紧密,尤其是海洋资源开发与海洋生态之间息息相关。

(五) 国家主导性

由于海洋资源开发和海洋经济活动经常涉及领海争端,又需要高端技术和大量资金的支撑,一般企业和个人无法承担,因此必须由国家组织进行。海洋经济对技术、资金和宏观管理方面的需求,都有赖于国家提供。可以说,国家的制度和公共服务的供给是海洋经济发展的关键。②

三、海洋经济的区域划分

海洋经济具有区域性的特征,海洋经济是区域经济的一种表现形式。根据海水所处的地理位置及其水文特征的不同,从区域范围上可以将海洋划分为:洋、海、海湾、海峡等;根据海洋经济区域功能的不同特点,可

---

① 谭在仁:《区域海洋经济发展研究——以威海为例》,山东大学硕士学位论文,2008年。

② 伍业锋:《海洋经济:概念、特征及发展路径》,载《产经评论》2010年第3期。

以将海洋划分为：海岸带及邻近海域、海岛及邻近海域、大陆架及其专属经济区和国际海底区域。可以说，海洋经济的发展离不开区域，区域是海洋经济发展的重要载体。

(一) 海洋功能区划

海洋功能区划是根据海域的地理位置、自然资源状况、自然环境条件和社会需求等因素而划分的不同的海洋功能类型区，用来指导、约束海洋开发利用的实践活动，保证海上开发的经济、环境和社会效益。海洋功能区划的范围一般包括一国（地区）所管辖的内水、领海、毗邻区、专属经济区、大陆架及其他海域。2002年，我国发布了《全国海洋功能区划》，把我国的海洋功能区分为五大类，即开发利用区、治理保护区、自然保护区、特殊功能区和保留区。

(二) 海洋经济区划

海洋经济区划是根据一定海域空间内海洋经济发展的现状和发展前景以及产业集聚程度所划分的不同类型的海洋区域。例如，我国海洋经济就基本形成了"3 + N"的区域划分。2010年，环渤海地区海洋生产总值为13271亿元，占全国海洋生产总值的比重为34.5%，比上年减少0.1个百分点。长江三角洲地区海洋生产总值为12059亿元，占全国海洋生产总值的比重为31.4%，比上年减少0.6个百分点。珠江三角洲地区海洋生产总值为8291亿元，占全国海洋生产总值的比重为21.6%，比上年增长0.9个百分点。其他沿海地区也纷纷提出适合当地的海洋发展战略思路。例如，海南实施"以海兴岛"战略，大力建设"国际旅游岛"；广西北部湾的建设如火如荼；福建建设海峡西岸经济区，在两岸合作交流中先行先试；辽宁实施沿海"五点一线经济带"的发展战略；等等。

(三) 海洋行政区划

海洋行政区划是指按照地方政府的管辖范围进行的海洋区域划分。按照行政区划可以把海域划分为省、市、县、乡（镇）管辖的海域。海洋行政区划容易与海洋自然保护区和海洋军事区等重叠，产生管理真空或出现管理纠纷。

第二节 海洋经济要素构成和区域增长效应

与陆域经济一样，海洋经济生产力的构成要素也主要有资本、劳动力、技术等，只是其内容、作用和表现形式有所差别。陆域经济的土地要素在海洋经济中表现为海域空间。处于海洋经济不同发展阶段的国家（地区），各要素对其海洋经济发展的贡献也有所差别。海洋经济对一国（地区）的经济增长具有重要的推动和带动作用。

一、海洋经济的要素构成

从构成海洋生产力资源的不同层次考虑，海洋生产力是一个由海洋自然要素、海洋社会要素、海洋科技要素组成的系统。海洋自然要素是海洋生产力的基础性因素，海洋社会要素是海洋生产力的决定性因素，海洋科技要素是海洋"第一生产力"，是能对其他要素起促进作用的因素。[1]

（一）自然属性要素

海洋生产力要素构成中的自然属性要素主要是指海洋资源，主要包括海水资源、生物资源、矿产资源、动力资源、化学资源、空间资源、旅游资源等。海洋生产力自然属性要素具有一个显著特点，就是它与海洋及其历史的变迁具有紧密关系，并随着人类科学知识水平和实践能力的发展而

---

[1] 陈可文：《中国海洋经济学》，海洋出版社2002年版。

不断变迁,具有很强的阶段性。

海洋生产力的自然属性要素主要包括:①海洋生物要素和海洋非生物要素。海洋生物要素指海洋植物、海洋动物以及海洋微生物。海洋生物要素以外的海洋自然要素均为海洋非生物要素,主要包括港口资源、海洋石油天然气资源、动力资源、化学资源、空间资源、海岛资源、旅游资源等。②海洋可再生自然要素和海洋不可再生自然要素。这是根据海洋资源自身是否具有再生能力来划分的。海洋可再生自然要素主要指海洋生物资源、海岸土地资源和海洋动力资源等可供人类反复开发利用的资源。海洋不可再生自然要素是指那些不可恢复,或者相对人类历史而言恢复时间太长的自然资源。

(二)社会属性要素

海洋经济的社会属性也非常重要,主要由以下几个方面的要素构成:①涉海人力要素。主要是指滨海居住人口和海洋渔民,他们的思想观念、文化素质和知识结构会直接影响到海洋经济的发展。②资本要素。主要是指投入到海洋开发和海洋产业上的资金与有关海洋的资本市场的发展程度。③信息要素。主要是指海洋技术、产品、服务、资源、市场等方面的信息网络。④管理要素。主要是指国际社会有关海洋的一些公约和本地政府有关海洋管理的法律法规。《联合国海洋法公约》要求改变缔约国国内体制中不适应的部分,尽快完善海洋立法、健全海洋法律体系,加强海洋统一和协调管理。[①]

(三)科技要素

从一定意义上讲,现代科学技术的发展是海洋产业演进发展的根本原因,近代海洋开发和海洋产业的发展基本上都是建立在海洋科技的突破上

[①] 马雯月:《支撑我国海洋经济发展的要素分析》,载《中国水运》2008年第1期。

的。第一次科技革命中的轮船和大机器工业提高了人类开发和利用海洋的能力,尤其是海洋航运和海洋科考。第二次科技革命中的内燃机和电力发明又进一步提升了人类开发利用海洋的能力,海底油气和与海洋相关的化学工业开始建立起来。20世纪中期以来的第三次科技革命中微电子和计算机技术的广泛运用让海洋开发插上了飞翔的翅膀。海底勘探、现代造船、航海导航、海水淡化、海洋风能利用等大踏步发展,向海洋要空间、要资源、要增长成为全球大势。①

(四) 海洋生态环境要素

海洋生态环境是海洋经济和海洋生产发展的基础和前提。只有经济与环境协调的发展才是科学发展。任何违背自然规律、盲目开发海洋资源以换取海洋经济发展速度的发展方式最后都将功亏一篑,受到大自然的惩罚。我们应该认识到,海洋生态环境的保护与海洋资源的开发并不是矛盾体,而是相互促进的、互相融合的,两者互为补充、相得益彰。②

二、海洋经济的增长效应

海洋经济的发展既可以通过自身的经济增长带动区域经济的增长,又能够通过海洋科技、海洋产业对其他产业的渗透和融合,带动国民经济其他部门的发展,进一步促进区域的经济增长,并增强区域的综合竞争力。总体上看,海洋经济的发展和海洋产业的集聚可以从规模效应、分工效应、外部效应和市场效应四个方面对区域经济的增长产生影响。

---

① 王磊:《天津滨海新区海陆一体化经济战略研究》,天津大学博士学位论文,2007年。
② 王立彭:《中国海洋产业生产力水平测算研究》,中国海洋大学硕士学位论文,2008年。

（一）规模效应

这里的规模效应是指由于海洋产业集聚导致经济规模增加而给区域经济活动主体带来经济利益的影响，是海洋产业集聚经济的一个重要方面。海洋产业的规模效应既包括生产过程中单位产品成本随产量的扩大而递减，也包括消费领域中单位消费品或者消耗品的平均支出随集聚规模的扩大而降低。① 海洋产业集聚的形成建立在资源集聚的基础之上，产业集聚在形成的过程中会吸引更多相关资源集聚，进而形成相互促进的更为明显的产业集聚趋势。由于海洋产业集聚受到高投入、高技术等条件限制，因而企业在从事海洋产业生产活动中需要进行大量的生产性投入，这些投入具有不可分性，如企业内部的固定成本、产业内部的技术培训成本、海洋产业信息收集成本及为准备工作花费的各种设置成本等。海洋产业的集聚可以使企业扩大产量，从而降低每单位产品的成本，实现生产者的规模经济。随着规模经济的产生，企业的生产、销售、管理、服务等方面的效率也随之提高。②

（二）分工效应

这里的分工效应是指由于海洋经济的发展和海洋产业的集聚而给区域经济主体带来的分工与专业化方面的影响。由于海洋产业的发展具有多行业性和多科学性，因此，在海洋产业的开发过程中需要多学科、多行业的广泛分工合作。例如，山东半岛地区在海洋产业的发展中逐渐形成了分工合作态势，海洋产业的分工合作涉及地质、地理、水文、气象、水产、矿产、石油、航运等多个部门和行业。其中，青岛作为山东半岛地区海洋高新技术产业的集聚地，也逐渐形成了产学研相结合的分工合作模式，为山

---

① 冯薇：《产业集聚、循环经济与区域经济发展》，经济科学出版社2008年版。
② 陈柳钦：《产业价值链：集群效应和链式效应》，载《理论探索》2007年第2期，第80～83页。

东半岛地区海洋产业的技术创新提供了广泛的支持,同时也成为山东半岛海洋产业合作发展的一个重要地区。随着海洋相关技术的发展,海洋产业被日益划分为一系列关联性强的生产环节,这种企业间的关联逐步促使产业链条的形成,海洋产业集聚发展涉及的部门也逐渐增多。由于单个企业无法应对如此复杂的交易,因此,也必须通过分工和专业化生产促进企业的发展,从而提升经济利益。分工与专业化生产之所以能够产生经济利益,是因为分工与专业化生产能够促进劳动生产率的提高,使生产程序简单易控,经营管理效率提升,从而有助于技术创新发展,有助于采用大规模的生产设备,促使大规模专业化生产成为可能,逐渐引导产业集聚的演化发展。

(三) 外部效应

这里的外部效应是指由于海洋经济的发展和海洋产业的集聚而给区域内的经济活动主体带来的外部经济方面的利益,各种外部经济效应的存在正是集聚经济产生的重要原因之一。在海洋经济活动的空间集聚过程中,各种要素在宏观、中观、微观三个层次中进行组合对接,逐渐形成了变化多样的产业链条,由于海洋产业特有的海陆联动发展特性,使之形成了一般产业所没有的广泛关联性,从而使其外部性特征更加突出。海洋经济发展和海洋产业集聚的形成,不仅能够带动具有海洋特色的产业集聚发展,如海洋渔业、海洋盐业、海洋化工业、海洋船舶业、海洋生物医药业、海洋工程建筑业和滨海旅游业等海洋产业,同时也能够带动其他行业的发展,如外贸行业、海运行业、服务行业、金融行业等。此外,海洋经济发展和海洋产业集聚也会带动人才、科技等资源的集聚,这些资源在地理上的集中,形成了更大的外部经济,使涉海企业能够获得更好的生产经营环境,提高生产效率。企业之间的合作,使得一个企业的产出成为另一个企业的投入,从而激发了技术创新,为经济发展提供了更有效的技术手段。

（四）市场效应

这里的市场效应是指由于海洋经济的发展和海洋产业的区域集聚而给区域内的各个经济活动主体带来的市场效率提高的利益，海洋产业的空间集聚可以提升市场效率，带来市场效应。海洋产业的集聚发展导致市场空间范围内的从事海洋经济活动主体之间的关联增多，主要包括经济关联、技术关联和市场关联。同一产业内部的企业之间表现为竞争与合作的关系，不同产业的企业之间表现为竞争与互补的关系，厂商与消费者之间表现为供给与需求的关系，产业链的上下游产业表现为投入与产出的关系。海洋产业在集聚过程中，差异行业之间的集聚比同一行业企业的集聚有更为宽泛的企业集聚，也会带来更大程度的市场关联效应，正是这种前向联系与后向联系，使得企业得以相互获益。在投入产出关系明晰的海洋产业链条中，上游产业的产品是下游产业的中间投入品，下游产业形成上游产业的市场，需求联系会吸引上游产业到那些已经有相当多下游产业的企业所在地。由于中间投入品的成本降低，下游产业将会有较低的成本，形成上下游产业的成本联系。因此，集聚经济可以使上游企业由于市场易进入而获益，也可以使下游企业由于中间投入品成本降低而获益。例如，在山东半岛海洋水产品加工业与海洋生物医药业的集聚发展中，上下游企业合作联营的现象普遍，产销分工协作模式正在逐渐形成，市场效应明显。[1]

---

[1] 任博英：《山东半岛海洋产业集聚与区域经济增长问题研究》，中国海洋大学硕士学位论文，2010年。

第三节 海洋经济与大国崛起

21世纪是海洋世纪。海洋经济的发展将关系到一个沿海国家（地区）未来的兴衰。今后10年甚至50年内，国际海洋形势将发生重大变化。面对日趋严峻的人口、资源、环境问题，海洋将成为人类未来的希望，也将成为国际竞争的主要领域。中国要在21世纪实现崛起的历史使命，势必也是作为一个海洋大国和海洋强国的崛起，而绝对不是作为一个内陆国家的崛起。海洋路径应是中国崛起最重要的路径之一。

一、大国崛起的海洋路径

从中世纪末期开始，在威尼斯发生了由海外贸易引发的资本主义革命，形成了地中海的商贸中心。后来随着欧洲大陆的百年战争的发生，欧洲大陆陆路不通，重视航海的西班牙、葡萄牙发展成为世界大国。之后，沿着大西洋西岸北上，荷兰、英国也先后成为世界的中心。19世纪到20世纪，工业文明延至北美。北美在20世纪成为工业文明最强大的区域，而在20世纪的最后20年引发的知识革命使环大西洋地区成为当今世界的主要知识文明圈之一，而工业文明越过太平洋，在太平洋西岸地区集聚，于是这个地区成为当今世界上工业文明最强大的地区，中国就是伴随这个地区的崛起而崛起的。可以看出，世界文明的传递依赖于海洋，世界大国的崛起依赖于海洋。从威尼斯开始到葡萄牙、西班牙、荷兰，到英国、法国、美国，任何一个在世界上曾经成为世界大国的国家都是海洋强国。

（一）葡萄牙和西班牙的"海洋两分"时代

葡萄牙海上霸权的建立，始于15世纪的亨利王子时代。亨利对海洋探险有着浓厚的兴趣,亲自参与海船的改造,从意大利网罗大批航海人才,并在里斯本创建航海学校,教授航海、天文、地理等知识。在亨利的大力支持下,葡萄牙的航海事业不断发展。1497年,达·迦马的船队顺利绕过好望角,进入印度洋,从此开始了葡萄牙人在印度洋的霸业。1509年,葡萄牙人在印度洋打败阿拉伯人,封锁了红海航路,终结了阿拉伯人对印度洋、红海、地中海的控制权。自此,葡萄牙人完全掌握了印度洋的海上霸权,至16世纪初期,已经建立了一个从直布罗陀经好望角到印度洋、再经马六甲海峡至远东的庞大帝国,成为当时欧洲的海上强国。强大的海权带来了滚滚的财富,东方的象牙、香料和黄金如潮水般涌入葡萄牙。在短短的几十年间,传统的农业国葡萄牙一跃成为欧洲最富有的国家。

当葡萄牙依靠海权迅速崛起时,西班牙深感威胁,于是加紧发展海权。1492年,伊莎贝拉女王授予哥伦布海军大将的军衔和新发现土地总督的预封,派遣他远航海外,西班牙也由此踏上了海上强国之路。到了1550年时,西班牙人已经征服了除巴西以外的整个南美洲。1545年到1560年间,西班牙平均每年从拉丁美洲运回黄金5500公斤、白银24.6万公斤。到16世纪末,世界金银总产量中的83%被西班牙占有。

(二)荷兰世纪

荷兰位于西北欧的低地,临海的地理位置使其很早就拥有一定的海上贸易规模。建国之后,由于本身国土面积有限,荷兰难以在陆地开拓,于是便全力投入到海上贸易之中。荷兰人最初的致富之路是在北海捕捞鲱鱼,在垄断了北海捕鱼业之后,荷兰人又将资金投入到造船业。17世纪的荷兰造船厂林立,全国可以同时开工建造几百艘船,成为全欧洲的造船中心。到17世纪中期,荷兰已建立了一支庞大的商队,其船舶总吨位相当于英、法、葡、西四国的总和,被誉为"海上马车夫",欧洲的海上贸易几乎全部掌握在荷兰手中。荷兰在17世纪完全垄断了世界贸易。为了保护自己的海上贸易,荷兰建立了强大的海军,并借其大肆进行海外殖民,在17世纪占领了广大的殖民地,在航海、殖民、贸易等方面达到了全盛期,成为欧洲的经济中心。

(三) 英国的"日不落"帝国

英国在16世纪中期走上了海外扩张的道路。英国的崛起始于1588年英西海战的胜利。在随后的岁月中,英国首先通过三次英荷战争的胜利,迫使荷兰接受了《航海法》,其后于1763年打败法国赢得英法七年战争,又于1815年在滑铁卢击败拿破仑,最终通过战争建立了庞大的殖民帝国。英国倚仗自己的资本和海上力量,推行"炮舰政策",发动了一系列殖民侵略战争,取得了完全制海权,成为新的海洋霸主,号称"日不落"帝国。

(四) 美国的海上霸权主义

虽然在1783年美国独立战争结束以后华盛顿就强调,获得海上优势是战争的关键,但此时美国的海上力量还主要是为了保家卫国,根本无法撼动英国的海上霸权,因此发布了《中立宣言》,奠定了"孤立主义"的战略基调。美国内战后,奴隶制的废除为资本主义的发展提供了更为广阔的空间,美国经济突飞猛进,而此时力主海权论的马汉为美国称霸海上提供了战略思想。1898年,美西开战,美国夺取了海上的一些战略要地,取得向东方跃进的跳板,进一步刺激了美国夺取海权的欲望。"一战"削弱了英、德这两个海军强国,美国取得了与英国相同的海上强国地位。借助"二战",海权的重心逐渐由英国转向了美国。"二战"后,尤其是苏联解体后,蓝色的海洋上美国更是"一枝独秀",世界上每一个海域都有美国海军的存在。

(五) 日本的东亚海权

在开放以前,日本闭关锁国200多年。1853年,日本江户湾浦贺海面上出现4艘巨大的"黑船",美国东印度舰队司令官、海军准将佩里率领的舰队来到日本,要求日本开放。1854年,日本顺从地与美国签订了

《日美友好条约》,后来还给予美国在日本建立租借地、只交纳极少的进口税等特权。这种屈辱使日本开始重视海军建设,放眼大海谋求海权。幕府也加快了其海军近代化进程,建造了第一座海军造船厂,并派遣留学生去西方海军学校学习。1868年,明治天皇上台,宣称用武力"拓万里波涛,布国威于四方",建立海军,开始准备与近邻中国争夺区域海权。1870年,日本天皇发布训令,规定英国海军为日本的榜样,还雇用了英国人帮助训练海军士兵。1874年,日本侵略中国台湾,迈开了海外扩张的第一步。1894年,甲午战争爆发,胜方日本从中国获取了大量白银和经济特权。1904年,日俄战争的胜利又使日本从俄国人手中夺取了一系列特权。短短数十年,日本从一个落后挨打的小国变成了雄踞东亚的海洋强国。

二、海洋经济发展模式和趋势

海洋被世界公认为蓝色国土,综合开发利用海洋资源则被当今世界称之为发展蓝色经济。"蓝色革命计划"首先是由印度提出的,主要目的是向海洋和江河湖泊索取食品。就全世界来说,"蓝色革命"是指全面开发利用海洋的资源和空间,使海洋成为多种自然资源的开发基地,为人类提供越来越多的物质财富。人类的生存和发展将越来越多地依赖于对海洋资源的开发和利用。对海洋资源的开发利用是经济起飞的加速器,海洋经济在国民经济中的地位日渐提高。由于海洋资源极为丰富,人类对海洋资源的利用远不及对陆地资源的利用,因此,一场认识海洋、开发海洋的"蓝色革命"正席卷全球。[①]

(一) 全球海洋经济发展三大模式

资源禀赋不同,海洋经济的发展方式也不尽相同,世界海洋强国的发

---

① 叶向东:《沿海地区海洋发展战略研究》,载《经济纵横》2010年第3期。

展路径都各有特色。但在不同之处外，却存在一些共同的要素和经验，总结起来，目前，全球的海洋经济发展主要有三种典型模式。

1. 美国模式：大陆立国，海洋突破

美国是一个大国，而且是一个发展相对均衡的大国，这种均衡体现在多个方面，既有内陆各个城市和区域的均衡，还有大众工业与高新技术产业的均衡，以及工业与农业的均衡。美国既是全球第一大工业国，也是全球第一大农业国。美国既是大陆型强国，也是海洋强国。但是，美国更主要的还是一个大陆强国，其广袤的疆域赋予美国先天的大陆强国的特性。目前，海洋产业对美国经济的贡献是农业的2.5倍，美国海外贸易总量的95%是通过海洋交通运输完成的，而外大陆架海洋油气的生产还贡献了全美30%的原油和23%的天然气产量。在此情况下，美国的海洋经济总量领先全球。但是，就相对值而言，美国的海洋经济本身在其国民经济中所占比重却不高。

强大的大陆经济，使得美国并不需要在海洋经济方面投下大赌注，而强大的大众产业，亦使美国在保证民生的情况下，在海洋经济领域可以更多地发展高新技术产业。在未来，美国模式最可为中国所借鉴，即未来以大陆经济为主，致力于中西部振兴，而以海洋经济为辅；在大陆城市发展大众产业，而沿海除石化之外，多发展海洋医药、海洋能源等产业。目前，中国大陆比较发达的区域就适合此种模式，如青岛、深圳、广州等地，因为大陆经济的发达，海洋经济可以作为补充，而且，在产业选择上，也应该以高新技术为主。

2. 日本模式：陆海联动，全面开发

日本是个典型的岛国，陆地资源极其匮乏，之所以能够发展成为全球第三大经济体，靠的就是丰富的海洋资源。日本陆地国土狭小，而海洋经济需要大陆的依托，为此，日本的一个特点就是陆海联动，以大型港口为依托，以拓宽经济腹地范围为基础。日本在建立近海产业集聚区之前，陆地原有产业区的发展，已经先行达到了很高的水平。由此依托海洋发展的产业，起点本身就很高，且与陆地原有产业连为一体，陆海产业的现代化互为依托。大陆经济成为海洋经济的腹地,海洋经济成为大陆经济的延伸。而这种模式,很容易形成产业聚集。目前,日本已经认定19个地区建设产业集群,形成了多层次的海洋经济区域。

由于先天不足,海洋是日本经济的生命线,其全体国民开发海洋的意识非常强烈。其开发战略可以总结为"向纵深推进、全方位开发"。海洋开发主要指两个方面,即海洋资源开发和海洋技术开发。近年来,日本已形成了近20种海洋产业,构筑起新型的海洋产业体系。其中,港口及海运业、沿海旅游业、海洋渔业、海洋油气业4种产业,已经占日本海洋经济总产值的70%左右。其他的如土木工程、船舶工业、海底通讯电缆制造与铺设、矿产资源勘探、海洋食品、海洋生物制药、海洋信息等,也都获得全面发展。日本非常重视海洋科技的发展,海洋科技开发领域也随之不断扩大,并在海洋环境探测技术、海洋再生能源试验研究、深海机器人等领域取得阶段性成果。日本模式主要应用于既是岛国同时又具有大国雄心的国家,最典型的除日本外,还有英国、荷兰。我国内陆资源相对贫乏的浙江省,也可以借鉴日本模式。

3. 新加坡模式:以港兴市,工业为辅

新加坡是一个典型的自由港。自由港的特点是,既是全球重要的港口、海洋性战略枢纽,同时贸易发达。这种特点,使其海洋经济以航运为主,以临海工业、旅游为辅助,而其他海洋产业则基本上是作为补充。全球有超过600个港口与新加坡通航,其集装箱年吞吐量超过2000万标箱,全球每5个中转箱中就有1个是由新加坡码头处理的,堪称世界上最繁忙的港口。而新加坡的贸易对象,主要包括中国香港、中国台湾、澳大利亚、新西兰、丹麦、美国和日本。同时,新加坡亦与全球其他100多个国家和地区建立了贸易关系。依托港口优势,新加坡大力发展工业。新加坡是世界上主要的电子产品出口国。新加坡成功吸引了著名的石油公司,如蚬壳石油和埃克森美孚,成为世界第三大炼油国。新加坡的模式,是典型的以港兴市,而目前这种模式最流行的是在自由港的国家和地区,如巴拿马以及中国的香港、澳门等。目前,我国内地城市中,能够部分借鉴新加

坡模式的,主要是具有战略意义的重要港口城市。①

(二) 世界海洋经济发展趋势

当前,世界海洋经济发展的特点和趋势主要表现为海洋经济发展速度迅猛,在国民经济中的地位日趋重要;海洋意识普遍增强;人口、经济向沿海地区聚集,人类与海洋的联系日益紧密;河口海岸和河口岛屿成为海洋经济开发的热点和重点;在海洋科技方面的投入不断增加,研究领域不断拓展;海洋资源可持续利用与海岸带综合管理成为全球关注的焦点。

1. 海洋经济重心由大西洋转向太平洋

随着后工业社会的到来和知识革命的发生,在20世纪的最后20年,环大西洋经济圈的产业加速由产业链的中端(生产)向上端(研究设计)和下端(营销服务)转移,基本完成了由工业社会向后工业社会(服务社会、知识社会)的蜕变。而国际产业链中端的加工制造加速在亚太地区集结,中国正是利用这一机会实现工业化起飞的。随着美国西海岸、日本、"亚洲四小龙"和中国大陆等国家和地区的先后崛起,环太平洋经济圈已经越来越重要。尤其是在2008年的全球金融危机中,环大西洋经济圈受到了沉重的打击,而环太平洋经济圈所受的冲击却相对较小,这更加快了全球海洋经济重心由大西洋转向太平洋的步伐。②

2. 海洋新兴产业由培育期走向成长期和成熟期

随着现代海洋经济的依存基础从资源消耗向知识和高新技术转变,在海洋经济的生产领域,其产业层次也开始出现从劳动密集型向技术密集型的转变。海洋新兴产业将从培育期走向成长期和成熟期。例如,海洋固体矿产资源探测开采业取得了重要进展,预计大洋多金属结核在21世纪将成为世界稳定的金属供给源,届时其开采设施的水下部分将采用水下机器

---

① 罗天昊、刘彦华:《全球海洋经济三大模式》,载《小康·财智》2011年第3期。

② 梁桂全:《六论解放思想》,载《南方日报》2008年2月19日。

人、碎石机和液压采掘机装置来完成。由于生化分离技术和波谱鉴定技术的长足进步，海洋生物医药产业将加速发展。随着现代科技发展及其在海洋领域的成功运用，在海上进行生产、生活、娱乐、储藏、通信和电力输送等已经成为可能。①

3. 人口和经济加速向沿海地区聚集

当代社会经济发展的一个重要趋势就是人口、经济、产业不断向沿海地区聚集，海洋经济成为全球经济新的增长点。目前，世界60%的人口和2/3的大中城市都集中在沿海地区，预计到2025年，将有接近75%的人口生活在沿海地区。世界人口、经济向沿海地区聚集的一个重要原因是人类与海洋的联系越来越紧密。根据美国国家海洋计划（National Ocean Economics Program，NOEP）报告对19个沿海州海洋经济的评估，这些沿海州86%的经济活动与海洋相关。欧洲委员会的统计资料则表明，欧盟90%的对外贸易由船舶运输，大约30万人受聘于欧洲海上和内河航运网。

4. 海洋科技投入比重不断上升

海洋科技在现代海洋经济的开发进程之中扮演着关键的基础性角色，对沿海地区海洋经济综合竞争力有着举足轻重的影响。② 21世纪以来，美、英、法等传统海洋经济强国和中国的近邻日本、韩国以及澳大利亚等国都分别制定了海洋科技发展规划，提出了优先发展海洋高科技的战略决策。海洋科技的发展使得海洋研究领域不断拓展，而海洋研究领域的拓展又导致海洋开发程度逐渐加深，难度不断加大。未来，随着科学技术的发展，尤其是深海勘测和开发技术的逐渐成熟，以及科学考察船、载人潜水器、遥控潜水器、深海拖拽系统、卫星等先进设备的使用，人们对海洋的开发开始从近海转向深海，开发内容也由简单的资源利用向高、精、深加工领域拓展。

---

① 谭晓岚：《论海洋经济发展的总体趋势》，载《海洋开发与管理》2009年第7期。

② 伍业锋、施平：《中国沿海地区海洋科技竞争力分析与排名》，载《上海经济研究》2006年第2期。

5. 海洋产业边界日益模糊化

随着海洋经济产业的深入发展，海洋产业的独立性正在逐渐淡化，取而代之的是海洋产业间的相互渗透和融合，从而产生了一些海洋新兴产业。这些海洋新兴产业有传统产业的影子，但又不能明确称其为传统产业。同时，还出现传统海洋产业的集成化发展趋势。

6. 海洋环保硬约束不断加大

开发海洋在给人类带来财富的同时，也产生了一系列的负面影响。海岸地区社会经济的快速发展给海洋生态环境带来了巨大的压力。例如，滨海旅游休闲产业、港口及临港产业的开发建设导致生活垃圾和工业废弃物被大量排放到海洋，使得海洋生态环境退化严重，海洋污染日益加剧，生物多样性逐渐消失；温室气体的持续排放造成全球气候变化异常，海平面上升、台风与风暴潮增多、赤潮频繁、盐水入侵与海岸侵蚀加剧等导致全球海洋灾害频生，世界各国尤其是濒海地区正面临着来自海洋灾害的严重威胁。为了避免海洋生态环境的退化，促进海洋资源的永续利用，保持海洋经济的健康发展，沿海各国纷纷制定了一系列的政策法规，加强海岸带综合管理。①

第四节　经略海洋与中国战略

21世纪是海洋的世纪，建设海洋经济强国是中华民族伟大复兴的一个重要战略。对于中国这样一个拥有12海里的领海、12海里的毗连区及200海里的专属经济区和大陆架等管辖海域，面积达300万平方千米，相当于陆地领土的1/3，还分享有公海和国际海底区域的海洋权利的国家来

---

① 向云波、徐长乐、戴志军：《世界海洋经济发展趋势及上海海洋经济发展战略初探》，载《海洋开发与管理》2009年第2期。

说，经略海洋是具有极其重要的地缘政治、国家安全和经济发展的意义的。

一、从大陆意识走向海洋意识

中华民族很早就有过很强的海洋意识、开放意识和辉煌的海洋业绩，后来由于封建统治者的腐朽和闭关自守的政策，失去了许多开发利用海洋的时间。中华人民共和国成立后，党和国家十分重视发展海洋事业，并已取得了长足的进步。但是，与世界发达国家相比，我国在海洋高科技和海洋开发利用上仍存在较大的差距。

（一）农耕文明与海洋文明

200年前，德国哲学家黑格尔曾经提到，尽管中国靠海，并在古代有着发达的航海事业，但中国并没有分享海洋所赋予的文明，海洋没有影响中国的文化。时至今日，中国已经形成一定程度的工商业文明，但海洋文明的发展仍然滞后，其重要原因就在于中国悠久的农耕文明。

1. 农耕文明重传承，海洋文明重创新

农耕文明的首要特点是它的传承性，这是由它的生产方式决定的。农业种子与技术在季节变化、工具制造等方面的知识积累具有传承性。因为这种生产上的传承需要，后来发展到了对祖先世系记载的重视。儒家文化是农耕文明的一个典型代表。海洋文明不是一种闭关自守的文明，而是一种不断从异质文化汲取营养的文明。从经济上讲，它是一种对外贸易依赖型的文明，发展海外市场、开拓海外殖民地成为这种文明的最重要的经济要求。从人口流动上讲，它在不断吸收外来人口的同时，又不断向外殖民。人口的流动改良了人种的素质，又促进了文化和思想的开放。

2. 农耕文明重集权，海洋文明重多元

农耕文明的最大特点是安土重迁，因为缺少变化，所以非常容易建立一种稳定恒常的秩序——所谓"普天之下，莫非王土；率土之滨，莫非

王臣"。农耕文明的发展，必然导致出现中央集权。海洋文明则体现出它的多元性，容忍异质文化和多种文化共存和竞争成了这种文明开放性的补充。多种文化的共存使得每一种文化都随时意识到竞争的存在，为了在竞争中取得优势，就要设法不断发展，以发展求生存。同时，又由于海洋的保护，使得每一个城邦都有可能保持自己的文化特点而又可以有选择地吸收他人的优点。

3. 农耕文明重权威、尊神性，海洋文明重自我、尊理性

农耕文明因为靠天吃饭，由于对抗大规模自然灾难的需要，因此，对权威有一种发自内心的重视。在国家制度形成后，这种观念成为一个国家内，人与人之间、部族与部族之间相处的准则。海洋文明则强调自我与理性。人从陆地进入海洋，本身就意味着一种挑战，征服海洋会培养和激发人的创新和进取精神。

这两种文明所以有这些不同，其关键就在于生存于其中的人民有着不同的生活方式与生产方式。农耕文明因为匍匐在大地上，自给自足，因而，与此相适宜的商业信誉及契约文化也就失去了诞生的土壤。海洋民族凭借舟楫"四海为家"的特点，决定了其流动性和侵略性，因为航海需要而带来了工商社会必不可少的契约文化、协商文化和民主架构。由于独特的地理气候环境，中华民族的祖先选择了以农耕为主的文明发展方式，在农耕文明接受来自海洋文明的先进东西时，总是表现为保守和不情愿，是被迫的。人类已进入信息化时代。农耕文明不可能孤立地向前发展，交流学习是必然的，其方向就是从农耕文明走向海洋文明。①

（二）向海洋进军

我国是一个农业国家，但是，海洋资源人均负载量超过世界平均值2倍以上。在这种情况下，我们的视野就不能局限于960万平方千米的陆地

---

① 信力建：《大地与舟楫——漫谈农耕文明与海洋文明》，载《爱思想：海洋文明》2006年第12期。

国土，还应关注 300 万平方千米的蓝色海洋国土。

1. 海洋战略地位的提升要求中国走向海洋

"二战"后，美国总统杜鲁门在《美国关于大陆架底土和海床自然资源政策宣言》中宣布"处于公海下、但毗连美国海岸的大陆架底土和海床的自然资源属于美国"，从而引发了一场全球范围内的"蓝色圈地运动"，许多国家纷纷宣布自己的大陆架。1982 年通过的《联合国海洋法公约》明确了 200 海里专属经济区制度，于是沿海国家又纷纷宣布 200 海里专属经济区。人类由陆地上的寸土必争转向海洋上的寸海必争，海洋的战略地位不断提升。在面临可持续发展的新时代，人类在从海洋获取财富、利用海洋争夺财富、依赖海洋生存的基础上，逐渐形成了许多新的认识。1992 年世界环境与发展大会指出：海洋是地球环境的调节器，人类生存环境的许多因素都受海洋的影响或制约；海洋是人类生命支持系统的重要组成部分；海洋中不但有目前已经利用的各种资源，还有许多未被发现或尚未开发的潜在资源，是支持人类可持续发展的宝贵财富等。在 2005 年我国经略海洋与国家安全研讨会上，海洋专家一致呼吁"海衰国弱，海兴国强，海洋决定中国发展与安全的未来"[①]。

2. 海洋是中国实现大国崛起的必由之路

谁控制了海洋，谁就控制了世界。在世界历史上，许多国家选择了走向海洋的国家战略，这些国家就成为不同历史时期的世界强国。强于世界者必盛于海洋，衰于世界者必先败于海洋，向海而兴、背海而衰。21 世纪中国的崛起也离不开海洋。中国是一个有着 14 亿人口的大国，人均占有陆地面积仅为 0.007 平方千米，远低于世界 0.3 平方千米的平均水平。长期以来，我们用占世界 7% 的耕地养活了占世界 22% 的人口。预计到 21 世纪中叶，中国的人口将达到 16 亿，人口每年将以上千万的速度增长，而耕地却每年以 500 多万亩的速度在萎缩。300 万平方千米的蓝色海

---

① 陈勇、李海林、胡德生：《中国和平发展道路上的海洋战略思考》，载《武汉航海（武汉航海职业技术学院学报）》2007 年第 9 期。

洋国土正是中华民族复兴的物质财富的资源所在。

3. 海洋是中国市场经济的生命线

市场经济蕴含着对海洋的巨大依赖。海洋作为天然通道，在市场经济全球化中充当着各国经济联系纽带和运输大动脉的角色，对现代国际社会和各国的经济、政治都具有不可替代的作用。我国经济发达地区主要集中在沿海地区，贸易和战略物资进出口基本依赖海上运输，海洋通道是国家的经济命脉。目前，我国正处在崛起阶段，经济发展对资源的需求不断加大，要求我们必须将国家利益拓展到陆地范围以外的区域。中国作为新兴的和正在向现代化转型的大国，对世界能源的需求大幅上升，石油进口依存度大幅度提高，由 1994 年的 1.9% 上升到 2010 年的 50%。预计到 2020 年，这个比例则要高达 65%。①

4. 海洋是中华民族未来的生存空间

21 世纪，资源问题将困扰整个世界。资源是国家经济的血液。目前，我国沿海地区以占全国 13% 的陆地面积承载了全国 40% 以上的人口，创造了 60% 以上的国民生产总值，近海生态系统已经成为国家缓解资源环境压力的重要地带。预计到 21 世纪中叶，我国人口将达到 16 亿，资源减少和人口增加的矛盾更加突出。在人口急剧膨胀、陆上资源日渐枯竭的情况下，我国拥有的 300 万平方千米的"蓝色国土"，将是我国未来生存与发展的重要支撑。中国仅南沙海域的石油资源量就有 351 亿吨，天然气资源量为 8 万亿～10 万亿立方米，整个南沙海域所蕴藏的油气资源至少值 1 万亿美元，将为中国经济的发展提供丰富的资源基础和广阔的活动空间，是实现国民经济可持续发展的重要动力源。

二、中国的新世纪海洋经济战略

实施海洋战略，是世界强国发展的成功经验，也是中国新世纪的地缘

---

① 宋海洋：《试论海洋对于中国的战略意义》，载《经济与社会发展》2009 年第 7 期。

战略选择,更是中国国脉所系和崛起之必需。我国是一个陆地国家,也是一个海洋大国,开发和利用海洋对我国的长远发展具有重大战略意义。这就要求我国必须经略海洋,制定符合我国国情的海洋发展战略,将开发海洋资源、发展海洋经济、控制海洋能力等作为国家的重要战略决策,把建设海洋强国作为增强综合国力的重要举措,力争在21世纪中期把我国建设成为亚洲太平洋地区的海洋强国,实现中华民族的伟大复兴。

(一) 战略目标

中国的海洋经济战略,必须面对国内外两个市场,坚持以海洋经济建设为中心,走科教兴海之路、开发和保护海洋、全面振兴海洋产业,保证海洋经济的持续、快速、健康发展,以实现由海洋经济大国向海洋经济强国的历史性跨越。争取到21世纪中叶,使以占我国国土面积约1/4的海洋国土为主要开发对象的海洋经济总产值达到国民生产总值的1/4,使海洋产业能够承载全国人口的1/4乃至更多;到21世纪末,使我国海洋经济增加值占国民经济总产值的比例达到35%以上,成为世界领先的海洋经济强国。

(二) 战略内容

1. 海洋经济战略

我们要充分发挥市场的调节功能,转变海洋经济发展方式,优化我国海洋产业结构,产业结构的重心沿着第一产业、第二产业、第三产业的顺序转移,最后形成海洋第三产业大于第二产业和第一产业、海洋第二产业大于第一产业的结构。我国的海洋经济发展仍处在粗放型的发展阶段,不合理的海洋产业结构,是导致我国海洋经济和技术落后于世界先进的海洋国家的主要原因之一,必须通过统一规划,合理调整和优化海洋产业结构来加以解决。在此基础上,逐步发展具有不同特点的港口城市群和海洋产业群,以促进21世纪我国海洋经济的快速、健康、可持续发展。

2. 海洋科技战略

我们要以海洋高新技术为核心，实现海洋产业的合理调整和海洋经济发展的战略性转移。一要立足自主创新，在引进的基础上消化吸收；二要提高实用技术水平，抓紧技术改造；三要在加大海洋开发力度的同时，逐步形成比较完整的海洋技术发展体系，以满足我国海洋经济快速发展的需要，尽快摆脱高新技术主要依赖进口的局面。海洋高科技竞争的实质是知识和人才的竞争，必须把培养海洋科技人才作为一项极为重要的战略任务来抓。建立激励机制，培养、挖掘人才，制定政策，吸引人才，创造留住人才、鼓励人才创业的大环境。

3. 海洋教育战略

我们要树立正确的海洋国土观、海洋价值观、海洋权益观和先进的海洋文化观念、海洋生态观念、海洋管理理念，努力提高中华民族认同海洋、热爱海洋、"以海兴邦"的民族意识，加强国人的海洋观念，重视海洋，改变过去的"重陆轻海"的理念，使海洋的价值得到认同，使中华民族由远海的民族变成亲海的民族；加快海洋法律制度的建设与完善，提高公民的海洋法律意识，并培养专业人才；加强海洋管理知识的普及，培养海洋管理专业人才，以便借助计划、组织、领导和控制等手段，实现对海洋开发利用活动中各种资源的合理配置。

（三）战略举措

我们要在海洋经济发展战略的指导下，破解中国经济发展的资源限制，缓解土地的压力，缓解中国的能源危机和粮食危机，提高交通运输能力，解决水荒问题，并且能够提供生活空间和提高人民的生活水平。

1. 把建设海洋经济强国列入国家战略

与世界海洋强国相比，我国海洋的开发和利用还只是处在低层次水平，还未提升到战略国策的高度。国家应尽快确立建设海洋经济强国的战略，把它作为中华民族崛起的重要路径进行顶层设计。①

---

① 宋海洋：《试论海洋对于中国的战略意义》，载《经济与社会发展》2009 年第 7 期。

2. 大力推进海洋资源开发

我国在南海有争议地区所秉承的原则一贯是"搁置争议、共同开发",但是,面对周边国家抢夺资源的状况,必须马上启动实际开发南海的经济安排,加大在南海中国控制区域内的经济开发行动;条件允许下,给予民间资本参与开发的优惠政策;在扩大内需的计划中,应该有扩大海洋经济开发的安排。

3. 强化海洋环境整治

我们应限制污染严重、浪费资源的开发活动,控制污染物排放总量。以控制陆源污染为重点,恢复和改善沿海水质和生态环境;完善海洋环境监测系统与评价体系,减缓和遏制近岸重点海域污染和生态环境破坏的势头;发展生态型养殖业,建设海洋生态城市;加大入海河口的整治力度,加快沿海防护林建设和生态自然保护区建设。我们应努力实现海洋生态环境良性循环,确保海洋经济可持续发展。

4. 拓展海洋投融资渠道,推动海洋产业健康持续发展

我们应建立多元化的投入机制,多渠道筹措海洋事业发展资金。在加大中央海洋财政预算的同时,积极探索地方政府投资或企业化资本运作的模式,逐步确立企业在海洋产业发展中的主导地位;鼓励社会各界增加对海洋事业的投入;充分运用财政、金融、信贷等手段提高海洋事业发展融资能力,利用政府债券进行海洋基础设施建设。

5. 扩大对外开放与合作,树立利用全球海洋资源的观念

我们应积极参与国际海洋竞争,组织建立海洋类跨国公司,开发海外资源,组织勘探公海资源,提升我国海洋产业的国际地位和竞争力。争取与海上邻国、海洋油气资源条件较好的非洲和拉美国家合作,优化我国油气资源配置。运用《联合国海洋公约》的规定,广泛团结国际组织及和平力量,维护我国海洋发展权益,为保障世界各国和平开发海洋发挥引领性作用。

第二章

海上丝绸之路与广东

和平相处、友好交往是人类社会发展、进步的本质需求。作为古代东西方贸易交往和文化交流重要渠道的陆上丝绸之路、海上丝绸之路，正是在沿线各国、各族人民互通有无、共享文明进步的需求下逐步形成、不断发展的，沿线各国、各族人民创造的物质文明和精神文明，经由丝绸之路进行互相传播、交汇融合，获得了更大的发展。

2013年10月3日，国家主席习近平在印度尼西亚国会发表演讲，提出中国与东盟国家共建"21世纪海上丝绸之路"倡议。2013年11月12日，党的十八届三中全会审议通过的《中共中央关于全面深化改革若干重大问题的决定》指出，推进丝绸之路经济带、海上丝绸之路建设，形成全方位开放新格局。同年12月16日，中共中央政治局委员、时任广东省委书记胡春华同志主持召开广东省委常委会议时强调指出，我省经济工作重点之一就是着力提高对外开放水平，把推动建设21世纪广东海上丝绸之路作为下一步对外开放的工作重点。

重温海上丝绸之路的历史，总结经验，探寻启示，思考广东在建设"21世纪海上丝绸之路"中的地位和作用，对实现习总书记提出的重要倡议，实现国家和平崛起与中华民族伟大复兴，具有重大历史意义与现实意义。

第二章 海上丝绸之路与广东

第一节 "海上丝绸之路"释义

一、"海上丝绸之路"的由来

古代连接东西方的交通道路，东端起自中国渭水流域，向西沿河西走廊，进入中亚、南亚、西亚，乃至欧洲、北非，早在公元前2世纪已经形成，在此后2000余年里，大量的中国丝和丝织品皆经此路运销西方，故称为"丝绸之路"。也有研究者以运输工具或所经过的地域而称之为"骆驼之路""沙漠之路""草原之路"。

东西方交往的另一主要途径是取道海路，自中国东南沿海港口，往南穿越南中国海，进入印度洋、波斯湾地区，远及东非、欧洲；或从北方沿海通过东海、黄海前往日本、朝鲜。此路被称为"海上丝绸之路"。也有研究者根据不同历史时期主要的贸易商品，称该路为"瓷器之路""茶叶之路""香药之路"。

"丝绸之路"一名，最早由19世纪70年代德国地理学家、地质学家李希霍芬（Fendinand Von Richthofen）在《中国旅行记》（第1卷）中提出，他谈到中国经西域到希腊、罗马的陆上交通路线时，鉴于大量的中国丝和丝织品经此路西运，遂称之为"丝绸之路"。

1987年，联合国教科文组织实施"丝绸之路：对话之路综合考察"十年规划（1987—1997年）大型项目。1990年，进而推进海上丝绸之路综合考察。此次考察由30多个国家的50多位科学家和新闻记者组成，在"于此时和此地，在人类思想中筑起和平的保障"口号感召下，从意大利的威尼斯港起航出发，先后经过16个国家的22个港口城市。此后，"丝绸之路""海上丝绸之路"成为指称古代东西方交通线路最广为人知的名词而被广泛使用。

"海上丝绸之路"作为沟通东西方的海上交通航线,可分为东海和南海两条航路。

(一)东海丝绸之路

该线是海上丝绸之路历史最悠久的航线之一。主要指经过东海、黄海与日本、朝鲜之间的海上通道。起航地主要在山东、江苏、浙江等省。

(二)南海丝绸之路

分南线和东线。南线是海上丝绸之路最早开辟的也是最主要的航线。自广州、粤西—北部湾沿海港口启航,穿越南中国海、马六甲海峡,向西进入印度洋、波斯湾、红海沿海国家和地区,延伸至欧洲。

东线开辟于大航海时代,16世纪以后成为亚太地区与美洲新大陆海洋交通的主要航线。自广州、澳门、粤东、闽南港口启航,直航菲律宾马尼拉,横渡太平洋到北美洲墨西哥的阿卡普尔科港,然后前往南美洲的秘鲁、智利、阿根廷,以及中美洲加勒比海地区诸国。

二、"海上丝绸之路"的内涵

实际上,丝绸之路或海上丝绸之路,它们都是古代东方和西方国家之间经济、文化交流道路的一个代名词。从秦汉时期开通海上丝绸之路之后的2000多年中,这一通道一直是连接东西方的交通要道,也是我国与中亚、西亚、南亚以及欧洲国家和人民进行经济、文化交往的重要渠道。

(一)海上丝绸之路是东西方海洋贸易的主要通道

中国是古老的东方文明古国,中国产品历来在国际市场上很受欢迎。经由海上丝绸之路进行的东西方贸易,其进出口商品结构因时而变。

唐代以前,中国对外贸易输出的商品主要是丝绸和黄金。进口的商品主要是香料、珠玑、翠羽、犀角、象牙、玳瑁、琉璃、玻璃、玛瑙及各种宝石等奢侈品。

唐代以后，陶瓷受到海外市场青睐，成为丝绸之外另一种主要的输出商品。明末，茶叶传入欧洲，成为中国最大宗的出口商品。进口商品除了传统的南洋诸地土特产外，增加了西洋货物如毛织品、棉织品、钟表、香水、皮毛、金属等。

东西方各国正是通过海上丝绸之路等渠道进行经贸交往，丰富彼此间的经济生活，分享人类创造的物质文明。

（二）海上丝绸之路是东西方外交往来、友好交往的重要通道

古代中国一直是东亚文明的中心。海上丝绸之路开启了中国文明影响世界、维系国家友好关系的重要途径和广阔空间。

南海诸国派遣使节，经由"南海丝绸之路"前来中国。唐朝以后，历代王朝在广州等港口设置市舶使（司）主管海路邦交外贸，设立馆驿接待外国使节。承担外交事务、主管海外贸易成为沿海地区官员的一项重要职能。

（三）海上丝绸之路是文化交流、宗教传播之路

中国的纺织、造纸、印刷、火药、指南针、制瓷等工艺技术，绘画等艺术手法，儒家、道家思想，通过海上丝绸之路传播到海外，在中国周边国家和地区形成具有广泛政治文化认同的"中华文化圈"，对近代西方各国发展也产生了不同程度的影响。

与此同时，西方的音乐、舞蹈、绘画、雕塑、建筑等艺术，天文、历算、医疗等科技知识，佛教、伊斯兰教、祆教、摩尼教、景教等宗教，通过海路传入中国，经过中国化改造，与传统文化互相融摄，成为中华文化不可分割的组成部分。

总之，海上丝绸之路不仅是沿线各国各族在物质上互通有无的"商贸之路"，也是各国各民族的"文化交流之路"，还是中外国家友好往来

的"和平对话之路",是中国发挥文化影响力、展示软实力的重要途径。

第二节 海上丝绸之路的发展历程

在公元前后的几个世纪里,中国、印度、阿拉伯、希腊、腓尼基、罗马、埃及等国家不约而同地致力于经营海上交通与海洋贸易,他们为打通海上丝绸之路做出了各自的重要贡献。没有沿线各国的共同努力,联结东西方的海上丝绸之路就不可能贯通起来。在此后2000余年的发展历程中,无论是航线、航程、商品,还是航海技术、航海人群、沿线国家,海上丝绸之路都发生了很大的变化。一般认为,可分为如下五个阶段。

一、秦汉时期——形成期

中国是个海陆复合型国家,远古时期生活在沿海地区的人类已经具有一定的航海能力。考古资料显示,东南沿海的越人在海岛与大陆之间,存在着海洋经济活动与文化联系。古人类从中国南部逐渐迁往东南亚乃至澳大利亚也可能存在海洋交往的途径。

周秦时期,中国的丝绸及养蚕、缫丝、织绸等生产技术通过海路传播到朝鲜,到汉代又从朝鲜传到日本。秦统一六国,及其后的楚汉相争,不少汉人逃到朝鲜半岛,有些渡海进入山阴地区,亦即今天日本的岛根、鸟取县。日本以东京都文京区弥生町命名的"弥生文化",就是公元前3世纪或公元前2世纪从中国输入铁器,然后传入以铜剑、铜牟、铜铎等祭器为代表的青铜器,形成铁器、青铜器与石器并用的文化。这条传播丝绸、金属器物的海路,还有传说中徐福东渡的海程,就是海上丝绸之路东海航线。

海上丝绸之路南海航线在先秦时期已经存在,秦始皇统一岭南后该航线发展很快。南越王墓出土的具有波斯风格的银盒、两河流域工艺制作的金珠泡饰、非洲原支象牙，以及镂孔熏炉、象牙、乳香等珍贵文物，见证了当时以"番禺都会"（今广州）为中心的海上丝绸之路贸易实况。当时番禺地区已经拥有相当规模、技术水平很高的造船业。

史书明确记载的南海丝绸之路始于西汉。公元前111年，汉朝平南越，汉武帝派使者前往南海地区。《汉书·地理志》记载，其航线为：从徐闻（今广东徐闻县境内）、合浦（今广西合浦县境内）出发，经南海进入马来半岛、暹罗湾、孟加拉湾，到达印度半岛南部的黄支国和已程不国（今斯里兰卡）。这是目前可见的有关南海丝绸之路最早的文字记载。

这样，从中国广东番禺、徐闻和广西合浦等港口启航西行的海上航线，与从地中海、波斯湾、印度洋沿海港口出发往东航行的海上航线，就在印度洋上相遇并实现了对接，可能是转辗接驳，"重译而至"，但它标志着贯通东西方的海上丝绸之路的开端，广东成为海上丝绸之路的始发地。此后，远至印度、罗马帝国的外国商人、使节，都沿着这条航路，往来沿海地区，进入中国内地。

二、魏晋南北朝——发展期

尽管这一时期是中国的分裂割据时期，但是动乱并没有影响海上交往，相反，南方政权（东吴、东晋、宋、齐、梁、陈）因为与北方对峙，更注重向南方海洋发展。南方较为安定的环境与不断加快的开发进程，造船、航海技术的进步以及航海经验的积累，也为海上丝绸之路的发展提供了良好条件。

魏晋以后，开辟了自广州起航，经海南岛东面海域，直穿西沙群岛海面抵达南海诸国，再穿过马六甲海峡，直驶印度洋、红海、波斯湾的深海航线。20世纪70年代，广东省考古工作者在西沙群岛考古调查时，在北礁采集的南朝广东产陶器，应该是当时船运或沉船遗物，这证明了从广东到东南亚各国的商船已经不再只是沿着海岸近海航行，而是能够在深海航行。

这条航线穿越印度洋后,向西延伸到了阿拉伯半岛。428年,狮子国(今斯里兰卡)国王致书刘宋朝廷,说两国"虽山海殊隔,而音信时通",这说明中国南方与斯里兰卡之间已经保持着比较密切的官方联系。不少前往印度求法的中国僧人也取道海路。东晋高僧法显沿陆路到印度,由海路返回中国,前后历时14年,游历31国。法显取海道归国开辟了南海佛教传播的新纪元。

三、隋唐时期——繁荣期

公元7—8世纪,世界上出现三个富强的大帝国:西方的拜占庭帝国,地跨亚、欧、非三洲的阿拉伯帝国,东方的大唐帝国。由于吐蕃(西藏)崛起对陆上丝绸之路的阻断,安史之乱爆发后唐朝北方持续动荡不安,经济重心南移,唐朝与西方的交通由陆路为主转向以海路为主,海上丝绸之路进入大发展时期,广州成为唐朝最大的海外贸易中心。

(一)航线远及非洲

魏晋时期形成的海上丝绸之路深海航道,到唐朝已经发展得非常成熟。唐朝宰相贾耽称之为"广州通海夷道",是唐朝海上交通中最重要的航线,具体走向为:从广州启航,沿东南方向航行至屯门山(今广东深圳南头),然后西行,经海南岛东部海面,越过西沙群岛,穿过马六甲海峡,进入印度洋,抵印度南部后,沿半岛西岸北上,再沿海岸线西行可达波斯湾,从波斯湾沿阿拉伯半岛西南行可达非洲东岸。

这条海路贯穿南中国海、印度洋、波斯湾和东非海岸的90多个国家和地区,航程89天(不计沿途停留时间),是8—9世纪世界上最长的远洋航线,把东亚、东南亚、南亚、波斯湾、阿拉伯半岛和东非沿岸的重要海港联结在一起,形成一条亚、非洲际海上大动脉。

海上丝绸之路在南中国海也有新进展,南海诸国基本上纳入以广州为中心的南海海洋贸易圈之内。考古发现，唐代的广州极可能已开辟直达菲律宾的航线。

（二）南海丝绸之路向北延伸

隋唐以前，南海丝绸之路的起航地和港口基本上集中在广东。唐代海外航线与东南沿海交通对接，并向北延伸到日本、朝鲜，东南沿海的泉州、福州、明州（宁波）、扬州，也成为海上丝绸之路上的重要港口。

（三）陶瓷成为大宗出口商品

唐代，中国陶瓷开始成为主要出口商品，湖南长沙窑、河南巩县窑、河北邢窑、浙江越窑、广东潮州窑等地产品通过海路远销世界各地，因而海上丝绸之路又被称为"陶瓷之路"。

（四）波斯、阿拉伯商人在外商群体中占据优势

魏晋时期，从南海丝绸之路前来中国的商人主要来自东南亚、印度。唐代，波斯人、阿拉伯人成为中国主要的海外商人，唐朝文献称他们为"蕃客""胡商"。为加强对蕃客的管理，唐朝按照里坊制度，在外国商民聚居区设置"蕃坊"，委任蕃客大首领进行自治管理。蕃客大首领由朝廷从蕃客中简择充任，职能有三项：一是协助管理贸易事务，二是指导做宗教祈祷、仪式及寺院建设等宗教管理，三是处理诉讼等司法活动。

（五）派遣市舶使

唐以前，海外贸易的管理多由地方官府兼管。唐代，海外贸易有了长足发展，规模越来越大，唐朝遂在广州设立市舶使专门管理海外贸易，这是全国唯一的海外贸易管理专职官员。市舶使的职责有两方面：一是管理贸易与税收，主要包括"进奉""收市"和"舶脚"三项；二是管理海外各国从海路前来"朝贡"的事务，负责接待海外各国使节，运送使臣、贡物入长安。

四、宋元时期——鼎盛期

宋代,造船技术和航海技术明显提高,指南针广泛应用于航海,中国商船的远航能力大为加强。更重要的是,随着"中古社会变迁"与"经济革命",宋代社会经济发展远超前代,私人海上贸易在政府鼓励下得到极大发展,中国成为当时世界上最富裕发达的国家。元朝虽是一个由游牧民族建立的政权,但统治者胸怀颇为博大,在宗教文化上兼容并蓄,在经济上采用重商主义政策,鼓励海外贸易,海上丝绸之路发展进入鼎盛阶段。

(一)海路通商国家大增

从宋人周去非的《岭外代答》、赵汝适的《诸蕃志》,元代陈大震的《南海志》、汪大渊的《岛夷志略》等文献看,宋元时期与中国有直接或间接交往的国家或地区超过100个,陈大震的《南海志》所记录的达到140多个,从地中海西部的西班牙南部,经过地中海地区,非洲东部,穿过印度洋地区各国,再到中南半岛和南海诸岛,直至中国东南沿海各地,都纳入了海上丝绸之路所编织的海洋贸易网络。

(二)开辟东洋新航线

宋代南海丝绸之路的航线与唐代基本相同,不过向西已经延伸到今西班牙的南部。元代对海洋的认识已经有东洋、西洋之分,东洋指爪哇岛及其以东地区,西洋则指印度洋及其以西地区,因此,元代的海上航线也有东西洋之分。西洋航线的走向与唐代"广州通海夷道"基本一致。新航线出现在东洋航线上,比较重要的有两条:一条是从泉州起航,经澎湖、琉球(台湾)至菲律宾的航线;另一条是从泉州或广州出发,经过广东沿海、南海诸岛直航爪哇岛北部的航线。

（三）管理制度更加严密规范

宋代朝廷不断颁布和修订、完善海外贸易管理措施。其中最重要的举措有两个：一是在唐朝市舶使制度基础上，完善市舶司机构建制，并向全国推广。宋代曾先后在广州、明州、杭州、泉州、温州、秀州和密州等沿海港口设置市舶司，而以粤、闽、浙最为紧要，合称"三路市舶"。二是颁布了中国历史上第一部海洋贸易管理条例——《广州市舶条》（1080年），并成为宋代贸易管理的制度范本。

元代市舶司制度又有重大进步，即机构编制规范化和制度化。元初，在沿海港口设置七处市舶司，后经合并，仅保留广州、泉州、庆元（今宁波）三处。各市舶司设置提举二员，从五品；同提举二员，从六品；副提举二员，从七品；知事一员。此外，在宋代《广州市舶条》的基础上，元代对海外贸易的法规进行修订，先后颁行了《至元市舶法》（1293年）、《延祐市舶法》（1314年）。

（四）私商贸易长足进步

宋元两朝海外贸易，以朝贡形式的官方贸易不占主要地位，私商贸易得到极大的发展。中国海商取得了比以前历代都多的出海自由，只要在官府挂上号，就可以自由出海，商品交易种类也因此发生变化，这在中外贸易史上是一个重要转折。

据不完全记载，元代进口"舶货"名目可考的在200种以上，包括香料、珍宝、纺织品、皮货等；出口货物主要是丝绸、瓷器、金属制品、日常用品、农产品等。由于香料和药物在进口货物中占较大份额，因而有学者称海上丝绸之路为"香药之路"。

五、明清时期——转变期

15—18世纪是人类历史重大变革时代，在"黄金热""香料热""世界热"的驱使下,欧洲人一次又一次远洋探险,葡萄牙、西班牙、荷兰、英国等大西洋—波罗的海国家相继进行全球性海上扩张与殖民活动,开启了大航海时代与地理大发现,同时开辟了世界性海洋贸易新时代。与古代海上丝绸之路相比较,明清时期海上丝绸之路发生了本质性的变化。

(一)从开放到闭关:广州对欧美"一口通商"

明朝建立之初,中国东南沿海的走私浪潮、海盗活动,始终与倭寇、西方殖民势力相交织,强烈地冲击着王朝朝贡体系与东南沿海社会秩序,因而明朝长期采取海禁政策,长期关闭除广东之外的福建、浙江市舶司。明中叶以后澳门开埠,开放月港贸易,但海禁始终没有解除。

清朝初年,为应对南明政权与台湾郑氏,实施严厉的海禁与迁界,限制中外正常交往。1682年,清军收复台湾后,在广东、福建、浙江、江苏设粤海关、闽海关、浙海关和江海关,作为海外贸易管理机构。康熙二十五年(1686),广东设置十三行。这些行商依照规定专营对外贸易,简称"洋行",习惯上称为"十三行"。乾隆二十二年(1757)以后,禁止欧美商人前往福建、浙江进行贸易,而只保留广州"一口通商"。

(二)广东纳入全球海洋贸易网络

经过西方人的航海扩张,传统的海上丝绸之路发生了前所未有的变化。从西欧出发,有两条航线可以直通广州:一条是沿非洲西海岸南下,绕过非洲南端的好望角,横渡印度洋,经苏门答腊岛西南部海面穿越巽他海峡,北上进入南海,到达澳门和广州,或者绕道马六甲海峡,过新加坡海域,从越南海面到达广州。另一条是横渡大西洋,从美洲绕过麦哲伦海峡,横渡太平洋,航行至菲律宾群岛,再从菲律宾出发,直航到广东和东南沿海其他地区。后来美国加入对华贸易,美国船舶又开辟了新的太平洋航线。与广东有商业联系的国家也一直有所发展(见表2-1)。

表2-1 历史上与广东有商业联系的国家

朝代	亚洲	非洲	欧洲	美洲
两汉魏晋南北朝	越南、柬埔寨、泰国、马来西亚、缅甸、新加坡、印度南部、斯里兰卡	—	—	—
唐宋元	除上述国家外,还增加了菲律宾、文莱、孟加拉国、也门、阿曼、伊拉克、伊朗、叙利亚、沙特阿拉伯、朝鲜半岛、日本	埃及、索马里、肯尼亚、坦桑尼亚、马达加斯加	意大利、希腊、西班牙	—
明清	同上	埃及、南非	葡萄牙、西班牙、意大利、法国、英国、德国、荷兰、比利时、奥地利、丹麦、瑞典、挪威	美国、加拿大、墨西哥、巴拿马、古巴、秘鲁、智利、阿根廷

说明:表中所列均为当代国家名称,与近代以前尤其是明清以前的国家名称有很大不同。

(三)贸易性质发生巨变

长期活跃在东方海域的亚洲海商,在"仗剑经商"的西方商人的竞逐下纷纷退出历史舞台,或者沦为次要的海商群体;中国商人在东亚海域国际贸易领域里依然占据重要地位,但已很少越过马六甲海峡,与印度、阿拉伯商人做生意。西欧商人的海上殖民与扩张,改变了传统海上丝绸之路以和平贸易为基调的特性,此时的商业活动常常伴随着战争硝烟和武装抢劫。

（四）茶叶出口激增与商品结构变化

16—18 世纪，西方国家采取各种措施扩大与中国的贸易，中国对外关系与对外贸易的主要对象由东南亚国家转向欧美国家，进出口商品结构发生很大变化。中国出口货物主要是丝绸、茶叶、瓷器，还有土布、糖、冰糖、麝香、大黄、桂子、姜黄、朱砂、樟脑、明矾、铜、水银、锌、铁锅等。欧美诸国输入的是毛织品和棉花，此外还有皮货、香料、药材、鸦片、玻璃器皿、玻璃镜、自鸣钟等，最多的是银元，西方国家对华贸易经常呈现出巨大的逆差。

为了制止白银流向中国，改变对华贸易逆差的不利局面，西方国家采取一些措施来干预对华贸易，增加产品出口，从而限制华商贸易等。18 世纪 70 年代以后，英国东印度公司向中国大量运销鸦片，不仅扭转了贸易逆差的局面，而且造成中国白银外流，危及清朝社会稳定，最终导致鸦片战争的爆发。

第三节　广东在海上丝绸之路中的作用和贡献

海上丝绸之路有东海和南海两条航线。相对于东海航线，南海航线长、支线多，连接的国家与地区更多更广阔，是海上丝绸之路的主要航线。南海航线以南中国海为中心，主要起点在广州，在 2000 多年的海上丝绸之路历史上，广东一直是中国海外贸易重地，发挥着举足轻重的作用。正如有的学者指出，一部中国对外贸易史就写在广州的纪录上，没有古老的广州港，中国对外贸易史就支离破碎了。

一、广东是南海丝绸之路的发祥地和经久不变的中心地

位于南海之滨的广东（历史上包括今广西沿海、海南及香港、澳门地区），地处亚洲、太平洋海上交通要冲，具有优越的地理区位与自然条件，是中国通往东南亚、大洋洲、中近东和非洲等地最近的出海口，历史上始终处于中国对外贸易、海上交通的前沿之地，是海上丝绸之路的发祥地。

由于造船技术、航海技术、航海知识的局限，早期的航海活动均沿着海岸近海航行，因此，岭南地区中心番禺、位于雷州半岛南端的徐闻，以及位于北部湾北岸南流江入海口的合浦，就因为其地理位置、港口优势，成为这条航线上中国境内最早的港口。

随着王朝更替，各地社会经济开发，广东的海港不断增加，或多或少与海外建立起联系，成为海上丝绸之路上大大小小的节点。有的长盛不衰，始终在海上丝绸之路中占据中心地位，如广州；有的则是海上丝绸之路的中转港，如唐宋时期海南岛的神应港、石镬港、崖州港；有的是区域性的货物集散港，如清代潮州樟林港、雷州港。这些港口（见表2-2）在海上丝绸之路编织的交通贸易网络中发挥不同的功能，构成了广东对外贸易的港口系统，奠定了广东在海上丝绸之路上不可取代的中心地位。

表2-2 海上丝绸之路上的广东港口

朝 代	粤 中	粤 东	粤 西
两汉	番禺（今广州）		徐闻、合浦
魏晋南北朝	广州		阳江、钦州、神应、石镬、崖州、雷州、通明
隋唐	广州屯门、溽州（今台山广海）	潮州	阳江、钦州、神应、石镬、崖州、雷州

续表 2-2

朝　代	粤　中	粤　东	粤　西
宋元	广州屯门	潮州、柘林、南澳、庵埠	阳江、钦州、博贺、芷寮、梅箓、海口、海安、赤坎、崖州、清澜、桐栖、莲塘
明清	广州、浪白、澳门、香港	东陇、樟林、庵埠、南澳、柘林	阳江、钦州、神应、石镬、崖州、雷州、通明

法国年鉴派史学家布罗代尔（Fernand Braudel）在考察15至18世纪世界城市发展时就关注到具有优越地理位置与港口条件的广州，他认为："可能世界上没有一个地点在近距离和远距离的形势比广州更优越，该城距海三十法里（约120公里），城中水面密布，随潮涨落，海舶、帆船或欧洲三桅船以及舢板船可以在此相会，舢板船借运河之便能抵达中国内地绝大部分地区。"广州历来是南中国海沿岸的主要对外贸易港和南海交通枢纽。

秦汉时期，番禺就是国内著名的都会和南海舶来品的集散中心。唐宋元时期，随着东西方海洋贸易臻于鼎盛，一个以南中国海—印度洋为中心的、大规模的且组织完善的国际海洋贸易网络逐步形成并日趋发展，广州既是唐代西行贸易航线的起点，又是海外各国从海上进入中国的门户。北宋两浙、福建、广南三路市舶，"唯广最盛"。南宋时期，广州贸易仍甚繁盛，"收课倍于他路"。

兴起于漠北高原的蒙元政权，建立了横贯欧亚大陆的大帝国，打破了以往长期受疆域限制的海陆交通障碍，大大推进了世界各地的交通联系，海外贸易特别繁荣。这一时期，福建泉州港的重要性一度超过了广州，但广州仍然是南海北岸的主要贸易港口，与广州有贸易往来的国家和地区达到140多个，从广州出发的航线可以达到东南亚、南亚、东非、北非以及地中海北岸的希腊、意大利、西班牙等国。

明清时期，海上丝绸之路进入崭新的发展阶段，传统的南海商道演变成连接全球的航海贸易网络。明初于宁波、泉州和广州分别设置市舶提举司,指定宁波通日本,泉州通琉球,广州由于得天独厚的政策因素,通占城、暹罗和西洋诸国,包揽了对南海诸国的朝贡贸易,重返中国对外贸易首港地位。终明一代,闽浙市舶司时置时革,唯广东市舶司一直不变。明中叶澳门开埠,成为广州外港,居于连接全球航运航线的中心枢纽。在东西方交往中的地位,其他沿海省区难以与广东比肩。

清朝收复台湾后,于沿海设置粤海关、闽海关、浙海关、江海关,由于历史、地理、政治等因素,中国与西方国家的贸易逐渐集中到广东,形成了以广州—澳门为中心的贸易架构。1757年,清廷为抑制外商向北方港口扩大贸易的企图,遂将中西贸易限于广州一口,此后一直到鸦片战争后五口通商为止,在将近100年的时间里,广州成为西方人唯一可以进入和从事贸易的中国口岸(葡萄牙租居的澳门除外)。

概而言之,广州作为面向南中国海的重要口岸,自汉、唐、明、清,一直是中外交往的中心地,上下两千年,经久不衰,不仅在中国历史上独一无二,在世界历史上也非常罕见。

二、广东肩负着中央政权赋予的代表国家管理部分海路邦交、外贸的职能

广东地处祖国南疆,濒临南海,历代军政长官都肩负并行使着代表国家管理部分海路外交、经贸等事务的职权,在国家对外关系地方层面占据重要地位。例如,唐代外国使节从海路来华,必先至广州,再由官府护送入京,岭南当局负有管理接待职能;而外商管理、贸易事务,也属其管理范畴。王虔休为岭南节度使兼市舶使,除了担当"郡国"重任外,还"亲承圣旨""奉宣皇化""交通夷夏"。柳宗元《岭南节度飨军堂记》说:

> 唐制岭南为五府,府部州以十数,其大小之戎,号令之用,则听于节度使焉;其外大海多蛮夷,由流求、诃陵,西抵大夏、康居,环

水而国以百数,则统于押番舶使焉。内之幅员万里,以执秩拱稽;外之羁属数万里,以译言赘宝,岁帅职贡。合二使之重,以治于广州。①

由此可见岭南军政长官职权之重。宋代的广南经略安抚使,明清时期的两广总督、广东巡抚等官,大体皆如是。

此外,一些专职机构和官员,例如唐宋时期的市舶使、市舶司,清代的粤海关,明清时期的广东海道副使、广东水师提督,以及相关府县(如广州府、番禺县、东莞县、香山县、琼州府等),因应国家外交需要,也为海路外交、外贸管理提供相关服务。

这些既属地方系统,也带有国家层面的制度建置,为其他地区所没有或少有,对广东海上丝绸之路发展提供政治上与制度上的支撑。

三、广东创立具有示范意义的海外贸易管理制度

广东在中外经济文化交流中居于举足轻重的地位,因此,许多中国海外贸易制度都是在广东首创,继而向国内其他地区推广。

(一)首创中国海外贸易管理专门机构——市舶使(院)、市舶司

为了适应对外交往、海外贸易发展需要,唐朝在广州设立市舶使,代表朝廷掌管南海诸国的邦交和贸易事务。市舶使下置市舶使院,是中国外贸史上第一个专门机构,开创了古代海外贸易管理的新制度。此后为宋、元、明代所继承,直到清康熙年间设置沿海四海关,才退出历史舞台,但其不少机制仍然为海关体制所沿用。

---

① 柳宗元:《柳河东集》卷十。

（二）制定中国第一部海外贸易管理法例——《广州市舶条》

宋初设立专门管理海外贸易的机构，但对市舶管理无一定成法，各地外贸管理制度往往是各地官府根据本地情况而制定的，经朝廷批准实行，因时而制，临事制宜，结果是敕令愈来愈繁杂，甚至出现相互抵牾的情况，流弊甚多。宋神宗时，经过多年详议，终于在元丰三年（1080）制定了《广州市舶条》（又称《元丰市舶条》），颁行于广东、浙江、福建等省。这是我国历史上第一部管理海外贸易的专门法规，对后世影响甚为深远。元朝于1314年颁行的、被认为是中国古代第一部完整和系统的海外贸易管理法规的《延祐市舶法》，就是在《广州市舶条》的基础上制定的。

四、广东是中外文化交流的前沿窗口

海上丝绸之路不仅是海上交通路线，也是中外邦交往来、文化交流的通道，广东因此成为中外文化交流的前沿和窗口。

（一）佛教海路东传的要区

岭南是佛教由海路向中国传播的重要地区。公元255年，西域人支彊梁接沿海路到达交州（治番禺）传扬佛法，是为佛教传入广东的最早史籍记载。281年，西天竺（今印度）梵僧迦摩罗随商舶抵达广州，建三皈、仁王二寺（寺庙确切地址已不可考），为广东建佛寺之始。此后，沿海上丝绸之路到岭南或经广东北上中原传法的梵僧络绎不绝。其中最有影响的是527年印度著名僧人达摩乘船来广州传教，在今华林寺附近建西来庵，并在光孝寺宣讲佛法，后来达摩北上建立中国佛教禅宗，是为禅宗始祖。由于达摩在佛教界的地位崇高，影响深远，他在广州上岸的地点，被称为"西来初地"。

佛教经过魏晋以降的长期传播，终于在唐朝武则天年间诞生了六祖慧能（新州人，今新兴县）这位杰出的禅宗祖师。他把中国的传统文化与佛教的教义结合起来，自成一派，南禅影响遍及东南亚、日本、朝鲜等地。

广州不仅是泛海东来中国宣扬佛法的外国僧人的重要基地，也是国内僧人泛海前往印度求法取经的重要出航地。

（二）伊斯兰教早期传播地区

广州是伊斯兰教传入最早的地区之一。唐宋时期，信仰伊斯兰教的波斯商人、阿拉伯商人是南海丝绸之路上最有势力的商人群体，许多侨民常住广州"蕃坊"，被称为"蕃商"或"蕃客"。他们在"蕃坊"自由居住，从事各种贸易，还可建立宗教场所进行宗教活动，对伊斯兰教的传播起了很大作用。保留至今的怀圣寺和光塔，相传为伊斯兰教创始人穆罕默德的门徒赛尔德·艾比·宛葛素倡建，是伊斯兰教传入中国后最早建立的清真寺。

（三）天主教、基督教与西学初传之地

明中叶以后，伴随西方商人东来的还有天主教传教士。耶稣会会士带来了欧洲的地理学、数学、几何学等科学，印刷、火器制造等技术，以及绘画、音乐等艺术，并传向内地。万历十一年（1583），意大利耶稣会会士利玛窦（Matteo Ricci）、罗明坚（Michaele Ruggieri）来到肇庆。利玛窦、罗明坚学习中国语言与风俗习惯，改用中国服饰和礼仪，与士大夫交往，在传教的同时，还传播西方的科学知识。利玛窦绘制的《山海舆地全图》，于1584年刊印，是中国第一幅绘有世界五大洲的地图。

19世纪初，基督教新教传入中国。新教传教士成立学校、医院，开设印书馆，创办报刊，并翻译各种书籍，在西方哲学、天文、物理、化学、医学、生物学、机械制造、地理、政治学、社会学、经济学、法学、史学、文学、艺术等西学的传入方面有很大的作为。中国的第一部中英字典、第一份英文报刊、第一所女子寄宿学校、第一间西式医院、第一批西医人员,最早被翻译成中文的西医西药书籍,都出现在广州。

(四)中学西渐与欧洲"中国时尚"

新航路开辟后,广州口岸聚集了众多形形色色的外国商人、船员、传教士、旅行家、艺术家、科学家。不少人对古老的东方文化充满好奇心,通过书信向国内介绍"中国印象",把中国经典古籍翻译介绍到西方,解说中国传统文化,推动了欧美的汉学研究。他们喜欢将一些工艺美术品、服装、瓷器、扇子、绣品、银器、家具等带回本国,从而在欧洲掀起一股"中国时尚",受影响的不仅仅有制瓷业,还有绘画、建筑、园艺、贴纸、家具等领域,这种艺术风格被称为"洛可可"(Rococo)艺术。

为满足西方人士的审美情趣和爱好,在广州出现了以外国人为销售对象的工艺美术品,如外销瓷、外销画、外销银器、外销壁纸、外销扇子等。这些工艺品,无论是作品的装饰题材、装饰技法还是装饰风格,既保存了西洋审美情趣,又注入了中国元素、岭南风格,具有浓郁的中西合璧特征,深受欧美人士喜爱,表现了清代广东在中西文化交流史上独特的历史地位。

五、广东是国内第一华侨大省

位于中国大陆南端的广东历史上是东南亚天然的贸易伙伴,两地山水相连,民族血脉相通,有着悠久而密切的文化与经济关系。唐宋时期,广东已经有人移居东南亚国家,称为"住蕃",主要以经商、谋生的经济性移民为主。宋人朱彧说:"北人过海外,是岁不还者,谓之'住蕃';诸国人至广州,是岁不归者,谓之'住唐'。"

明清时期,由于人口压力增加,对外交往频繁,民众下海通商日益增加,掀起前所未有的向东南亚迁移的浪潮,东南亚重要的贸易城市如安南庯宪、广南会安、暹罗大城、北大年、马六甲、巴达维亚、望加锡等地,都出现华人聚居的社区。

晚清以后，广东再次掀起新一轮的向海外移民浪潮，除了东南亚地区，还走向美洲、澳洲新大陆以及欧洲、非洲，遍及世界。这些移民吃苦耐劳，精明能干，与其他地区的华侨一起，为南洋与新大陆开发做出巨大贡献，因而有西方人认为广东人与苏格兰人一样富有创业精神，是"中国的加泰隆尼亚人"。

目前，广东华侨约占全国华侨总数的2/3，遍布世界五大洲100多个国家和地区，是中国最重要的侨乡，而东盟各国是主要聚居地。

六、沉船考古见证广东在海上丝绸之路的辉煌

在2000多年的历史进程中，海上丝绸之路遗留下极为丰厚的历史文化遗产，据一项不完全统计，历史上我国东南沿海各类沉船不下2000艘。20世纪60—70年代以来，海洋考古取得长足发展，考古学家在海上丝绸之路经过的南海海域，不断发现沉船和人类航海活动的遗物。这些沉船及其船载文物不少来自广东，成为广东海上丝绸之路辉煌历史的实物见证。

（一）印度尼西亚"勿里洞沉船"

该沉船是一艘唐代沉船，1998年发现于印度尼西亚勿里洞岛海域，打捞上来的文物陶瓷制品达67000多件，其中700多件来自广东。不少瓷器的式样、造型及风格都与国内同类物品风格迥异，是专门为国外客商制作的，说明唐代已出现根据国外市场要求加工制作、专供外销的陶瓷生产与销售方式。经考证，这是一艘于9世纪上半叶由阿拉伯督造的三桅船，从广州返回西亚途中沉没。这是目前南海丝绸之路考古发现年代最早的古代沉船。

（二）印度尼西亚"印坦沉船"

该沉船是一艘10世纪的东南亚籍海船，1997年发现于印度尼西亚首都雅加达以北的印坦油田海域。船载文物包括金饰、青铜器、铜块、锡

块、铅块、玻璃、南汉银锭、"乾亨通宝"铅钱、中国与东南亚的陶瓷等。经考证，该沉船是一艘从南汉首都兴王府（广州）贸易归航的东南亚商船，证明南汉王朝与南中国海周边地区存在着大规模的国际贸易及海洋网络。

（三）"南海Ⅰ号"沉船

该沉船是目前发现保存得最完整的宋代远洋贸易商船，于1987年在广东台山上川岛海域发现，2007年整体打捞成功，目前保存在阳江海陵岛广东海上丝绸之路博物馆。该沉船的船载文物估计有6万～8万件。

（四）"南澳Ⅰ号"沉船

"南澳Ⅰ号"是一艘明代后期沉船，2007年发现于南澳岛附近云澳海域。船上载有上万件福建、江西生产的瓷器及铳炮、钱币等遗物，有可能是明后期的走私船，对研究闭关锁国时代海上丝绸之路的曲折发展与沿海私商贸易有特别价值。

（五）越南金瓯沉船

该沉船是一艘清雍正年间从广州开出、航行到越南金瓯海域时沉没的中国商船，于1998年被发现。船载遗物以中国瓷器为主。根据沉船发现的4枚石质印章，有学者认为沉船与清前期广州十三行潘氏行商有关系，很可能是潘家出海贸易的商船，对研究广州"一口通商"之前行商与南海贸易有重要价值。

第三章

广东：21世纪海上丝绸之路建设主力省

海上丝绸之路形成于秦汉时期,发展于三国隋朝时期,繁荣于唐宋时期,转变于明清时期,分为东南亚、南亚、西亚、东北非四个区段,是古代东西方之间的海上交通和贸易大动脉。步入新世纪,世界各国掀起经略海洋的热潮,沉寂千年的海上古丝路,再度为世人瞩目。党的十八届三中全会通过的《中共中央关于全面深化改革若干重大问题的决定》强调,要推进海上丝绸之路建设,形成全方位开放新格局,这为作为我国对外开放的窗口和外向型经济大省的广东带来巨大的战略机遇。与古代海上丝绸之路相比,21世纪新的海上丝绸之路具有新内容、新特点、新空间、新节点,广东在其中也发挥着新的作用。为此,广东应该顺应时代脉搏,抢抓机遇,以建设21世纪"新海上丝绸之路"主力省为突破口,重点推动东南亚区段的经贸合作,打造以环南海经济合作圈为核心的升级版中国—东盟自贸区,把广东的开放型经济体系建设提升到一个新台阶。

第三章 广东：21世纪海上丝绸之路建设主力省

第一节 21世纪海上丝绸之路建设中的广东优势

广东是古代海上丝绸之路的重要起点区，与东盟地区地缘相近、文化相通、血脉相融、商脉相连，也是全球最重要的产业基地和经济最活跃的地区之一，这是广东推动21世纪新海上丝绸之路建设的历史和现实基础。

一、绵长恒远的历史渊源优势

广东自汉代以来就是中外海上贸易的枢纽、东西文明交汇的中心、中国走向世界的门户。凭借便利的水陆交通、先进的造船技术、丰饶的物产资源和发达的手工业，早在秦汉时广东就已开辟了海上丝绸之路。从秦汉的番禺港、徐闻港，到唐宋的广州港、扶胥港，明清的黄埔港、"广州十三行"，再到如今的"广东海上丝绸之路博物馆"，它们见证着广东2000多年海上贸易的辉煌历史。全国各地的丝绸、陶瓷、茶叶、工艺品齐聚广东，远销海外。广州早在唐宋时期就已成为中国海外贸易的第一大港、世界知名的国际大都会。明清实行海禁，广州保留"一口通商"的地位，成为明清海上丝绸之路环球贸易的唯一大港，航线遍及亚、欧、美、澳各大洲。

二、得天独厚的区位条件优势

广东处于新崛起的西太平洋经济圈的核心位置，是我国大陆与东南亚、中东以及大洋洲、非洲、欧洲各国海上航线最近的地区，已开通众多国际航线，建立了与亚洲其他地区以及欧洲、美洲、非洲、大洋洲等国家和地区的紧密联系。广东是我国参与经济全球化的主体区域和对外开放的重要窗口，是全球海洋航线的重要节点，是维护我国南海海洋权益的前沿阵地。广东地处华南经济圈的核心区,紧邻福建、海南、台湾、广西等沿海省(区)和香港、澳门特别行政区,是大西南地区的重要出海口、我国海洋运输的重要枢纽。广东地处东亚板块与东南亚板块的结合位置,是两个板块之间物流、人流、资金流、信息流的必经之地。广东是华南乃至中南和西南地区物流运输的枢纽,还具有毗邻港澳、商贸服务业发达的优势,是内地与东盟商品进出的重要集散地。泛珠三角各省区资源丰富,产业差异明显,经济互补性强,区域间的经贸合作频繁。泛珠三角区域合作中,广东正发挥着桥梁、排头兵和吸纳辐射作用,致力成为此区域合作中的交通中心、经济辐射中心、开放型市场体系的示范窗口、区域金融中心、物流中心、深加工和制造业基地、劳动力吸纳中心、能源需求中心、科研创新中心和珠江文化交流协作中心。

三、血脉相连的华侨文化优势

广东人移居海外已有近 2000 年的历史,他们漂洋过海,将中华文化流播海外,又受海洋文化的融合影响,形成了独特的华侨文化。广东与移民侨居地语言、文化相通,粤语在新加坡、泰国、马来西亚等地民间被广泛使用。东盟是粤籍华侨的主要聚居地,泰国华人中祖籍为广东的占 79%,印度尼西亚华人中祖籍为广东的占 49%,菲律宾、马来西亚、新加坡华人中祖籍为广东的分别有 12%、57% 和 45%,粤语在这些地区被广泛使用,华侨华人在东盟国家经济发展中具有重要地位。

四、全球畅达的海上通道优势

广东拥有良好的港口资源和深水岸线,初步形成了以广州港、深圳港、珠海港、汕头港、湛江港等为全国性主要港口,潮州、揭阳、汕尾、惠州、虎门、中山、江门、阳江、茂名港等其他沿海地区性重要港口和一般港口为补充的发展格局。2017 年,广州港货物吞吐量为 5.9 亿吨,居全国沿海港口第 3 位,世界第 5 位;2018 年,深圳港标准集装箱吞吐量突破 2574 万标准箱,居全国沿海港口第 3 位,世界第 4 位。广东沿海航道初步形成以珠三角、粤东、粤西航道网为主的东西向通道,并已建成多条 20 万、10 万吨级的深水航道,与主要枢纽港相通。另外,广东有众多千吨级、百吨级航道与内河港口相连,并有多条国际航线与全球接轨,可通达新加坡、马来西亚、菲律宾等东南亚国家以及欧洲、美洲、非洲、大洋洲等沿岸国家。广东与东盟之间的运输距离最短,并有诸多深水良港与东盟通航,运输费用在全国范围内具有明显的竞争优势。

五、实力雄厚的产业、资金、技术优势

广东具有良好的产业、资金、技术发展优势,具备加强与海上丝绸之路沿线国家和城市经济合作的基础。广东作为世界上主要的工业制造中心之一,与东盟在制造业和技术结构方面存在着巨大的互补空间,这是同为东盟之邻的广西和云南所不具备的。而经过多年发展,广东在家用电器、机械制造、纺织服装、食品饮料、建材等行业已经具备了相对成熟的技术和较强的资金实力,珠三角形成了以电子信息、电器机械、汽车、化工为主体的,各具特色、优势明显的产业发展布局。跨国公司进入中国的采购订单八成以上落户珠三角,大批跨国企业亦把最终产品组装环节放在广东;同时,广东特别是珠三角作为辐射东盟的重要制造业基地,需要大量的原材料和中间性产品,而东盟在全球加工制造链中处于相对上游环节,每年可以为广东提供大量的上游产品。广东企业投资、民间投资、社会投资潜力巨大。2012 年,广东民间投资总量首次突破 1 万亿元大关,达到 10177 亿元。同时,广东自主创新综合能力不断增强,区域自主创新综合能力居全国第二,专利申请量和授权量等多年居全国第一,为企业走进东盟积累了较为雄厚的技术基础。东盟多层次的经济状况可以与广东形成互补性的国际分工。广东与东盟发展水平较高的国家可以实行水平分工,利用各自比较优势和对方市场分享国际分工带来的利益和实现规模经济效

益；与发展水平较低的国家可以实行产业转移式的垂直分工，利用其丰富土地、劳动力等资源和广阔的市场，凭借自己的技术、资金优势，建立生产和销售网络，提高资源配置效率。

六、合作密切的商贸往来优势

东盟是我国第四大贸易伙伴，也是广东第五大贸易伙伴。自2004年中国与东盟签订自由贸易区框架协议以来，广东不断加大与东盟的全方位合作，双方经贸关系不断发展，贸易额持续增长。2012年，广东对东盟进出口贸易总额达923亿元。广东企业投资区域覆盖东盟10国，涉及家电、电子、轻工、纺织、电信等多个行业，成为投资东盟的大户。2000年，TCL在越南设立了第一个境外加工厂；此后，华为在吉隆坡设立区域总部；美的、格力等知名家电企业近年也陆续在东盟设立了境外生产基地；轻工、建材、纺织等传统优势产业也加快了投资步伐；中新知识城和中越贸易合作区进展顺利；广东湛江还利用区域优势建立"东盟产业园"，首届中国（广东）—东盟合作华商交流会也在广东湛江举行，成为粤西与东盟合作的重要平台。

第二节　广东发挥21世纪海上丝绸之路建设主力省作用

由于现代交通技术的大发展和海上丝绸之路沿途商贸城市的兴衰变革，21世纪新的海上丝绸之路的往来范围和关键节点与古代海上丝绸之路有重大差别，更多地呈现出立体网状的空间新格局。就中国—东盟自贸区而言，则呈现出由广东（主要是珠三角地区）和新加坡一北一南两个主力区域搭建的大扇形空间结构，其中环南海经济合作圈是其核心区。

一、打造干线支撑的大扇形新海上丝绸之路空间合作格局

古代海上丝绸之路由于造船技术和航海技术比较落后的缘故，其路线主要是沿着海岸线延伸，呈现多条曲线并存的地理路径格局。从中国大陆出发的贸易船只沿途经过南海地区的不同港口，沿途进行贸易和补给。直接贸易影响的区域也相对比较狭窄，限于沿海港口的周围地区。21世纪的海上丝绸之路，造船技术和航海技术已经今非昔比，大型船只可以无限制地来往于大洋深海。而且，在古代海上丝绸之路中扮演着主要角色的港口城市很多已经衰败，新时期环南海地区已经出现了新的港口城市和经济格局。随着铁路和交通线路的不断改善，沿海贸易对内陆地区的辐射能力也大为加强。因此，21世纪海上丝绸之路的空间格局将更广、更深、更网状化。

在21世纪海上丝绸之路中，广州港和新加坡港将是两个重要节点，在一北一南形成海上丝绸之路的主力区域，两者连接起来的航线将形成新海上丝绸之路经济带的干线航线。其中，北部主力区域——广东通过京广铁路、京珠高速等南北交通大动脉，将海上丝绸之路向我国内陆腹地延伸，并接通陇海线的欧亚大陆桥，与陆地的丝绸之路相贯通。另外，湛江也将发挥重要的节点作用，作为大西南的出海口联通西南地区。南部主力区域——新加坡通过马六甲海峡把海上丝绸之路继续向西方延伸，并通过新加坡与南宁之间的铁路相连，从而把海上丝绸之路与中国—东盟合作的陆线交通主干线连通起来，形成一个紧密的海陆立体交通网络。

自广州到新加坡的干线航线中分解出至雅加达、曼谷、胡志明、马尼拉等环南海地区重要港口城市的次级航线，并与这些城市延伸至东南半岛腹地的干线铁路、公路相连，海洋接通内地，拓展海上丝绸之路的陆地腹地。这样就形成一个以广州和新加坡两个节点连接起来的干线支撑的、网络化的新海上丝绸之路的路径空间大格局，总体上形成一个大扇形海上丝绸之路经济带。

二、建设环南海经济合作圈

环南海经济合作圈包括整个环南海的国家和地区及腹地,包括越南、柬埔寨、泰国、马来西亚、新加坡、印度尼西亚、文莱、菲律宾八国,以及我国台湾、香港、澳门、广东、海南、福建、广西地区。围绕南海的这一个跨国家、跨地区、跨文化、跨产业的经济合作圈既是海上丝绸之路最密集的地区,也是对西部远洋地区海洋丝绸之路共同的起点。

环南海地区的国家大多是发展中国家,在维护亚太地区和平与稳定及发展经济方面有着共同语言,中国与东盟各国在经贸合作上的潜力远未得到充分利用。建立环南海经济合作圈可以加强中国与东盟的合作,有利于打破发达国家的进口限制,扩大共同市场的容量,同时通过协调、合作划分市场范围,最大限度地促使双方国际贸易额同步上升,互利互惠,共同发展。

目前,在环南海地区已经形成了若干个次区域的海洋合作圈,为环南海经济合作圈的建立创造了基础,这主要包括:①华南海洋经济合作圈,主要包括粤港澳海洋经济合作三角区、粤桂琼海洋经济合作区和粤闽台海洋经济合作区;②东南亚新加坡—佛柔—廖内群岛成长三角区;③台越菲经济三角区,包括菲律宾的苏比克湾以及越南河内的两个工业园区;④东盟东部三角区,包括菲律宾、印度尼西亚和马来西亚部分地区;⑤东盟北部三角区,包括马来西亚北部地区。目前,这一地区次区域的经济合作仍在不断扩大。再加上该地区具有庞大的华人华侨资源,以及海外华人形成的天然经济网络,对推动环南海经济合作圈内各国和各地区的经济合作具有重要作用。海外华人是环南海经济圈各国、各地区间经济联系的天然纽带和桥梁。它以一种共同的利益为基础,以市场为导向,以文化认同为纽带,以民间合作为主要方式,自力带动,自然形成,多向、多元联合,把各国、各地区的资本、技术、经营、市场联合在一起,促进区域整合和发展。

第三节　构建 21 世纪海上丝绸之路建设广东新内涵

21 世纪海上丝绸之路的内涵与古代海上丝绸之路有很大差别，贸易产品更为丰富，人员往来方式更为多样。就广东而言，主要是依托古代海上丝绸之路的文化脉搏，结合广东新时代的经济、社会和文化新特征，在来往方式、商贸种类、区域关系、资源利用、文化建设方面推动"五大转变"，构建与环南海地区的重要城市和经济区之间的全新的经济协作关系和合作机制，打造广东版的现代海上丝绸之路。

一、基础：从航海联系到立体的互联互通

古代海上丝绸之路主要是航海联系，以船只作为主要的贸易和人员往来运载工具。现代版的海上丝绸之路虽然海上往来仍然占有重要地位，但已经不是唯一方式，而是一个立体的互联互通网络，包括航空、"信息高速公路"、高速铁路等。广东作为 21 世纪海上丝绸之路建设的主力省，必须构建起与此相对应的基础设施体系。硬件方面主要是加强港口建设，加快连接新加坡的铁路项目建设，参与东盟国家港口基础设施建设，实现与东盟国家主要港口城市之间的互联互通。软件方面主要包括加大与东盟国家临海港口城市航线航班密度，加强广东沿海地市与东盟国家主要临海港口城市的沟通与合作等，为 21 世纪海上丝绸之路建设提供有力的基础支撑。

二、产品：从农商贸易到产业链对接

古代海上丝绸之路主要是从中国输出丝绸、茶叶、瓷器等商品，从东

南亚地区输入木材、粮食等农林产品，以农商贸易为主。21世纪海上丝绸之路则从单一的农商贸易进化为全面的产业合作，把整个东盟地区纳入产业分工合作体系，形成多边合作的技术及产业梯度互补关系，打造集生产、经营、流通、销售为一体的地域经济合作体，从而提高环南海区域经济系统的组织能力，提高经济效率和效益。广东作为环南海区域体量最大、最重要和最活跃的经济区，一是可以跳出传统海上丝绸之路的农商贸易，大力发展工业品和服务业贸易，并成为东盟地区工业品的主要输出地；二是可以与港澳合作，打造世界级城市群，从而成为环南海经济合作区的经济龙头；三是可以向东盟国家拓展产业腹地，通过共建产业园区带动广东产业转移，从而带动广东产业转型升级。

三、方式：从偏执争议到合作开发

与古代海上丝绸之路有较重的政治色彩以及损耗国力不同，现代版的海上丝绸之路将淡化政治色彩，以经济合作为主，尤其是海洋资源合作开发和海洋生态共建等为改善和加深我国与东盟各国的关系提供了契机。环南海经济合作圈旨在依托南海的开发与共享，推进环南海国家和地区的经济合作，形成紧密的经济共同体。对于广东而言，发展重点：一是与新加坡、雅加达、曼谷等重要港口和岘港、芭提雅、巴厘岛等旅游区合作，加强海洋贸易和海洋旅游合作；二是与新加坡、中国台湾、中国香港进行海洋科技合作，联合开展国际海底区域勘查，发展深海技术及其延伸，培育深海产业发展；三是促进国家在争议海域的非传统安全方面，如打击海盗、毒品走私等，建立由南海各方共同组成的国际安全合作机制，保证海路资源运输的安全，加强海上战略通道的保障能力。

四、环境：从资源争采到生态共建

争夺资源是古代海上丝绸之路的附带目的和南海地区关系的重要表

现，这往往导致互相之间的不信任和各自涸泽而渔的开发模式，从而使得南海地区的海洋生态受到一定的威胁。21世纪海上丝绸之路和环南海经济合作圈的建设则是要突破资源争夺的传统思路，以南海海洋生态的共建为突破口，形成全新的区域合作格局。对广东而言，发展重点：一是加强与桂、琼、闽和港澳台及环南海地区的其他国家之间在南海海洋信息共享上的合作与对接，共建南海海洋气候灾难综合防御体系；二是与环南海各国（地区）之间构建南海海洋排污交易体系，共建南海国际生态保护区；三是与桂、琼、闽等省市和环南海国家进行海洋渔业合作，共建休渔制度和进行渔业养殖合作。

五、文化：从华人输出到华人文化圈的构建

古代海上丝绸之路也是华人下南洋的艰辛谋生之路，主要方向是华人由中国大陆向东南亚地区的人口和文化输出。目前，东南亚地区已经成为中国大陆之外华人最集中的地区。新加坡华人占其总人口的76%以上，马来西亚占近40%，印度尼西亚、越南、泰国等集聚了大量华人。海外华人以文化认同为纽带，与大陆华人共同形成华人文化圈。广东应该提高在21世纪海上丝绸之路文化上的影响力，掌握海上丝绸之路话语权，其重点就是要做好华人华侨文章，将自己建设成为海内外华人的广府文化中心。广东可以通过举办全球华人文化论坛，建设中国海上丝绸之路博物馆，合作打包"海上丝绸之路"申报世界文化遗产等方式，共建华人文化圈。

第四章

海洋利益博弈与海上丝绸之路合作机制

21世纪海上丝绸之路建设的核心问题是海洋区域经济合作机制问题。要想实现合作博弈,就需要建立有效的合作机制。这种合作机制的建立将非合作博弈演变成合作博弈。在这种合作机制下,海上丝绸之路沿线国家可以进行有效磋商、沟通和协调,还可以建立一个利益平衡机制,使得合作中获益较少的地区确信其暂时的收益受损可以从长期稳定的合作中获得补偿,而获益较高的地区,应该自愿在某些方面为其他地区做一些利益让渡。从长远看,一种稳定的区域经济合作机制会使所有合作成员分得大致公平的收益。有了这样的经济合作机制,21世纪海上丝绸之路建设才可以在一个相对平衡、有效、可持续的状态下运行,从而实现大区域的整体利益最大化。

第四章 海洋利益博弈与海上丝绸之路合作机制

第一节 博弈论与海洋区域合作

博弈论（game theory），又称"对策论"，是研究决策主体的行为发生直接相互作用时候的决策以及这种决策的均衡问题。1928 年，美国数学家冯·诺依曼（John von Neumann）证明了博弈论的基本原理"最小最大原理"（mini－max solution）；1944 年，冯·诺依曼和美国经济学家摩根斯坦思（Morgenstern）合作出版了《博弈论和经济行为》（*The Theory of Games and Economic Behaviour*）一书，将 2 人博弈推广到 n 人博弈，并将其系统地运用到经济领域，标志着博弈理论的形成；1951 年，纳什将冯·诺依曼的"最小最大原理"推延到非合作博弈领域，找到了普遍化的方法和均衡点"纳什均衡"（非合作均衡），揭示了博弈均衡与经济均衡的内在联系，奠定了非合作博弈的理论基石；1994 年、1996 年和 2001 年，博弈论专家凭借其理论对经济学的巨大贡献，3 次获得诺贝尔经济学奖，标志着博弈论的发展进入了一个崭新而辉煌的时代。

按照所采用的假设不同，博弈论可划分为合作博弈与非合作博弈，两者的主要区别在于：博弈参与者的行为相互作用时，当事人能否达成一个具有约束力的协议（binding agreement）。如果有，就是合作博弈；如果没有，就是非合作博弈。合作博弈强调的是团体理性（collective rationality）、效率（efficiency）、公正（fairness）和公平（equality）；非合作博弈强调的是个人理性、个人最优决策，其结果可能是有效率的，也可能是无效率的。

一、非合作博弈理论

从本质上来看，非合作博弈是研究在没有达成有约束力协议的情况下,各方倾向于以"利己""理性""利益最大化"的动机选择自己的最优策略。每一方在选择策略时都没有"串供"(共谋)的机会,他们只选择对自己最优的策略,而不考虑社会福利或任何其他对手的利益,没有参与方会主动改变自己的策略以便使自己获得更大利益。简单来说,非合作博弈策略即是"不管对手如何选择,我就选择对自己最有利的组合"。

在区域经济层面,假设地区间进行合作与非合作的博弈策略选择时,双方合作,则各自得10个单位的收益;双方不合作,则各自保持6个单位的收益;一方选择合作,另一方选择不合作,那么合作的一方则会因对方的失信而损失2个单位的收益,不合作的一方得到2个单位的收益。由此,得到各种策略组合下的支付矩阵如表4-1所示。

表4-1 地区间合作与非合作博弈策略组合下的支付矩阵

B地区 A地区	合作	不合作
合作	(10,10)	(4,8)
不合作	(8,4)	(6,6)

其中,A地区与B地区是区域经济合作中的两方,支付矩阵中的第一个数字代表A地区的收益,第二个数字代表B地区的收益。由于参加博弈的双方均为理性的"经济人",且"所有参与人均为理性的经济人"是博弈双方的共识,因此,对弈双方都会假定对手按照对自己最有利的策略进行行动,从而建立自己的战略。如果选择合作,就会面临对方选择不合作时,自己损失2个单位收益的风险;如果选择不合作,最低也可以获得现有的6个单位收益。在这种情况下,"不合作"对双方都是占优策略,(不合作,不合作)成为该博弈的纳什均衡战略,(6,6)成为博弈的纳什均衡解。并且,在现有状态下,双方均无动力改变这一选择策略,陷入博弈中的"囚徒困境",即一种非帕累托最优的均衡状态。

具体到广东海洋经济的区域合作而言,非合作博弈理论给予的启示是,在缺乏"合作"的情况下,广东省内各地区、广东与国内其他省份、广东与南海周边国家（如文莱、印度尼西亚、马来西亚、菲律宾、越南以及新加坡）之间，根据自己的利益最大化诉求，寻找实现这种诉求的最优策略，也就是各地区在世界经济领域相互竞争，独立开发利用海洋资源，通过自己的比较优势及资源禀赋实现自身利益最大化，而不考虑合作问题。

二、合作博弈理论

通过对非合作博弈的分析可以看出，各参与方之所以会出现所谓的"囚徒困境"等不合作的"损人不利己"的均衡结果，主要是因为博弈的各方缺乏一种协调彼此策略的途径和渠道，博弈各方只能按照假定对方各种可能策略选择既定的情况下，选择对自己最有利的策略，结果对个体有利反而对整体不利。为了避免非合作博弈中"囚徒困境"情况的出现，需要进行合作博弈。合作博弈是指在博弈中，如果协议、承诺或威胁具有完全的约束力，且可以强制执行，合作利益大于内部成员各自单独经营时的收益之和，同时对于联合体内部，应存在具有帕累托改进性质的分配规则。现实中的问题是要创建一种能够实现各参与方之间利益协调与合作的机制。通过这种协调机制，获益较多的参与人给获益较少的参与人一定的利益补偿，同时使合作中进行收益转移的参与人确信其暂时的收益受损可以从长期稳定的经济合作中得到补偿。也就是说，从长远上看，一种稳定的经贸合作会使所有参加合作的各方分得大致公平的收益。

建立区域经济合作的博弈模型，首先做两点假定：如果参与方各自策略的变化可使所有合作成员国都获益，那么在实际协商中，它们就会同意做出这样的策略变化；参加区域经济合作的各成员收益的提高至少要能够弥补由于参加经济合作而引起的直接收益损失。

根据上述假定，我们建立多方参与的合作博弈模型：$\varGamma = \{N, (C_i)_{i \in N}, (U_i)_{i \in N}\}$，其中，$N$ 表示参与方集合，C_i 为策略，U_i 为收益函数。对于 $N = \{1, 2, 3, \cdots, n\}$ 的子集 $S \subseteq N$，称之为联盟；$V(S)$ 表示联盟

S通过协调其成员的策略所能保证得到的最大收益。

若对任意的$S,T \subset N$，有：$V(S) + V(T) \leq V(S \cup T) + V(S \cap T)$，则称$V$为凸博弈。

对于效用可转移的博弈(N,V)，如果对$i,j \in N$，存在固定的数值g_j^i，使得对所有的$S \subseteq N$和所有的$i \notin S$，$V(S \cup \{i\}) = V(S) + V(i) + \sum_{j \in S}(g_j^i + g_i^j)$，则利益分配方案为（Shapley, 1953）：

$$\varphi_i(N,V) = V(i) + \frac{1}{2}\sum_{j \in N}(g_j^i + g_i^j)$$

于是，可以定义如下形式的特征函数：

$$V(S) = \sum_{i \in S}\left(R_0^i + \sum_{j \in N}k_j^i - \sum_{j \notin S}\delta_j^i + \sum_{j \in S}\pi_j^i\right)$$

其中，第一项为未合作之前各成员保留效用，第二项为形成联盟N时联盟S全体成员获益总和，第三项是未参加联盟S的成员（仍在N内）对S造成的收益损失，第四项是联盟S的成员若与联盟S外的其他成员（仍在N内）合作的收益。

因此，对于区域经济合作博弈(N,V)，Shapley值为：

$$\varphi_i(N,V) = R_0^i + \sum_{j=1}^{N}K_j^i + \frac{1}{2}\sum_{j \in N}\left[(\pi_i^j - \delta_i^j) - (\pi_j^i - \delta_j^i)\right]$$

如果结成联盟N但没有效用转移发生，则成员i的获益为：

$$R_0^i + \sum_{j=1}^{N}K_j^i, i = 1,2,\cdots,n$$

全体成员参与合作时，收益增加总量为：

$$T_i = \frac{1}{2}\sum_{j \neq i}\left[(\pi_j^i - \delta_i^j) - (\pi_i^j - \delta_j^i)\right], i = 1,2,\cdots,n$$

若$T_i > 0$，区域经济合作成立，收益较多的成员给收益较少的成员一定量的利益补偿。

如果在合作博弈中，收益是可比较的，且转移支付是可以顺利实现的，则合作博弈可以用一个单一数字来代表，否则，最优结果即为上文中所描述的帕累托最优集，或称为特征函数。

三、海洋经济区域合作的博弈分析

以中国—东盟自由贸易区中中越合作开发南海资源的博弈为例,对此问题做具体分析。若中越各自单干可获得的收益分别为 U_c 和 U_v(c 代表中国,v 代表越南),而合作后各自相应的收益为 X_c 和 X_v。对于合作博弈而言,如果要实现集体利益最大化,就要寻找一种双方接受的合理的利益分配方案:$X = (X_c, X_v)$,满足 $X_c > U_c$,$X_v > U_v$ 且能够实现 $\max U$(集体总收益最大化)。但在利益分配上,一旦出现 $X_c \leqslant U_c$ 或者 $X_v \leqslant U_v$,则对中国或者越南不利,出现合作危机,不利的一方认为于己不利,丧失了合作的基础。因此,在中越经济交往中存在着建立在"个人理性"上的合作博弈。如果中国需要越南的合作,$U > U_c + U_v$ 且承诺利益与越南共享,且 $X_c > U_c$,$X_v > U_v$,则存在表 4-2 中的中越经济合作博弈模型。

表 4-2　中越经济合作博弈模型

策　略	收　益	结　果
越南不参与合作	越南收益为 U_v,$U_v < X_v$	越南损失合作机会,同时中国无法获得合作收益
越南参与合作,中国兑现承诺,利益共享	越南收益为 $X_v > U_v$,中国收益为 $X_c > U_c$	经贸合作机制建立,达到双赢
越南参与合作,中国不兑现利益共享承诺	越南施行贸易报复行为或行政诉讼,中国收益为(X_c - 违约罚金 - 应诉成本 - 无形损失)$< X_c$	经贸合作危机出现,中国在经济利益和政治声誉上受损

注:为简化分析,所选模型包含两个参与方,可以将其推广至三方或多方的合作,原理相同。

中越合作开发南海资源的博弈结果分析:

(1)越南不愿意与中国合作,则其收益为 U_v,$U_v < X_v$,中越合作博弈的结果是越南失去了一次与中国合作的机会,中国也将另选合作者,搜

寻成本增加，故对双方均不利。当然，越南也可以另选其他国家或地区作为合作对象，作为其合作伙伴，不过同样存在收益是否"合算"的问题。就现实而言，出于政治、经济、地理、区位优势等因素的考虑，在开发南海资源上，舍近求远，放弃中国这样一个合作伙伴对越南来说，可谓损失巨大。

（2）越南同意合作，中国履行合约，实现利益共享，进行利益分成，则越南可获得 $X_v > U_v$，对越南有利；同时，中国也可以获得收益 $X_c > U_c$，对中国也有利。这是典型的双赢合作结果。

（3）越南同意合作，但最终中国不兑现合作收益分成，则出现合作危机，对中国极为不利。因为，在当前的国际格局、国际法律体制下，越南会通过国际诉讼或者实施中断石油、天然气等矿产资源供应等"单边报复"措施，同时联合其他东盟国家对中国实施贸易报复行为，则中国不但要归还给越南的收益分成，还要付出违约罚金、应诉成本等，使中国获得的收益反而小于 U_c，且更为严重的是中国的国际政治声誉会大受损失。

从上述三种情况下的博弈收益来看，第二种情况对中越双方最为有利，即越南选择与中国合作开发南海资源，中国选择合作并兑现收益分成的承诺，合作是中越双方的最优策略选择。也就是说，中越之间是倾向于合作的，在合作的过程中，达成双方共同认可的具有约束力的协议，对实现双方的合作是至关重要的。

第二节 "10+1"框架下南海大区域战略资源合作开发机制

一、南海大区域的范围界定

在论述南海区域层次的经贸合作时,首先应该界定区域层次的概念。目前理论界在界定区域层次上存在一个问题,那就是究竟是按参与的数量划分(超过两个即为区域),进而将其仅仅作为一个空间概念来看待,还是从经济一体化程度上来界定,将其作为"区域主义"的概念来看待。一般认为,双边层次的合作就是两个国家之间的经济交往、交流等,区域层次就是两个以上国家的经济交往、交流等,这主要是从数量上来区分何为区域。但本书认为,区域层次的合作,不能单纯地从参与方的数量上来区分,超过两个就是区域,少于两个就不是区域,其实这种方法并不是完全正确的。区域层次的概念应当是一个空间上的概念,例如,一国内部划分为若干区域,区域之间开展合作,也可视为区域层次的合作。

南海是西太平洋的边缘海,又是东亚大陆最大的边缘海,位于亚洲和澳洲的连接处,周边有新加坡、马来西亚、泰国、越南、文莱、印度尼西亚等东盟部分国家以及我国的香港、澳门特别行政区和台湾、广东、广西、海南等省(区)。按照本书所界定的区域概念,南海区域经贸合作不仅包括中国与其他多国之间的合作,也包括中国境内毗邻南海各地区之间的合作。为与传统理论中国际区域经济合作的概念区分开,本书将其定义为南海大区域层面上的经贸合作。所谓南海大区域,包括文莱、印度尼西亚、马来西亚、菲律宾、越南、新加坡等周边东盟国家以及中国广东、广西、海南和香港、澳门地区。

二、南海战略资源分布状况

南海位于太平洋西北侧，海域辽阔，资源丰富，除具有独特的热带、亚热带气候资源和生物资源外，还具有丰富的海洋石油天然气资源、海洋矿产资源、海水化学资源、海洋可再生能源和海洋旅游资源等，是我国沿海四海中自然资源最富饶的地区，尤其在石油天然气、热能、滨海生物资源方面具有显著优势。

南海是世界上四大海洋油气聚集中心之一。南海陆架新生代地层厚度为2000～3000米，最厚处达6000～7000米。第三纪沉积有海相、陆相及海陆交互相，具有良好的生油和储油岩系。据专家测算，仅南沙海域的石油资源量就有约500亿吨，天然气储量达15万亿立方米。南海被称为"第二个波斯湾"，是国家级重要战略资源。可以预见，在世界石油资源紧张、油价大幅攀升的今天，南海将是进行石油开发的热点地区之一。

在矿产资源方面，南海海域的储量也相当可观，拥有丰富的锰、铜、镍、钴、钛、锡、磷甚至钻石等矿产，其中优势矿产有玻璃石英砂、天然气、钛铁矿、锆英石、蓝宝石等10多种。南海海岸带的矿产资源有锆英石、独居石、石英砂等，主要砂矿可作为航空航天硬合金的原料。

此外，南海海域还是我国海洋鱼类种类最多的渔区。南海大陆架目前有记录的鱼类达1004种，隶属于173科、499属，具有经济价值的鱼类高达200多种，虾类达135种，头足类达73种，甲壳类达230多种。除此之外，软体动物、棘皮动物、环节动物、特产品种也是全国最多的。

受地质条件的影响，南海海岸线曲折，海湾众多，可建设开发的大小港口达数百个，其中包括近300个万吨级泊位，为依赖南海周边海岸而发展港口经济和布局临海工业提供了优良的条件。

南海位于太平洋和印度洋的交通要道，是西太平洋进入印度洋和大西洋的重要通道，是东亚各国通往南亚、中东、非洲和欧洲的必经航道。自古以来，南海就是一条非常重要的国际航道和交通枢纽，南海周边国家，特别是东亚国家的外贸90%是通过南海的海上运输实现的。因此,谁控制了南海的制海权,谁就控制了东亚的经济命脉,并将对世界战略态势产生重大影响。

三、"10+1"框架下中国—东盟合作区域拓展的必要性

东南亚国家联盟(简称为"东盟")成立于1967年8月8日,目前由印度尼西亚、泰国、新加坡、菲律宾、马来西亚、文莱、越南、老挝、缅甸、柬埔寨10个国家组成。东盟是中国的近邻,同属于发展中国家,地缘相邻,文化相通。随着近年来贸易上的往来与经济合作的加深,不断发展的东盟成为中国区域经济合作的重要对象。

1997年12月,东盟分别与中、日、韩三个国家签署《面向21世纪的合作宣言》,形成了区域经济合作的"10+3"机制和三个"10+1"机制。但多数学者认为,"10+3"的各个国家受经济发展水平、经济结构、历史和政治等方面原因的影响,短期内很难制定具体合作细则。相比较而言,在三个"10+1"中,中国与东盟10国的区域经济合作进展最快。

2001年11月,中国与东盟宣称10年内建成中国—东盟自由贸易区。一年后,2002年11月,中国与东盟领导人签署中国—东盟全面经济合作框架协议,标志着中国—东盟自由贸易区的构建进入实质性阶段。2010年1月1日,中国政府与东盟门户网站同时宣布启动中国—东盟自由贸易区,这是一个拥有19亿消费者、近6万亿美元国内生产总值、4.5万亿美元贸易总量的经济区,将覆盖全球近30%的人口,拥有世界大约40%的外汇储备,国内生产总值和商品对外贸易总额分别占世界总额的10%左右。[①] 这个世界上最大的自由贸易区正式启动后,双方将有7000种产品享受零关税待遇,实现货物贸易自由化,中国与东盟的区域经济合作进

---

① 《中国—东盟自由贸易区将于2010年1月1日全面启动》,见中华人民共和国中央人民政府网站(http://www.gov.cn/jrzg/2009-12/29/content_1498999.htm)。

入新的发展时期。

东盟10国与中国虽然同属于发展中国家,在出口方面存在产品雷同性较高的竞争,但各国的发展水平、国情也存在较大的差异,各国之间的经济互补性也很强。由于各国的资源种类及富集程度不同,因此各国经济发展存在一定的层次性。劳动密集型产业在我国的经济中占较大的比重,而这一产业多为对原材料或中间产品的加工,这就产生对原材料和中间产品的进口需求;从成本结构来看,在食品、农矿产品、能源和电子产品等方面,东盟与我国相比具备更大的比较优势,因此,我国需要从东盟进口石油、天然气、棕榈油、天然橡胶、热带木材等资源性初级产品以及电子电器等机电产品的零部件和半成品。同时,与东盟的产品相比,我国的纺织品、服装、鞋帽、食品、谷物、建筑材料等产品具有较明显的比较优势。

随着"10+1"框架下中国—东盟自由贸易区的建立,双方的区域经济合作将进入一个全面深化发展的新阶段,服务贸易的比重将进一步加大,投资合作方式将更加多元化。目前,我国与东盟10国在金融、保险与电信领域的合作已经大规模地展开;基础设施的合作步伐也在加快,农业、环境保护、知识产权、能源及企业之间,尤其是中小企业之间的合作也将启动,并推动相关领域的合作与发展。然而,由于在南海主权归属方面长期存在纷争,我国与东盟各国,尤其是靠近南海区域的文莱、印度尼西亚、马来西亚、菲律宾、越南、新加坡6个国家在如何和平地开发利用南海丰富的资源方面未能达成共识。

从本质上来看,南海海岛主权与海洋划界争端主要是由于其丰富的资源和潜在的战略价值引发的。近年来,南海周边各国经济技术力量的进步使得其开发利用南海资源的能力不断增强,使得争端从潜在的、限于抽象意义上的主权争端逐步演化成现实利益的直接冲突,使争端不断现实化和明朗化,然而各国都希望在这场争端中获得更多实际利益。因此,经济利益的争端始终是南海区域经济合作的焦点问题,在这种情况下,建立区域经济合作机制,规范各国在南海上的资源开发行为,显得尤为必要。而且，根据新功能主义合作理论，在关键性经济部门展开的合作会产生"外溢"效应，最后遍及所有部门，也就是说，在南海资源开发这一敏感问题的合作上若能形成较完善的机制，将对南海周边国家和地区的经贸合作产生巨大的推动作用。

近年来，在政府政策指导下，我国各大石油公司正在东南亚开展油气合作，先后和印度尼西亚、泰国、菲律宾等国家展开不同形式的油气勘探开发，已取得初步成果。并且在高层外交的推动下，早在菲律宾前总统阿罗约访华期间，菲律宾国家石油公司就与中国国家海洋石油公司签订了协议，决定共同在南海地区进行海底地震勘测，实现了南海合作上的关键性突破，这是南海资源合作开发的一个双赢的合作协议。中国也以此为契机，扩大与南海周边国家的利益交换，并通过南海资源的合作开发寻求共同利益。

南海是广东发展海洋经济的主战场，南海的岛礁主权之争使广东的"南海战略"被搁置多年。如今随着东盟"10+1"合作协议的生效，南海开发必将成为国家战略的重大部署，进入从政治到经济的全面合作。广东应充分发挥优越的区位条件和雄厚的产业基础，以中国—东盟合作为突破口重启"南海战略"，抓住东盟"10+1"自由贸易协定生效的历史机遇，加强与东盟各国的经贸往来，构建东盟"10+1"合作的海上通道，力促东盟"10+1"合作的重心由陆地转向海洋，制定南海航运指数，把南海建成东盟"10+1"合作的"经济内海"，确立广东在东南亚地区经济发展的核心和"领头羊"地位，通过"南海战略"成为国家战略部署的主要承载省。

广东应加强与东盟国家的产业合作，建立产业合作区。促进新加坡、马来西亚、泰国等外商前来广东沿海投资水产品深加工、物流、休闲观光旅游等产业项目，并扩大对其出口贸易；与菲律宾、印度尼西亚等国开展远海捕捞、近海养殖、生物质能源开发、水产品加工与流通等方面的合作；选择在东盟国家建设养殖、水产品加工和远洋渔业基地；加强省内优势和特色产品出口生产基地建设，不断完善产品仓储、转运、包装、分装等环节的配套设施建设,构建和开通广东与东盟国家之间产品的"蓝色通道"。

广东应充分利用海洋经济的比较优势及中国—东盟博览会等多种贸易促进平台及通关便利化等政策,加大开拓东盟市场的力度,不断提高广东的产品在东盟国家的市场份额,并利用区位条件构建中国—东盟较为发达的产品物流体系。

广东应构建国际贸易服务平台,大力发展国际航运中介服务。重点加强与新加坡在港口商务贸易、信息服务、仓储、物流配送、金融和保险等综合服务功能、物流增值服务等方面的合作。

广东应与东盟国家加强资源能源开发合作。以广东省稀缺的煤、石油、橡胶、铜、铝等为重点,通过长期贸易协议、参股开发、兼并收购相结合等方式,提高境外资源能源合作水平,逐步建立若干境外资源合作开发和供应基地;同时,鼓励相关大型骨干企业大力走出去投资东盟,扩展企业发展空间。

四、"10＋1"框架下构建"海路统筹"机制,合作开发南海战略资源

"海陆统筹"是近几年来一些沿海省市制定海洋经济规划时提出的一个原则和发展战略。2004 年 8 月,我国海洋经济学家张海峰在北京大学"纪念郑和下西洋 600 周年"学术研讨会上首先提出"海陆统筹,兴海强国"。栾维新等人在 2006 年撰文认为,"统筹发展应包括'海陆统筹','海陆统筹'是科学发展观题中之义";并从产业特色角度对我国海洋经济区海陆产业发展特征进行比较,认为通过海陆产业的协调发展,以陆域产业、技术为依托,以陆域空间为腹地和市场,强化海洋产业的辐射和带动作用,可以实现海陆经济带的跨越式发展;同时,论述了海陆产业的合理布局。叶向东在 2008 年提出,"海陆统筹"是指在区域社会经济发展过程中,综合考虑海陆资源环境特点,系统考察海陆的经济功能、生态功

能和社会功能,在系统研究海陆资源环境生态系统的承载力、社会经济系统的活力和潜力基础上,以海陆两方面协调为基础进行区域发展规划、计划的编制及执行工作,以便充分发挥海陆互动作用,从而促进区域社会经济和谐、健康、快速发展。因此,对南海战略资源的合作开发,可以依托中国—东盟在陆域经贸上的良好合作基础,以临海产业的发展为联系纽带,以科技和人才为保证,在协调生态环境的基础上,构建"海陆统筹"的合作机制。

(一)设计港口城市互动型和海陆一体化建设模式

海洋是陆地的自然延伸,海洋产业活动对沿海陆地空间具有很强的依赖性。这是因为海洋产业的资源虽然源于海洋,其开发活动主要在海上,但是其活动基地目前仍在陆地上,以海岸带和沿海地区为主。例如,在海洋开发活动中,诸如海洋捕捞、海上运输、海洋油气开采、海洋矿产开发和海水养殖等,都是需要在海域完成一些前期相关环节,并在沿海陆地完成其余环节的产业活动。而海洋盐业和海水利用等经济部门,则完全是在陆地上完成所有的生产环节。因此,利用沿海城市、港口、海岸带进行一体化建设,是海陆统筹发展的基础与依托。

"建港兴城,城以港兴,港为城用,港城相长,衰荣共济"是港城关系的深刻总结。城市作为港口设施的载体、港口产业发展的依托,是港口腹地的最核心层。港城一体化的实质是根据港口和城市的内在联系,通过建立协调机制,在一定程度上,将各自独立的经济实体整合为步调一致、相互共生的利益共同体的过程,实现港口与城市功能的"无缝对接"。徐志斌认为,"港城一体化"概念的外延包括港口与相关城区项目的一体化、港口与相关城区布局的一体化、港口与城市其他交通方式的一体化、港口与所在城市战略目标的一体化,这是港城一体化依次递增的发展阶段。港城一体化战略的实施重点集中在临港产业发展、物流化营运和健全港城整合机制三个方面。临港产业发展是"港城联动"的核心;物流化运营是实现港城一体化的基本路径;港口是城市发展的基础和动力,城市是港口发展的支撑和载体，港口的发展不仅需要良好的区位条件，更需要经济活力充足、制度创新的腹地区域作为支撑。

港口对港口城市发展的促进作用体现在四个方面。首先，港口作为海陆联系的纽带，具有辐射作用，能够有效吸引大量物质资源的集中，形成物流网络的枢纽，进而带来人流、资金流和信息流的集中与大量生产要素的聚集，为所在城市的经济发展注入强大动力。据统计，世界上凡是集装箱年吞吐量超过200万标准箱的港口所依赖的城市都是经济发达、充满活力的城市，也都是地区性甚至是国际性的经济中心。其次，港口作为物流配送或集散中心，临港地区可以利用港口运输的优势节省物流成本，进行产品的配套以及原材料的集疏，提高域内产品的竞争力。再次，港口本身就是所在城市经济的一个重要组成部分，港口的生产经营和发展可以为地区经济创造直接的产值、国民收入、就业机会和税收，直接为城市经济发展做出贡献。最后，港口建设和港口经济的发展将直接推动有关基础设施的建设和完善，改善地区投资环境，提升区域对外开放的形象，吸引国内外大量的资金、技术和人才，从而推动港口城市外向型经济的发展。

城市对港口发展的促进作用主要体现在三个方面。首先，港口的成长与港口城市的经济状况密切相关。港口城市经济越发达，对外经济联系越频繁，对港口的运输需求也越大，由此推动港口规模扩大和结构演进。其次，城市的发展为港口发展提供支持。港口的发展离不开人力资源、土地、集疏运等硬件设施，也不能缺少金融和贸易等软件环境。港口城市拥有港口运作发展所必需的各种人力资源，并为港口及港航产业的发展提供土地和集疏运交通条件。港口对外的各种联系都离不开港口城市的组织、协调与服务，而港口城市现代服务业的发展则为港口运转和贸易营造了良好的外部环境。最后，港口城市发展促使港口功能的提升。城市是港口正常运转和蓬勃发展的物质基础。城市的管理服务功能、政策机制和良好的文化氛围，为港口发展提供了必需的环境保障，同时，城市的发展又促进了港口功能的提升。随着城市经济的发展，港口逐渐由人流、物流的单一运输功能，拓展为集运输功能、发展物流业、临港工业和现代服务业等港口配套服务业于一体的复合功能，临港产业也从一般基础产业发展到多元功能产业，并且向社会经济各系统进行全方位辐射。

由于我国与东盟各区的贸易持续增长，自由贸易区的建立将进一步促进双方的经济交流。广东作为我国对外交流的重要窗口，拥有广州港、深圳港、汕头港、湛江港、珠海港等海洋交通的枢纽港，经过多年建设发展，已形成海陆空交通相连互动的大运输体系，因此，对外贸易的繁荣必定带动广东海港经济及相关服务业的发展，有利于各大枢纽港口配套服务的不断完善，有利于临港产业的开发建设，逐步建成一批海陆互动的港口经济区。东南亚与广东位置临近，开展贸易往来具有得天独厚的地缘优势。东南亚国家对来自广东的投资持欢迎的态度，东南亚政府制定了一系列优惠政策来吸引外资。而广东与东盟的产业结构差异不大，广东有些产业的发展优于东盟，广东企业技术适应性强，企业的产品能以低价进入国际市场，在东南亚地区的"中国制造"已拥有广泛的市场基础。对此可以毫不含糊地说，积极争取与东盟各国更密切的经济合作，对南海战略性经济资源进行合作开发，广东当仁不让要成为国家的主力省和排头兵。目前，国务院已先后批准上海外高桥保税区、青岛、宁波、大连、张家港、厦门象屿、深圳盐田港、天津保税区与其临近港区开展联动试点，港区联动极大地拉动了当地港区经济的发展。广东的港口城市建设也必须解决"港区分离"的问题，走港城一体化的发展道路。

"海陆一体化"是我国在20世纪90年代初编制全国海洋开发保护规划时提出的一个原则，这个原则同时也适用于海洋经济发展和沿海地区开发建设。海陆一体化，要求人们从海陆互动的视角认识开发海洋的重要性，对海域与陆域进行一体化规划、海陆资源一体化开发，实行海陆产业统筹布局、海陆经济协调互动发展。目前，海陆一体化已成为国际上开发利用海洋资源、发展海洋经济的一种成功模式，各国海洋开发的经验表明，"大型港口—临港工业密集带—沿海城市化"是海陆一体化的一个有效实现途径。

海陆一体化的理论依据是非均衡发展理论。该理论认为，沿海城市由于其经济基础、区位优势和海洋资源优势,往往容易成为区域经济的增长极。例如,改革开放以来,我国东部沿海地区以13%的国土面积,养活了全国40%以上的人口,创造了60%以上的国内生产总值。同时,增长极形成以后,通过海陆产业的关联和海陆地域之间的合理分工,发挥增长极的辐射扩散作用,促进内陆经济发展,最终实现区域经济共同繁荣。广东现代海洋产业体系的发展应该运用系统论和协同论的思想,把海洋开发和陆域开发有机结合起来,通过统一规划、联动开发、产业组接和综合管理,把海陆地理、社会、经济、文化、生态系统通过产业载体整合为一个统一整体,实现海洋产业的科学发展、和谐发展和永续发展。从产业空间关联角度讲,广东现代海洋产业体系的建设只有走"海陆一体化"的道路,才能把海洋资源优势转变为经济优势。

综上所述,海陆一体化发展,港口是重心。通过港口的集聚与扩散作用,带动港口城市的经济发展和技术进步,是实现海洋经济与陆地经济接轨的最有效方式。因此,构建海陆衔接、快速便捷的综合交通网络是海陆经济协调发展的先导和突破口。在具体实施过程中,首先,要完善港口集疏运体系,以沿海港口为龙头,通过通港铁路、通港公路、管网等,构筑起港口与中心城市间便捷的交通通道,形成多个港口与腹地发展轴,实现港口与城市互动发展;其次,加速建立区域主要城市间快速客运通道,缩短时空距离,建立区域港口间、机场间、城市间快速货运通道;再次,建设沿海高速公路,打通与国内主要港口城市的连接,加强港口间的联系;最后,完善沿海中心城市周边路网,形成中心城市到毗邻各市的"60分钟交通圈""30分钟交通圈"。另外,综合交通网络的构建,要注意区域内各种交通方式的有效衔接,提高交通运输的综合效率。

广东应实施海基与陆基产业的联动发展,以沿海港口重镇、沿海工业带、重要海岛的开发、海上交通线等发展轴线为依托,带动整合中国海域经济由南到北的大区域板块与陆域东部大开放等,形成海陆联动的整体开发格局。

(二) 建立"国家南海开发的主力省和支援基地、储备基地"

从国家经济、能源安全的全局考虑，南海地区是我国资源开发的重要地区，是未来能源的潜在基地，国家正开始全力加快南海资源的勘探与开发。南海开发对我国油气资源战略发展具有重要意义，也对广东经济发展具有强大的推动作用。广东是中国的南大门，临近南海，经济实力雄厚，然而，广东的资源能源储量远不能满足经济发展的需要。中国南海拥有丰富的油气资源，如果能被和平开采，将能够解决广东省经济发展的瓶颈。未来十年是南海开发重要的战略机遇期，作为全国海洋经济大省，广东的海洋科研力量位居全国前列，在南海的开发中享有区位优势、经济优势、科技优势等，应当把握机遇，抓住国家加大南海深海油气资源开发的历史契机，利用本地良好的产业基础，全方位准备对接好国家南海开发战略，为承担国家南海开发战略任务做好各方面的准备工作，围绕"国家南海开发的主力省和支援基地、储备基地"的定位，把广东建设成为国家南海开发的物资供应和补给基地、研发和后勤保障基地、资源综合利用和加工基地、产品的推广运销基地、资金筹措和技术人才储备基地，成为开发南海的主力军。同时，南海海洋权益的保护和南海安全也可以为广东经济的发展创造一个稳定的发展环境。

首先，广东应为南海油气开发的全面启动提供支援。浩瀚的南海是个巨大的"蓝色聚宝盆"，蕴藏着丰富的油气资源。据权威部门初步估计，南海石油储量有500多亿吨，在我国传统疆界线内有300多亿吨，与波斯湾、墨西哥湾、北海齐名为世界四大海洋油气区，开采前景广阔，被誉为第二个"中东"。南海北部的"可燃冰"储量达到我国陆上石油总量的一半左右。另外，南海中的铀、氘等海洋核能储量也非常可观。自20世纪60年代末南沙海域被探明有丰富油气资源以来，南海油气资源争夺进一步加剧，周边有关国家加快了油气勘探开发的步伐，南沙油气开发已呈国际化态势。周边国家每年从南海开采5000万吨以上的石油，相当于我国大庆油田的年产量。目前，我国也正在加大南海开发力度。广东应当创造条件成为国家挺进南海的基地,努力成为南海油气开发的补给基地、南海油气开发的研发基地、南海油气的加工基地。

其次,广东应建成中国能源安全的重要保障基地。战略石油储备具有抗风险、保障安全、平衡供需、抑制油价的多种功能。目前,我国已经提出要逐步建立和完善国家战略石油储备体系,以提高应对突发事件的能力,保障国家石油供应的安全性。南海不仅蕴藏着丰富的油气资源,而且是我国石油出口的重要通道。南海油气可以作为国内石油的重要供给源,成为我国战略石油储备的组成部分。因此,广东要利用背傍国际第一黄金航道的优越条件和优良的港口条件,充分利用中东等石油市场进口石油,在广东实行储备和中转,成为国家石油战略储备重要基地。

再次,广东应带头构建南海经济区,建设东盟协作海上通道。围绕南海的"六国七区"之间的经济交往将越来越频繁,经济互补性越来越强。广东应利用南海开发,与海南、广西合作,发挥海南区位优势、广西的政策优势和广东的强大的经济实力优势,组建开发南海的公司,使广东成为开发南海的基地和主力。同时,应带头以地区名义与南海周边国家和地区构建"南海经济区",并大力发展适合南海中距离运输的船舶制造和南海航运企业,建设"海上广东",建成与东盟协作的海上通道,把南海建成区域经济合作区的"内海"。

最后,广东应充分发挥南海开发的"主力省"作用。增强自身海洋经济实力,优化海洋产业结构,不断丰富海洋经济发展的经验,为将来南海海洋资源的开发做好准备;增强海洋科技人才的储备和科研力量,为南海海洋的开发奠定科技基础;完善海洋装备制造业,为远洋和深海探索提供交通工具支撑,拓展海洋开发距离和能力。

(三)以政府主导、民间参与的方式建立风险分摊的投融资机制

南海是一个巨大的聚宝盆,其资源开发具有巨大的正外部性,但资源开发需要巨额资金投入,而且存在较大风险,仅靠一个地区或一个企业是

无法胜任的,必须通过中国与东盟各国进行区域资金合作,广泛动员国内外社会资金参与,建立多元的融资机制和风险分摊机制,才能有效分散投资风险和市场风险。同时,区域合作开发南海资源,也可以形成有效监督机制,防止对自然资源的过度开采和掠夺。

具体来说,中国与东盟各国都要加大对基础设施建设、技术培训、科学研发等方面的资金投入,每年都要从财政收入中设立南海资源开发专项资金,做到专款专用。广泛调动民间资本积极参与,尤其要吸引实力较强的民营企业资本主动注入。由中国与东盟政府部门或者大型企业牵头,发行政府债券或企业债券以募集南海资源共同开发资金,确保资金充裕。除上述三种方式之外,还可以通过设立专门的南海资源共同开发基金会等形式来筹集资金。并且,以上涉及的所有资金应设立一个南海资源合作开发专用账户,以简化投融资的操作流程,消除一些政策体制障碍,提高合作开发资金的使用效率。值得强调的是,在引进外资进入南海资源的开发领域时,只允许分享投资收益,不允许控制资源的开发权。因为有的外资进入我国南海资源开发领域,可能不仅仅是为了经济利益,也可能是为了垄断我国市场,控制新兴产业,并掠夺我国的稀有资源。鉴于我国南海不仅资源丰富,而且品种繁多,有些稀有资源极其珍贵,且我国尚未查明其用途,因此,在与外资合作开发南海资源时,为了维护我国经济独立和经济安全,必须注意保护我国珍贵的自然资源,即只允许外资分享收益、分摊风险,不允许控制资源开发的权力,也不允许控制资源的流向。

对于广东省来说,应充分利用优越的区位优势和资金优势,联合国家部委及相关央企,共同出资,以股份制形式组建广东海洋油气开发股份公司,积极参与南海深海油资源和可燃冰、深海矿产等资源的开发;拓宽南海开发的资金来源,组建政府牵头、民间参与的"南海开发"投资基金,对南海开发给予金融支持;发展南海航运保险业,为广东省承担南海运输业务提供担保服务;生成、储备并实施一批关系全局和带动性强的南海海洋开发基础类项目;加强南海项目策划开发,海洋重要基础设施建设项目要形成不断的投产一批、续建一批、新建一批的滚动发展格局;加大招商引资力度,精心策划选择海洋油气资源的勘探、港口码头、跨海大桥、仓储物流、海洋生物医药、石化、电力、新能源等领域的项目,将项目建设内容、投资估算、建设运营方式、经营年限及相关的优惠条件等向社会公布;发挥大型海洋产业企业集团参与国内外市场竞争的作用,努力提高重点海洋产业的国际竞争力。

(四)利用科技互补力量,共同开发海洋高新技术

南海资源的开发,因地理环境复杂、气候变化异常,需要先进的高精尖技术。我国海洋资源开发技术虽然有了长足发展,但由于种种原因,仍远远落后于发达国家。并且,南海资源的开发关系到我国经济社会的可持续发展,具有巨大的经济效益和政治效益,解决技术上的难题,单靠一个地方的技术力量是远远不够的,必须采取多渠道、多层次、全方位的国际区域技术合作的方式,集中区域内、国内甚至是国际上最先进的技术资源,才有可能最大限度地开发利用南海资源。例如,在油气资源的开发方面,南海油气资源的开发虽然已经进行了几十年,但规模较小,产量偏低,最主要的原因就是技术水平低。如果通过区域技术合作,加大开发规模,提高油气产量指日可待。

在南海资源合作开发的技术合作方面,中国与东盟国家要利用科技互补力量,共同开发海洋高新技术,加快转变海洋经济发展方式。首先,要建立南海海域勘探技术的合作交流机制,使各个国家能够共享最新科技成果,尤其是高精尖海洋开发技术;其次,中国与东盟可以成立南海资源开发科技协会,协会成员由双方一线科研人员共同组成,通过采取宽领域、多层次的科技合作,对南海资源开发重点领域进行科技攻关,力求取得突破性进展,减少对其他国家科技的依赖;再次,要充分发挥中国与东盟海洋科研机构及涉海高校的作用,加强对南海资源高新技术的研究,围绕关键技术难题重点攻关,提高自主创新的能力;最后,还可以通过科技入股的形式开展科研机构与大型企业的合作,促进重大海洋科技成果的转化。我们要以海洋高新技术引领发展海洋战略性新兴产业,整合国际和国内两

种资源，构建门类齐全、高端发展、创新引领的现代海洋产业体系。

广东省面临南海，作为经济大省、海洋经济大省，其科技力量在大力发展深海远洋技术方面处于非常重要的地位，拥有发展深海远洋技术的需求和潜力。近年来，南海形势日益严峻，周边国家如菲律宾、越南等不断侵蚀南海海域面积，在南海海域内开发石油、天然气等矿产资源和渔业资源。存在是一种事实，当南海的海洋资源不存在的时候，南海权益也不复存在。因此，我国必须以广东作为开发南海的前沿阵地，开展深海、远海探测，开发资源，这就需要以深海远洋技术作为依托。从这个意义上来说，广东深海远洋技术的发展是维护我国海洋权益的内在要求。

另外，广东也拥有发展深海远洋技术的内在条件。与广西壮族自治区和海南省相比，广东拥有国家海洋局南海分局、社科院能源研究所、中山大学、华南理工大学、广东海洋大学等一系列科研院所和高校，还拥有一批海洋研究人才，这些都是深入开展深海远洋技术研究的基础，海洋科研力量位居全国前列。广东经济实力雄厚，海洋工程和制造业实力雄厚，海洋开发拥有历史经验，这些也都可以辅助深海远洋技术的快速发展。

第三节　广东省三大海洋经济合作区的协调发展

一、广东省三大海洋经济合作区的发展现状

一直以来，广东省委、省政府高度重视海洋工作，率先在全国以省委、省政府名义召开了六次全省海洋工作会议，出台了一系列推动海洋开发的文件。在全省第四次海洋工作会议上，广东省委、省政府提出了《关于推进海洋综合开发的意见》，设立了万山海洋开发试验区。在2008年年底召开的全省第六次海洋工作会议上，时任中共中央政治局委员、省委书记汪洋同志做出了"因海而兴是广东发展历史的重要特征"的科学

论断，指出"广东过去的发展离不开海洋，现在的发展仍离不开海洋，将来的发展更离不开海洋"，时任省长黄华华同志提出"广东新一轮发展首先海洋经济要大发展"。全省第六次海洋工作会议以来，广东省掀起了新一轮海洋开发热潮，海洋开发不断向纵深推进，海洋经济快速增长。

近年来，广东充分利用沿海某一地区的海洋资源和区位优势，探索在一个区域内实施海洋综合开发的途径，再通过"中心区域带动"的海洋综合开发战略，带动临近海洋区域的发展；认真贯彻落实省委、省政府的区域协调发展战略，以海岸线、交通干线为纽带，充分发挥广州、深圳、珠海、汕头、湛江等重点城市的辐射带动作用，开发粤东、粤西沿海地区的资源优势，解决制约两地海洋经济发展的瓶颈，以珠三角海洋经济合作区为核心，实现"珠三角带动，两翼齐飞"，逐步形成包括珠三角海洋经济合作区、粤东海洋经济合作区和粤西海洋经济合作区在内的临海产业带，形成分工合理、优势互补、协调发展的区域海洋经济新格局；对粤东、粤西海洋开发区的开发商予以政策、资金、项目等方面的支持，缩小与珠三角经济区的差距。

珠三角海洋经济合作区东起惠东县，西至台山市，包括广州、深圳、珠海、惠州、东莞、中山、江门7个市。该区域经济发展基础较好，外向型经济优势明显，产业体系完善，经济辐射能力强，是全国沿海三大经济圈之一，也是全国海洋经济增长最快、活力最充沛的地区之一。其海洋资源优势主要在于港口资源、旅游资源和滩涂资源。但是，随着珠三角的开发利用强度逐步加大，区域经济发展受空间、资源和环境的制约日益明显。

粤东海洋经济合作区东起饶平县，西至海丰县，包括汕头、汕尾、潮州、揭阳4个市。该区域地理区位优越，海洋资源良好，但目前的经济发展仍以粗放型为主，工业化进程相对缓慢。

粤西海洋经济合作区东起阳江市阳东区，西至北部湾与广西交界，包括阳江、湛江、茂名3个市。粤西区域海洋资源丰富，优势海洋资源为港口资源、滩涂浅海资源和海洋生物资源，同时，也是我国大西南地区最主要的出海口，区位优势突出。但是，该地区工业化进程缓慢，基础设施建设不完善，经济发展相对落后。

在全省海洋经济分布中，珠三角海洋生产总值约占全省的90%以上，而粤东、粤西海洋经济发展较为缓慢，海洋资源优势未能得到充分发挥，与珠三角核心区的差距不断拉大，导致珠三角海洋资源开发利用过度，而东西两翼海洋资源开发利用程度较低，全省海洋经济区域发展不平衡加剧。

二、三大海洋经济合作区海洋特色主导产业的选择与发展策略

根据对广东沿海土地后备资源的分析，经济欠发达的粤西沿海地区人均土地面积超过全省的平均水平，且开发强度较低，目前仅有11%左右，土地后备资源相对丰富；珠三角核心区不仅人均土地面积少，而且开发强度大（达到了30.2%），土地后备资源十分有限。

另外，根据对广东省0~5米浅海面积的分析，广东浅海面积以粤西最大，占全省的41%，0~2米浅海面积则占全省的52%；粤东0~2米浅海面积占全省的32.6%；珠江口0~2米浅海面积最少，仅占全省的15.4%，且大都为滩涂区域。

由此可见，经济发达的珠三角地区不仅沿海海域土地紧张，而且海域面积也比较紧张。因此，广东省在海洋产业布局上应遵循双转移的战略要求，尽可能将占地面积大的临海大型企业向珠江口东西两翼布局。三大海洋经济合作区应根据各自的资源禀赋与区位优势，选择适宜的海洋特色主导产业。具体来看，珠三角海洋经济合作区临海工业、海洋运输业和海洋新兴产业发展较快，规模不断扩大；粤东海洋经济合作区滨海能源、水产品精深加工发展势头较好；粤西海洋经济合作区海洋交通运输业、滨海旅游业和外向型渔业蓬勃发展。

（一）珠三角海洋经济合作区

根据珠三角海洋经济合作区的资源和区位条件以及海洋产业的发展基础，珠三角要创新发展模式，提升发展能力，继续做优做强，辐射带动泛珠三角区域经济发展，继续保持海洋经济在全国的领先地位。

充分发挥珠三角龙头带动作用，重点发展高端制造业和现代综合服务业，形成产业集群；强化协调海洋交通运输业，错位发展，提升扩大海洋交通运输业的影响力，打造世界级的港口群和国际航运中心、物流中心；优化滨海旅游业；壮大和扶持新兴海洋产业，形成新的极点；培育海洋现代服务业体系。

加强城市之间的分工协作和优势互补，以广州、深圳、珠海为重点加强与港澳、东南亚的产业分工与合作，整合区域内产业、资源和基础设施的建设，构建"三心三带"发展空间结构，广州、深圳、珠海为三大海洋经济增长中心，珠江口东西两岸、珠江口沿海带为三大海洋经济带，通过空间的合理布局促进珠三角海洋经济合作区海洋产业的持续健康发展。

（二）粤东海洋经济合作区

依据发展条件和发展基础，粤东海洋经济合作区应将汕头打造成为粤东地区的海洋经济区域性中心，同时培育潮州、汕尾、惠来等海洋经济副中心，形成沿海海洋经济拓展轴。

加快发展以汕头为中心的粤东城镇群，积极构建工业经济带、生态经济带和东延城市经济带三大战略经济带，把汕头市建设成为现代产业协调发展、城乡经济整体推进的经济强市，以汕头为中心向东融入海峡西岸经济区，加强与福建沿海城市、台湾的产业分工与合作，向西连接珠三角经济区，承接产业转移，东西联系带动整个粤东地区海洋经济的发展。

充分发挥侨乡优势，以发展特色型、生态型工业为核心，重点建设汕潮揭地区石化基地等项目，加快发展海洋水产品精深加工业、海洋船舶制造业和海洋电力业，大力推动滨海旅游业。

(三) 粤西海洋经济合作区

粤西海洋经济合作区应基于自身条件和现有发展基础,加快发展以湛江为中心,茂名、阳江为副中心的海洋产业体系,发挥大西南地区出海口的优势,形成沿海经济新的增长带。

加强东西空间与产业联系,向西以湛江为重点融入北部湾,加强与环北部城市和东盟国家的产业分工与合作,向东以广湛铁路以及规划建设中的沿海高速公路和高铁为纽带,连接珠三角经济区,利用其经济、技术等优势,加快湛江主枢纽港建设,建成湛茂沿海重化工业产业带,重点发展临海石化工业、临海钢铁工业和配套产业,以及外向型渔业、水产品加工业。

第四节　广东跨省三大海洋经济合作圈建设

一、广东跨省三大海洋经济合作圈的发展现状

广东海洋经济发展一直面临空间不足、资金短缺的问题,要从根本上缓解此困境,更为广泛地开展区域合作是关键。基于此,广东在三大海洋经济合作区的基础上提出海洋经济合作开发的"三圈"构想,借以完善广东海洋经济的外延格局,平衡地区发展,提升海洋竞争能力。所谓"三圈",即"粤港澳海洋经济合作圈""粤闽台海西海洋经济合作圈"和"粤桂琼南海海洋经济合作圈"。通过扎实推进粤港澳、粤闽台和粤桂琼三大海洋经济圈的合作共赢开发,实现广东"蓝色经济带"的大发展、大繁荣,解决海洋经济存在的发展方式粗放、海洋新兴产业发展缓慢、海洋产业发展的空间布局和区域布局不科学、海洋生态恶化的势头得不到有效遏制等较为明显的问题。

粤港澳海洋经济合作圈以珠三角海洋经济合作区为核心，与香港、澳门开展海洋经济区域合作，圈内划分为广州南沙港区、深圳前后海地区、深港边界区、珠海横琴区和珠澳跨境合作区5个重点合作区域。以此5个重点区域为核心，进行海洋开发，如治理沿海环境、发展港口运输与物流、建设第三欧亚大陆桥东主力省、布局邮轮母港子港、打造优质沿海生活圈等。

粤闽台海西海洋经济合作圈以粤东海洋经济合作区为基础，将汕头、潮州、揭阳、梅州4市纳入以福建沿海为核心区的海峡西岸经济区中，进一步扩大广东与台湾、福建的海洋经济合作开发，在巩固与台湾地区原有轻纺工业合作基础上，开辟海洋开发合作新领域，如从汕头湾与高雄港、潮汕新机场与台湾机场的运输、物流合作及远洋捕捞合作切入，引进台资合作开发南澳岛生态、旅游、海水养殖与捕捞以及风电等。

粤桂琼南海海洋经济合作圈以粤西海洋经济合作区为基础，将湛江、茂名、阳江3市向东积极融入广西北部湾经济区的合作开发，加强与区内的北海、钦州、防城等城市的海洋经济合作；向南积极参与海南国际旅游岛的开发建设，以琼州海峡跨海大桥建设为契机，加大粤琼两地的海洋经济合作；与海南合作，加强南海资源的开发。

二、三大海洋经济合作圈海洋特色主导产业的选择与发展策略

（一）粤港澳海洋经济合作圈

广东的海洋产业与港澳的联系一直较为紧密。港澳水产品多由广东供给，香港港口的集装箱也主要来源于珠江三角洲。近年来，由于公路运输能力的制约，两地间的水路集装箱运输蓬勃发展，广东沿海港口喂给香港的集装箱吞吐量占到港澳两地集装箱交流量的40%以上，在维护香港国际航运中心的地位中发挥了举足轻重的作用。广东可依托粤港

澳海洋资源禀赋和区位优势,加大开发力度,利用三地资金、技术、市场和资源的互补性,在海洋运输业、滨海旅游和邮轮游艇旅游、海洋科技产业等方面与港澳进行合作,发展临海工业、旅游业、服务业、水产品精深加工业、海洋化工业、海洋生物医药业、海洋新能源利用、船舶及工程装备制造业。

在粤港澳海洋经济圈建设中,广东可重点建设南沙"智慧岛"、深圳"深港湾区"和"万山群岛"。将南沙打造成为服务内地、联结香港的商业服务中心、科技创新中心、教育培训中心和文化创意基地,依托南沙保税港区建设大宗商品交易中心和华南重要物流基地,在第三产业、高技术合作、港口物流、游艇业(游艇制造、游艇休闲、游艇服务等)等现代服务业方面吸引港澳资本,推动南沙成为广州乃至珠三角深化 CEPA(《内地与香港关于建立更紧密经贸关系的安排》)合作的试验区。深圳拥有大鹏湾、大亚湾、深圳湾、珠江口等"三湾一口"丰富的滨海自然资源和海洋景观资源,应依托深圳毗邻香港的突出特色,充分发掘利用深圳与香港之间的"深港湾区"海域,结合香港的资金、服务、金融等优势资源,将其打造成全世界最具成长性和最值得关注的组合湾区之一。万山群岛地处珠江入海口,东临香港,西接澳门,中心区域为珠江口国际锚地,是广州、深圳、中山、珠海和港澳地区出海的门户,适宜发展成为港口中转和仓储基地,为港澳地区和珠三角各地提供大宗散货以及石油、天然气、危险品的"水水中转"运输和仓储服务,减轻香港及珠三角地区一些港口的货运压力。

除此之外,建设粤港澳海洋经济圈还是弥补广东海洋开发资金缺口的有效途径。例如,可以通过粤港澳合作成立海洋开发银行,作为海洋开发的地方性政策性银行,以低息、贴息的方式向海洋开发高新技术企业提供贷款,以小额、免抵押的方式向从事海洋经济开发的中小企业提供贷款,为海洋开发产业提供强有力的金融支持;放宽香港金融机构"走进来"、广东海洋企业和海洋金融机构"走出去"的限制,允许香港的金融工具更多地进入广东海洋开发金融市场,推进广东海洋企业在深港上市融资,支持符合条件的开发企业优先发行股票,对海洋产业有关的基础设施建设项目在境内外优先安排债券发行;推出海洋投资倾斜政策,引导粤港澳企业、外商和个人成为海洋一般性开发项目的投资主体,争取获得外国政府和国际金融组织的优惠贷款,鼓励跨地区、跨行业、跨部门和跨所有制的经济技术合作,引导国内外大中型企业、科研单位和技术人员以及有条件的个人积极投入海洋开发。同时,建立海洋开发的风险防范机制,鼓励各级各类保险公司开设服务海洋开发的保险项目。

(二) 粤闽台海西海洋经济合作圈

台湾是深圳、东莞投资的主力,潮汕沿海已纳入以福建沿海地区为中心的海西经济区。目前,潮汕地区与台湾已开展了渔业与水产品加工方面的合作,汕头和潮州均已规划建设了台湾产业园,专门用于承接台湾转移的产业。随着大珠江三角洲经济的融合和海西经济区的建设,将来广东的海洋经济与福建、台湾的联系将更加紧密,三地的海洋资源开发会逐步从浅海走向深海,从近海走向远海。

粤闽台海西海洋经济合作圈建设中,广东应研究制定与台湾产业合作发展规划,主动与台湾产业进行对接,有计划地与台湾相关产业形成配套产业链和产业集群,使台资企业在潮汕形成聚集效应;加快推动台商投资工业园区建设,有针对性地承接生物技术等新兴产业,引导台资企业参与投资能源、石化、造船等对区域经济发展有重大带动效应的产业;加快台湾农民创业园建设,拓展与台湾在现代效益农业、旅游观光农业、渔业与水产品加工业等方面的合作;在发展海洋渔业、交通、盐化工等传统海洋产业的同时,把重点放在发展生命力强的海洋油气业、滨海旅游业、海洋医药业、远洋捕捞业、海水淡化业等新兴海洋产业上,走技术含量高、经济效益好、资源开发与环境保护并重的路子。

在具体实施策略上,广东应把握先机,全力争取国家发展和改革委员会在组织编制《海峡西岸经济区发展规划》时,将汕头的开发建设列为重点规划,明确汕头作为海西南翼区域中心城市的定位,积极争取国家对粤东地区在港口、铁路、高速公路、水利、通信等重大基础设施与能源战略性产业项目布局、投资给予重点支持，积极推进和构建"畅通、安全、高效、舒适"的综合交通运输体系；将汕头的特区地位予以强化，率先建设粤闽台海西海洋经济合作试验区，承接珠三角、港澳台的产业转移，在海峡两岸不断升温的经贸往来中获得先机。同时，争取省委、省政府和国家有关部委在进一步落实"同等优先、适当放宽"扶持政策的基础上，有步骤地将对台经贸合作、鼓励台商投资中带有探索性的经济贸易合作议题，在汕台经贸合作的"试验区"框架内先行先试，发挥政策试验的功能；学习和借鉴福建争取中央批准福州平潭岛试建"自由港"的改革发展实践，探索建立南澳"自由港"，试行"人员自由往来、货币自由兑换、货物自由进出"的特殊海关监管政策，建立农产品进出的"绿色通道"，使之成为汕头建设粤闽台海西海洋经济合作试验区的重要突破口。

(三) 粤桂琼南海海洋经济合作圈

粤桂琼南海海洋经济合作圈的重点战略目标是形成粤西、北部湾、海南国际旅游岛三个各具特色的海洋经济区，培育湛江、茂名、北海、防城港、海口和三亚6个海洋经济重点市，共同成为参与"中国—东盟自由贸易区"建设的核心区域。依托湛江大西南主要出海口这一得天独厚的地缘优势和丰富的海洋资源，形成海陆经济互动协调发展的局面，实现跨越式发展，顺畅地对接东盟。广东可与海南、广西合作共同建设远洋渔业基地和水产品加工流通基地，共同进行南沙、西沙等海域的捕捞作业；成立海洋油气开发公司合作开发南海油气资源；加强海域环境治理的合作机制，制定北部湾、琼州海峡等海区海上环境共同行动计划和应急响应机制；建立省区合作开发协调机制，就南海开发、海洋经济省际合作事务和海洋环境等问题进行协调。

以湛江为首的粤西重化项目的布点与北部湾的沿海重化产业相互呼应，若能将湛江纳入北部湾经济区发展规划，实现沿海产业的族群化发展,将产生巨大的共享效应。目前,粤西已经落实了一批重化和钢铁重大项目落户,北部湾也在加快临海重化工业基地建设,积极培育发展临海能源、钢铁和化工等产业,北部湾临海产业布局已经实现关键性突破。粤西和北部湾、海南要谋求在重大项目上进行互动,以共同打造海洋经济新骨架,形成区域临海产业的新支撑,促进粤桂琼临海海洋产业结构的优化升级和海洋经济的发展壮大。

广东应加强与海南的合作,主动参与南海深海资源开发。在南海资源的开发利用上,海南早已从中获利。在过去20年的开采中,中海油开发的东方气田、乐东气田等南海油气田出产了近2000万吨油气当量的天然气,相当于半个大庆油田的年油气当量。除此之外,中海油在海南化肥产业、天然气发电、下游油气深加工及综合服务等方面累计投资达240亿元,极大地拉动了海南经济的发展。广东可以通过成立广东省海洋油气开发公司,鼓励和引导民间资本进入,以合作勘探油气资源的科技合作项目为先导,参与南海油气资源的共同开发,重点发展深海工程、海洋装备、海洋资源深度利用和海洋监测等领域的关键技术,在国家海洋开发战略中抢占科技制高点。

在具体实施策略上,广东应在现有粤琼合作机制的基础上,围绕《珠三角规划纲要》和《海南国际旅游岛建设发展规划纲要(2010—2020)》的实施,建立和完善粤琼产业政策通报机制,加强信息沟通和相关合作事项的衔接与协商,联手共同推进琼州海峡跨海通道项目的建设;加大粤西海洋产业的招商引资力度,由省政府协调、省外经贸厅和省海洋渔业局联合主办,粤西各市每年轮流承办一次"海博会",创新招商引资载体,提高招商引资水平;省政府应出台相关政策,激励粤西根据自身特点和条件优先发展海洋渔业、水产品精深加工业、港口经济、滨海旅游和海洋生物等主导产业,并以主导产业为依托,提高对区域的辐射能力和发展的拉动能力,进一步聚集发展资源,实现良性经济循环。

需要强调的是,在粤桂琼南海海洋经济合作圈中,由于粤西港口群和北部湾经济区港口群位置临近,经济腹地均为我国西南地区,在区域经济合作中，如何避免港口建设的恶性竞争尤为重要。粤桂琼"大滨海旅游"需要突破行政界限，统筹规划、合理布局，摒弃原来争客源、争市场的传统模式，利用各自的地缘优势实施错位竞争战略，将客源分流，共同做大区域市场，共享利益，实现滨海旅游业的规模化、系统化发展。

第五章

海洋经济发展评估与运行监测

海洋的科学发展主要是把海洋经济、海洋资源的开发和海洋生态的保护三者结合起来，统筹规划，合理运行。其目的是把海洋经济的发展建立在合理的资源开发利用和海洋生态承载范围内，保证海洋开发当前利益与长远利益、局部利益与全局利益的有效统一。

第一节 海洋经济的科学发展

海洋是集多种资源为一体的立体资源库,且由于海洋资源和海洋生态相对于陆域经济具有更强的独立性,因而海洋经济也构成了科学发展的相对独立系统。[①] 海洋经济的科学发展主要包括三个层面的内容。一是海洋经济的合理发展,主要是海洋经济结构的合理化和海洋产业竞争力的提升;二是海洋的可持续发展,主要是海洋开发与保护的协调,实现海洋生态的良性循环;三是海洋社会系统的优化,主要是涉海人员和政府管理的优化,体现公平发展海洋经济的理念。

一、转变海洋资源开发模式

海洋经济的科学发展首先要扭转传统粗放型的海洋资源开发模式。我国海洋开发模式总体上仍属于粗放型或资源掠夺型的模式。海洋资源开发利用仍停留在"靠海吃海"的传统模式上,普遍存在"重开发、轻保护"的问题。"乱建设、乱填海、乱围海、乱开挖"现象广泛存在,海洋开发的深度和广度与国外发达国家相比仍有较大的差距,极大地浪费了海洋资源和岸线资源。我国临海产业布局缺乏统筹规划,用海格局相容度不高,亟须通过创新岸线开发模式实现资源优化配置。海洋产品大都是原料粗加工,附加值低,效益不高。岸线资源的粗放使用使大部分海岸线生态、景观价值已严重损耗;对海岛资源的保护和开发缺乏系统规划,海洋资源承载力处于勉强可持续发展状态,海洋生态赤字总体呈上升趋势。要彻底扭

---

① 于英卓:《基于可持续发展观的海洋经营管理新模式》,载《海洋科学》2002年第10期。

转粗放式的海洋资源开发模式，关键还是要建立合理的海洋资源价格体系。首先，要加快海洋资源价格制度改革，加快形成海洋资源和要素价格的市场决定机制，提高粗放利用海岸资源的成本。其次，要继续推进海域有偿使用适度改革，进一步完善海洋主体功能区规划和海域开发利用规划，实施经营性用海"招拍挂"制度，确保实现海域资源的市场价值。最后，要完善与海洋相关的税收制度，利用税收杠杆，调节海洋资源的开发和使用。

二、转变海洋经济增长模式

改革开放以来，我国海洋产业产值迅猛发展，到 2017 年年底，已经达到 8 万亿元，占到全国国民生产总值的近 10%，成为国民支柱产业之一。但同时，我们也应该清醒地认识到，与发展海洋经济的先进国家相比，我国海洋经济增长的粗放特征十分明显，其主要是依靠资本、海洋资源和劳动要素的投入数量来推动的，属于粗放型的增长，海洋资源浪费严重，海洋生态被过度透支，不可持续。转变海洋经济增长方式，就是要把海洋经济的增长转到主要依靠海洋科技进步和海洋劳动生产率的提高上来，也就是要实现集约型的增长，实现海洋经济由"量"的增长转向"质"的提高上来，实行量和质两条腿走路。转变海洋经济增长方式是一项涉及多方面的系统性工程，必须切实贯彻科学发展理念，优化海洋经济结构，大力推动海洋战略性新兴产业的发展，大力推进海洋产业技术改造进程；要优化海洋产业的整体布局，以符合海洋地理和生态特征的要求，分功能错位发展；要优化海洋产业组织结构，大力促进中小型民营海洋企业加快发展。

三、转变海洋管理模式

沿海地区是海、陆交接的自然、经济、社会综合体，其管理涉及多部门、多行业,容易出现管理上的真空,或者由于缺乏统一规划和协调一致的管理机构,存在着各部门各自为政、自行其是的多元管理现象。这主要是由于我们实行的是"产权管理与行政管理相结合、中央与地方相结合、行业管理与综合管理相结合"的"三结合"资源管理体制。纵向上建立了中央、省、市、县四级海洋资源监督管理机关,横向上形成了国家海洋局综合管理与其他行业部门分散管理并存的管理现状。因此,我们要转变海洋管理模式,加强政府监管力度,促进海洋管理体制改革。首先,要组建海洋综合管理部门,整合国土、海洋、渔业等部门的涉海职能。其次,要理顺海洋资源资产管理关系,明确海洋资源产权的性质、归属和产权代表。最后,通过管理法规与标准的制定和执行,促进涉海企业通过采用新的管理理念,不断改善生产工业化,完善激励机制。①

第二节 海洋经济科学发展评价指标

对于海洋经济科学发展的评价指标,国际和国内相关的研究尚较少。目前,国内已有部分学者提出了海洋可持续发展评价指标体系,虽然具有一定的参考价值,但该指标体系主要对象是海洋生态保护和海洋资源的科学开发,本书欲构建的海洋经济科学发展评价指标体系的主要对象则是海洋产业及相关经济活动,因此,虽有交叉,但对象、重点和目标均不相同。

---

① 李双建、徐丛春:《海洋经济增长方式粗放的体制根源剖析》,载《海洋开发与管理》2008 年第 5 期。

一、指标设定的思路

海洋经济科学发展的本质与科学发展是一致的,是科学发展在海洋经济发展领域的实践和应用。因此,海洋经济科学发展指标体系的设计中要充分体现科学发展的总体思路,强调发展过程中人与海洋的协调性。海洋经济科学发展指标体系的设计一定要反映海洋经济运行的基本规律和趋势要求。

海洋经济科学发展评价主要包括两个方面的内容:一是海洋经济内部系统的运行评价;二是海洋经济支撑系统的评价,如陆域经济的支撑能力、政策支撑力度、海洋生态承载力等。海洋经济科学发展的评价主要从总量、结构和效益三个方面来反映,主要是用来评价海洋经济的发展基础、海洋经济的总体发展水平和海洋经济的发展潜力。同时,因为海洋经济发展与海洋环境的密切联系,以及其他相关海洋经济支撑能力的重要作用,所以,海洋经济的可持续发展能力也是海洋经济科学发展评价的重要内容。

二、评价指标体系

根据海洋经济科学发展评价指标的设定思路,我们分总量、结构、效益和可持续发展能力四个方面来设计海洋经济科学发展评价指标体系。每一部分都充分体现和反映海洋经济内部系统运行的情况,又体现海洋经济外部支撑能力的情况。四个子系统的指标体系合起来即海洋经济科学发展评价指标体系。

(一)海洋经济总量指标

海洋经济总量反映了一个地区海洋经济的总体规模和实力,是海洋经济总体竞争力的重要体现。反映海洋经济总量的指标主要有海洋总产值、涉海从业人员总量、海洋固定资产投资额、海洋产品（服务）进出口总额、海洋产业增加值比重及海洋产业财政收入等。

海洋经济不是一个独立系统，是区域经济的重要组成部分，对陆域经济有很强的依赖性。海洋产业的发展需要陆域相关配套设施和其他相关产业的支撑，海岸资源的开发和远海油气资源的开发都需要陆地作为基础才能进行。因此，衡量一个地区的海洋经济发展总体水平，必须同时衡量当地经济发展的总体水平。这方面的指标主要有当地的地区生产总值、地区固定资产投资额、海域开发建设与场地使用费支出等。（见表5-1）

表5-1 海洋经济科学发展总量指标体系

类 别	指 标	说 明
海洋经济总量指标	海洋总产值	反映海洋经济总体规模
	涉海从业人员总量	反映海洋经济活动总体情况
	海洋固定资产投资额	反映海洋基础设施建设情况
	海洋产品（服务）进出口总额	反映海洋经济的外向度
	海洋产业增加值比重	反映海洋产业发展水平
	海洋产业财政收入	反映海洋经济总体实力
陆域经济支撑能力指标	地区生产总值	反映当地经济发展总体水平
	地区固定资产投资额	反映其他基础设施建设程度
	海域开发建设与场地使用费支出	反映财政对海洋经济的支撑能力

（二）海洋经济结构指标

科学合理的经济结构有利于海洋经济的长远发展和综合竞争力的有效形成。尤其是针对传统粗放式发展占主流的我国海洋经济，结构的调整是未来发展的核心环节，其重点是海洋产业结构协调发展和产业布局的合理化。衡量海洋经济结构是否合理的指标主要有海洋产业结构、海洋就业结构、海洋投资结构和海洋国际贸易结构四个方面。海洋产业结构主要关注海洋三次产业比例和海洋高新技术产业产值比重，海洋就业结构主要关注涉海就业人口比重、海洋第三产业就业人口比重和海洋科研人员比重，海洋投资结构主要关注海洋固定资产投资总额比重和海洋产业设备更新支出比重，海洋国际贸易结构主要关注海洋国际贸易比重和海洋产品（服务）进出口比例。（见表5-2）

表5-2 海洋经济科学发展结构指标体系

类别	指标	说明
海洋产业结构	海洋三次产业比例	反映海洋经济的总体结构
	海洋高新技术产业产值比重	反映海洋经济的科技含量
海洋就业结构	涉海就业人口比重	涉海就业人口/当地就业总人口
	海洋第三产业就业人口比重	反映当地海洋第三产业的就业状况
	海洋科研人员比重	海洋科研人员总数/当地科研人员总数
海洋投资结构	海洋固定资产投资总额比重	当地固定资产投资总额中用于涉海部分的比例
	海洋产业设备更新支出比重	当地规模以上海洋企业设备更新总额占当年投资总额的比重
海洋国际贸易结构	海洋国际贸易比重	当地进出口贸易中海洋产品（服务）的比重
	海洋产品（服务）进出口比例	反映海洋产品（服务）的进出口顺逆差情况

（三）海洋经济效益指标

效益的好坏直接关系到经济发展总体水平的高低，而效益的衡量主要在于投入产出比。就海洋经济方面，海洋经济投入主要是空间（岸线）、资本和劳动的投入，产出主要是海洋产值和盈利能力，主要关注的是单位要素的边际产出效率。另外，衡量海洋经济效益的好坏，海洋经济运行的增长潜力和稳定性也是重要指标。增长潜力是指在海洋经济各要素发挥了最大效率的情况下所能达到的最大增长率，海洋经济运行的稳定性则是指海洋经济波动幅度的测量。如果海洋经济增长率过于偏离增长潜力,则说明海洋经济的运行波动较大,容易造成海洋资源的浪费或者开发不够。

另外,海洋经济是天生的外向型经济,与全球经济的波动关系密切。世界相关产业,尤其是大宗商品的生产情况对海洋经济的运行有很强的影响。这其中,海洋油气业、海洋船舶装备制造业和海洋航运业最为明显,因此,有必要与之相对应,选择相应的指标来反映当地海洋经济对世界经济的敏感度。对国际市场过于依赖将不利于当地海洋经济核心竞争力的构建。我们可以用这三大产业的总产值占当地海洋经济总产值的比重来体现这一评价思路。(见表 5-3)

表 5-3　海洋经济科学发展效益指标体系

类别	指标	说明
海洋产出效益	人均海洋产值	反映海洋经济产值的平均水平
	海洋全员劳动生产率	反映当地每个涉海就业人员平均创造的价值
	海洋劳动弹性系数	反映海洋产值对海洋就业的拉动能力
	海洋岸线资源产出率	当地海洋总产值/已开发利用的岸线长度
	资本产出率	海洋总产值/海洋固定资产投资额
	海洋产业百万元产值耗能(标准吨煤)	反映海洋产业用能水平
海洋增长潜力	过去 5 年海洋总产值的平均增长率	反映海洋经济发展的总体势头
	海洋研究与试验发展(R&D)经费投入	反映海洋科技投入的总体水平
	涉海就业人口增长率	反映当地涉海就业的发展状况
	海洋文化教育支出	财政性海洋文化教育投入占当地生产总值的比重

续表 5-3

类　别	指　标	说　明
海洋经济稳定性	海洋产值增长的持续性	当年的海洋产值/上年的海洋产值，长期大于 1 说明持续性好
	主要海洋产业产值增长率	反映海洋主体产业的增长水平
	海洋油气、海洋船舶装备制造和海洋航运产业产值占海洋经济总产值的比重	反映当地的海洋经济运行对国际市场的依赖程度，过于依赖不利于当地海洋经济的健康发展

（四）海洋经济可持续发展指标

海洋经济的发展与海洋生态环境的保护息息相关，海洋的可持续发展是海洋经济科学发展的重要内涵。海洋经济的可持续发展主要衡量的是海洋经济的发展与海洋资源利用的效率和海洋生态环境之间的平衡程度。海洋资源利用效率过低，会严重浪费海洋资源，透支海洋经济的未来发展潜力。海洋经济发展过程中如果对海洋生态破坏较大，则最终会受到海洋自然法则的惩罚。这里的衡量指标主要包括海域污染面积比重、污染治理费支出、海洋减灾防灾投入等指标。[①]（见表 5-4）

表 5-4　海洋经济科学发展可持续发展指标体系

类　别	指　标	说　明
海洋环境污染	工业废水排放总量/海岸线长度	反映工业污水对海洋的排放水平
	海域污染面积比重	包括水质评价等级中的轻度、中度和严重污染面积
	海岸侵蚀比重	反映岸线污染程度
	海洋生物质量达标率	反映海洋生物污染状况

---

① 殷克东、刘雯静：《中国海洋经济监测指标体系研究》，载《海洋开发与管理》2011 年第 5 期。

续表 5-4

类　别	指　标	说　明
海洋生态修复	沿海工业污染治理项目完成投资	反映海洋工业的污染治理力度
	污染治理费支出	反映政府对海洋生态修复的投入水平
	工业废水排放达标率	反映工业废水减少入海的情况
海洋资源利用水平	海洋油气开采率	海洋油气开采量/储量
	可再生资源回收再利用率	反映海洋新能源的利用水平
	海水养殖率	海水养殖面积/规定可进行养殖的海面总面积
	海洋旅游总收入比重	海洋旅游总收入/地区生产总值总量
海洋减灾防灾	海洋减灾防灾投入	反映当地政府的海洋减灾防灾投入力度
	海洋灾害经济损失/海洋生产总值	反映当地海洋减灾防灾的效果

第三节　海洋经济发展规划与运行

海洋经济产业是一个由多个产业门类交叉形成的产业类型，但边界模糊，缺乏行之有效的统计标准。目前，世界各国、我国及沿海各省的海洋经济统计方法各有差异，难以准确衡量和判断各地海洋经济发展的实际情况。由于海洋经济内在的生态敏感性，缺乏监督监测方式的海洋经济如果任由其粗放发展，必然会影响到海洋生态平衡。因此，发展海洋经济，必须坚持规划指导的原则，强化海洋经济发展的宏观调控和规划指导，发挥规划和政策对海洋开发活动的规范约束作用。各地要推进海洋经济普查，全面掌握国家海洋经济发展的情况；建设海洋经济运行监测与评估系统，搭建海洋经济信息服务平台，完善海洋经济核算体系，指导海洋经济健康发展。

一、海洋经济发展规划

海洋经济发展规划要求严格遵循科学性的原则，切不可违背海洋客观规律而盲目发展。规划的内容应主要包括富有前瞻性的全球海洋经济发展趋势分析和严谨的本地海洋经济发展现状与存在问题的分析，科学分解本地海洋经济发展的优势、劣势、机遇、挑战，找寻到适合本地的海洋经济发展思路和战略，并提出具体的发展路径和政策建议。

由于海洋经济发展中规划的极端重要性，因此，要对海洋经济发展规划的科学性进行监督，并推动规划实施的信息化管理，全程监测海洋经济发展规划的实施进度。

针对海洋经济发展规划的科学性问题，应该要求规划的编制专家组和评审组要包括多方面的相关专业人士，尤其是海洋科技和海洋环境方面的专家。对海洋经济发展规划科学与否的判断标准有三条：①是否有利于扩展国民经济发展空间，维护国家海洋权益；②是否有利于促进海洋资源的有效利用和海洋经济结构的优化调整；③是否遵循了海洋经济和海洋生态的客观规律。

为了提升海洋经济发展相关规划的实施效率和科学推进，有必要对规划进行全程信息化管理。国家和省级政府要建立相应级别的海洋经济发展规划信息系统（见图5-1），并与其他海洋相关规划进行衔接，成为海洋经济运行监测的一部分。海洋经济发展规划信息管理系统应该包括规划实施的监督、规划实施的评估、规划实施的制度、规划实施的相关参与部门的信息支持与接口等内容。在系统建设和运行过程中，应充分发挥地方海洋经济发展规划管理部门的优势，使其成为海洋经济发展规划信息系统的使用者和受益者。

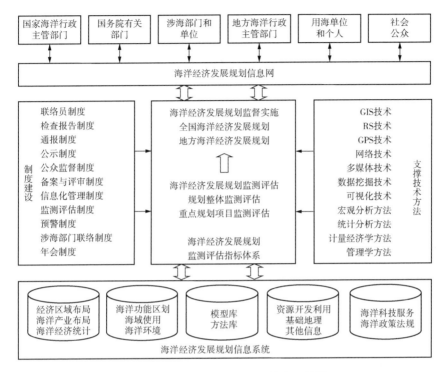

图 5-1　海洋经济发展规划信息系统①

二、海洋经济运行监测

发展海洋经济，制定科学的海洋经济发展规划，海洋经济运行监测十分重要。海洋经济是一个跨行业、跨部门的综合性产业，涉及国民经济的各个领域，运行监测和精确统计非常困难。构建既符合国家海洋局行业划分标准，又与国家统计局现行的国民经济行业标准相衔接的海洋经济运行监测统计指标体系和核算方法，纳入国民经济统计和核算体系的组成部分，可以全面地反映海洋经济发展现状，定期观察、分析、监测海洋经济

---

① 何广顺、林宁、徐丛春、黄南艳：《海洋经济发展规划监测评估研究》，载《海洋开发与管理》2006年第6期。

的发展,有利于提高海洋经济统计数据的准确性和时效性,增强海洋经济运行分析和服务全省经济形势分析能力,有利于为国家海洋经济管理、宏观经济管理提供基础数据支持。

(一) 我国海洋经济统计的发展历程和存在的问题

改革开放之后,我国海洋经济统计工作经历了一个从启动到逐步完善的过程。20世纪80年代,我国海洋产业统计只是作为部门统计的一部分,被分散在各个涉海部门的统计中。1989年,为了统筹涉海产业的统计工作,国务院开始赋予国家海洋局海洋统计的工作职责。1990年,国家海洋局组织编制了《全国海洋统计指标体系及指标解释》,开始启动海洋经济统计工作。1995年,国家海洋局编制的《中国海洋统计年鉴1993》首次公开发布了中国海洋统计资料,至此,我国初步形成了由各涉海部门和沿海地区共同组成的海洋统计信息网络。

1999年3月,国家统计局批准执行《海洋统计综合报表制度》(国统函〔1999〕53号),将海洋统计正式纳入国家统计制度,使其开始制度化和标准化。1999年,国家海洋局发布了我国海洋统计领域的首个行业标准《海洋经济统计分类与代码》(HY/T 052—1999),统一了海洋行业分类口径。2003年开始制定《海洋统计快报制度》,2004年开始施行海洋统计半年报制度,并向社会首次发布了《2003年中国海洋经济统计公报》。2006年正式发布了我国海洋经济领域的第一个国家标准《海洋及相关产业分类》(GB/T 20794—2006)和沿海区域的分类标准与统计范围标准《沿海行政区域分类与代码》(HY/T 094—2006),制定了《海洋生产总值核算制度》(国统制〔2006〕21号),并沿用至今。①

我国海洋经济统计体系中存在以下主要问题。

1. 对海洋经济核算范围的界定存在分歧

尽管在我国的海洋经济统计指标体系中已经明确了海洋经济的核算范

---

① 何广顺:《我国海洋经济统计发展历程》,载《统计与分析》2011年第1期,第6~10页。

围以及行业界定,但不同的人对海洋经济仍有不同的见解。一是认为海洋经济应该按地域统计,海岛经济可以全部认定为海洋经济,但对陆地涉海地区如何以地域统计海洋经济却又没有明确的标准;二是认为临港经济应该全部认定为海洋经济,但对哪些工业可以认定为临港工业又没有明确的界定;三是认为海洋经济统计应该建立在国民经济行业统计的基础上,但对哪些行业应该纳入海洋经济统计仍有分歧;等等。由于对海洋经济核算范围的界定仍存在分歧,最终会对海洋经济运行监测指标的测算结果存在疑惑。

2. 海洋经济增加值核算中剥离系数的确定难度较大

由于海洋经济统计具有范围广、涉及面宽的特点,它涉及国民经济的一、二、三次产业。许多海洋经济与非海洋经济活动相互交融、相互渗透。一些经济活动计入海洋经济的只是其中的一部分,但这"其中的一部分",也就使得海洋经济的剥离系数确定难度很大。比如水产品冷冻加工业,我们只计算海水产品的冷冻加工,要剔除淡水产品的冷冻加工,这里就需要对水产品冷冻加工业计算一个剥离系数;又如金属船舶制造业,我们只计算用于海洋运输的金属船舶制造活动,要剔除用于江河湖泊的金属船舶制造活动;等等。在海洋经济的行业分类中,需要有剥离系数的行业很多,要相对准确地计算出所有涉海行业的剥离系数难度很大。

3. 地区海洋经济运行监测指标的横向可比性相对较差

在现阶段,我国海洋经济运行监测中缺乏严格的统计标准和操作规范,各海洋产业类型又隶属不同的主管部门,这就形成了不同的数据来源和不同的统计过程的差异。又由于各地区受自然条件影响,海洋经济发展具有不平衡性,经常出现中央与地方、地方与地方间数据矛盾的现象,降低了海洋经济数据的可信度和可比性。

4. 海洋产业存在交叉和重复统计问题

由于对海洋和海洋产业发展认识的不足,以及在海洋产业统计中的实际困难等多方面原因,一些海洋产业的界定主观性还比较强,缺乏一个科学的标准和定义。海洋产业类型交叉,产业归属不明确,分属不同的行业领域,且没有一个统一的海洋统计执行机构,造成跨行业海洋产业类型的重复统计现象突出。一些与海洋联系密切的经济活动,由于界定及统计的困难而被排除在海洋经济之外。

5. 海洋经济统计管理体制有待改进

在现阶段,我国的海洋产业统计和海洋经济信息发布由各级海洋主管部门负责。由于缺少必要的统计队伍和科学规范的调查统计手段,各级海洋主管部门只能依靠各海洋产业相关主管部门和统计局提供的数据进行汇总,对数据的真实性和准确性缺乏科学的鉴别和验证过程,造成一些行业数据的缺失和失真。①

(二) 海洋经济运行监测指标体系的改进

随着科技推动生产体系的不断变革,海洋产业也在发生着结构重组,海洋产业与其他产业、海洋产业内部之间的联系越来越紧密、界限越来越模糊。而且,我国海洋产业也正处于转型升级的过程中,过去的海洋经济运行监测体系对当前的海洋经济发展呈现出多方面的不适用性,需要加以改进,加快构建能够全面准确反映海洋经济结构调整、产业升级、质量效益、资源环境、科技创新和民生改善状况的统计指标体系,特别是评价和监测指标体系,为全面评价海洋经济发展状况发挥好引领导向作用。

1. 海洋经济统计监测指标的设置原则

(1) 与国民经济核算体系相衔接,以增加值为核心。国民经济核算体系是联合国统计组织推荐的,是国际上大多数国家通用的一种核算方法,具有国际可比性。海洋经济统计作为国民经济核算的一个重要组成部分,其统计监测指标体系必须与国民经济核算体系相衔接。增加值是国民经济各部门、单位在一定时期内新创造的价值和固定资产转移价值,反映了各部门或单位社会经济活动的最终成果,是地区生产总值的同度量指

---

① 刘康、姜国建:《海洋产业界定与海洋经济统计分析》,载《中国海洋大学学报(社会科学版)》2006年第3期,第1~5页。

标。将增加值作为海洋经济统计监测的核心指标,有助于与国民经济核算体系接轨,并反映海洋经济总量规模、发展水平以及在整个国民经济中的地位与作用,有助于与国内外资料、各行业资料进行同度量对比,使其具有可比性。

(2) 统计监测指标的设置力求科学、简便、灵活和具有可操作性。由于对海洋经济运行进行统计监测还处于探索研究阶段,许多相应的配套措施还没有跟上,因此,在统计监测指标的选择上不要过于烦琐,计算方法要科学、简便、易行。要尽可能利用现有国家统计制度和业务主管部门的统计、会计、业务资料,在此基础上选择一些有代表性的综合指标和主要指标,从而达到易于采集、加工、应用的目的,提高可操作性。

(3) 海洋经济统计监测指标的设置需符合海洋经济自身特点。作为反映海洋经济发展变化的依据,统计监测指标体系的设置应能反映海洋经济的特点。因此,在指标的设置上不仅要有价值量指标,还要有反映生产(业务)活动的实物量指标,以便能比较全面地反映海洋经济的全貌。例如,港口吞吐量、水路运输货物周转量、海洋捕捞产量、海水养殖面积等。

2. 海洋经济运行统计监测指标体系的设置

海洋经济运行统计监测指标由三部分组成:一是反映海洋经济总体状况的价值量监测指标;二是反映海洋经济不同侧面的实物量监测指标;三是与本地区海洋经济发展有一定联系的国民经济其他相关统计监测指标。

(1) 反映海洋经济总体状况的价值量监测指标。反映海洋经济总体状况的价值量监测指标主要包括总产出和增加值两个指标。海洋经济总产出是反映一定时期内本地区海洋经济总体发展规模和水平的总量指标。它是指海洋经济各单位生产的所有货物和服务的价值,既包括新增价值,也包括转移价值。行业不同,总产出的计算方法也不同。海洋经济增加值是海洋经济各单位在一定时期内新创造的价值之和,反映了海洋经济的生产经营(业务)活动的最终成果。从生产的角度来看,增加值等于总产出扣除中间消耗后的差额,其计算公式:增加值 = 总产出 − 中间消耗。从分配的角度看,增加值是海洋经济各单位的劳动者报酬、生产税净额、固定资产折旧、营业盈余之和,其计算公式:增加值=劳动者报酬+生产税净额+固定资产折旧+营业盈余。这里的监测指标既可以按照海洋经济三次产业来划分,也可以按照海洋经济活动的性质来划分。(见表5-5)

表5-5 海洋经济价值量监测指标

分类方式	类别	数值指标
按海洋经济三次产业划分	第一产业	海洋渔业
	第二产业	涉海工业、涉海建筑业
	第三产业	海洋港口运输业、滨海旅游业、海洋批发与零售业、海洋其他服务业
按海洋经济活动性质划分	海洋经济核心层	海洋渔业、海洋水产品加工业、海洋油气业、海洋矿业、海洋盐业、海洋化工业、海洋生物医药业、海洋电力业、海水利用业、海洋船舶工业、海洋工程建筑业、海洋交通运输业、滨海旅游业
	海洋经济支持层	海洋科研教育业、海洋管理服务业
	海洋经济外围层	海洋农林业、海洋设备制造业、涉海产品及材料制造业、涉海建筑与安装业、海洋批发与零售业、涉海服务业

(2)反映海洋经济不同侧面的实物量监测指标。为了便于取得资料,实物量监测指标主要来自各业务主管部门现有的统计资料,主要包括表5-6中的42个统计监测指标。

表5-6 海洋经济实物量监测指标(以省为例)

资料提供单位	指标名称
省海洋与渔业局	海洋捕捞产量、海水养殖产量、海水养殖面积、水产品年实际加工量、海洋机动渔船数量、海洋机动渔船吨位、海水淡化能力、海洋废弃物倾倒量、重点入海排污口污水入海量、海洋保护区数量、海洋保护区面积

续表 5-6

资料提供单位	指标名称
省经济和信息化委员会	造船完工量、船舶修理完工量
省交通厅	港口货物吞吐量、标准集装箱吞吐量、水路运输货物周转量、沿海货物周转量、远洋货物周转量、沿海港口数量、沿海港口码头长度、沿海港口泊位数、沿海港口万吨级泊位数
省旅游局	接待国内外游客数
省盐务管理局	盐田总面积、盐田生产面积
省水利厅	滩涂围垦面积
省环保厅	重点工业废水直排入海量、工业固体废物倾倒丢弃量、当年竣工污染治理项目数
省国土资源厅	建设用地总面积、新增建设用地面积、批而未供土地面积
省海事局	船舶进出港数量、登记海船数量、实施安全管理规则的公司数、实施安全管理规则的船舶数、经备案的游船俱乐部数量、登记游艇数量、船员服务机构数量、船员培训机构数量、本籍海员数量、新增船舶建造检验数

（3）国民经济其他相关统计监测指标。设置国民经济其他相关统计监测指标的目的是反映涉海地区经济发展总体情况，建立与海洋经济的相关关系。比如设置地区生产总值，就可以了解该涉海地区海洋经济增加值占地区生产总值的比重，等等。（见表 5-7）

表 5-7 与海洋相关的国民经济其他相关统计监测指标

资料提供单位	指标名称
省统计局	第一产业地区生产总值、第二产业地区生产总值、第三产业地区生产总值、社会消费品零售总额、固定资产投资额
省发展和改革委员会	涉海基础设施投资额、涉海产业投资额
省财政厅	财政总收入、公共财政预算收入
省国税局、省地税局	税收总收入
海关	进出口总额、出口额

续表 5-7

资料提供单位	指标名称
省调查总队	城镇居民家庭人均可支配收入、农村居民家庭人均纯收入
省海洋与渔业局	核定渔民人均纯收入

(三) 海洋经济运行数值的测算

通过海洋经济运行统计监测指标的设置可以看出来，监测涉海地区海洋经济发展情况的关键是海洋经济总产出和增加值的测算。海洋经济统计范围广、涉及面宽，又具有行业统计的特点，因此，海洋经济运行统计监测指标的采集应采用全面调查、重点调查与科学推算相结合的办法进行，既依靠现有行业的统计资料，包括各部门、各单位的统计、财务、业务资料，又对不足部分进行小型抽样调查和重点调查。

1. 海洋第一产业资料的采集和测算

海洋第一产业由滩涂种植业、滩涂林业、海洋渔业组成，其中海洋渔业是主要组成部分。海洋渔业总产出取自农业统计资料，增加值可参考渔业增加值率，再结合海洋渔业生产情况来确定。

2. 海洋第二产业资料的采集和测算

海洋第二产业包括海洋工业和海洋建筑业。

（1）海洋工业。海洋工业总产出和增加值分规模以上工业企业、规模以下工业企业和个体户三部分来测算。在经济普查年度，规模以上工业企业和规模以下工业企业直接利用按行业小类划分的财务资料测算；个体户以分大类的总产出和增加值为基础，以规模以下工业企业分行业小类的比重推算个体户分小类的数据。在非经济普查年度，规模以上工业可直接利用工业统计年报财务资料计算分行业小类增加值；规模以下工业企业及个体户则通过抽样调查资料计算分行业大类增加值，再按普查年度规模以下各行业小类比重进行推算。

测算出海洋工业分小类的总产出和增加值之后，还需通过专业统计数据或抽样调查、重点调查资料确定一些行业的剥离系数，计算其中属于海洋经济的部分。剥离系数确定方法：利用工业生产报表，从一个行业小类中分离出生产海洋相关产品的产值，计算其占整个行业的比重；利用投入产出表，计算某一行业对海洋相关行业的投入占其总产出的比重。

（2）海洋建筑业。首先要利用建筑业统计年报财务资料，分别计算房屋工程建筑、铁路道路隧道和桥梁工程建筑、水利和港口工程建筑、工矿工程建筑、架线和管道工程建筑、建筑安装业、建筑装饰业的总产出和增加值，再通过抽样调查或重点调查的方式及投资项目等相关资料来推算出海洋建筑业所占比重，并以此为基础测算全省的海洋建筑业总产出和增加值。

3. 海洋第三产业资料的采集和测算

（1）海洋交通运输业。在经济普查年度，海洋交通运输仓储业分执行企业会计制度的交通运输企业、执行行政事业会计制度的交通运输单位、个体户和产业活动单位四部分来测算。按照经济普查年度GDP核算方案的要求，分别测算出城市轮渡、水上运输业、装卸搬运和其他运输服务业、仓储业、物业管理业、公路管理与养护业的数据。其中，涉海部分利用抽样调查和重点调查资料确定剥离系数。在非经济普查年度，主要利用服务业调查年报财务资料等专业统计数据和部门统计相关指标来测算海洋交通运输仓储业总产出和增加值数据。

（2）滨海旅游业。滨海旅游业不仅仅指国民经济行业分类标准中的旅游业，它是一个综合性的产业，其总产出和增加值测算涉及滨海旅游的"吃住行游购娱"六要素。我们应分别测算滨海旅游产业相关行业的总产出和增加值，即以全省旅游产业的有关测算资料为依据，收集沿海城市的旅游资料（如沿海城市的交通运输业占全省比重、沿海城市的住宿餐饮业占全省比重、沿海城市的零售业占全省比重等），推算沿海城市的旅游产业资料，再根据抽样调查等资料确定剥离系数，推算沿海城市的滨海旅游产业总产出和增加值。

（3）海洋批发和零售业。海洋批发和零售业主要是指海洋商品在流通过程中的批发活动和零售活动。其总产出和增加值的测算，需按限额以上批发和零售企业、限额以下批发和零售企业、个体户分别测算。在经济普查年度，限额以上批发和零售企业与限额以下批发和零售企业直接利用按行业小类划分的财务资料测算；个体户以分门类的总产出和增加值为基础，以限额以下批发和零售企业分行业小类的比重推算个体户分小类的数据。在此基础上，根据抽样调查或重点调查资料，确定海洋批发和零售业的比例系数。在非经济普查年度，利用年报财务资料先测算出限额以上批发和零售企业、限额以下批发和零售企业及个体户的总产出和增加值，再利用普查年度的海洋批发和零售业所占比重进行推算。

（4）海洋服务业。海洋服务业包括海洋信息服务业、海洋环境监测预报服务、海洋保险与社会保障业、海洋科学研究、海洋技术服务业、海洋地质勘查业、海洋环境保护业、海洋教育、海洋管理、海洋社会团体与国际组织等。在经济普查年度，按执行企业会计制度、执行行政事业会计制度和个体户分别收集这些行业的财务资料，并按普查年度 GDP 核算方案的要求进行测算。在非经济普查年度，限额以上法人单位资料主要取自服务业统计年报财务资料，限额以下法人单位及个体户资料利用抽样调查资料以及经济普查资料进行推算。测算出分行业的总产出和增加值后，再根据抽样调查或重点调查资料确定行业的剥离系数，分离出海洋服务业的总产出和增加值。

（四）完善海洋经济运行监测和统计体系

1. 开展现代海洋经济产业体系目录研究

在对已有海洋经济发展理论进行全面梳理的基础上，参照《海洋及相关产业分类》标准，结合现代海洋发展方向，建立现代海洋经济产业体系目录。

2. 明确海洋经济行业界定及解释工作

由于现行的统计体制是建立在国民经济行业统计基础上的，海洋经济统计监测数据的采集就是建立在现有的行业统计资料基础之上，对不足部分进行小型抽样调查和重点调查，海洋经济增加值统计通过这样的数据采集方式可以起到事半功倍的作用。结合2011年版的国民经济行业分类新标准，对海洋经济的行业分类进行重新界定。

3. 建立海洋行业名录库，加大对涉海单位的调查

由于海洋经济涉及的国民经济行业众多，需要进行剥离的行业也很多，这就需要明确涉海行业的剥离方法。对各地涉海行业进行一一梳理，建立涉海行业名录库。建立涉海项目字典库，即通过字典库来判断涉海行业中有哪些单位是从事涉海活动的。加大对涉海单位的抽样调查或重点调查，从而确定涉海行业的剥离系数。

4. 加强系统内海洋经济统计合力

加强与海洋经济各主管部门的交流沟通，建立畅通的海洋经济部门统计数据采集渠道。加强核算、工业、服务业、投资、农村等部门在海洋经济统计中的协调联动，通过进一步规范海洋经济源头数据指标范围、切实提高数据质量，并逐步提升海洋经济核算等各环节操作的规范化水平。

5. 加强引导纵向比较或相近地区的比较

由于自然条件的影响，各地区的海洋经济发展具有不平衡性。因此，在监测各地区的海洋经济发展水平时，要更多地引导各地区注重自身海洋经济发展水平的纵向比较，比如与历史发展水平的比较，而不是与其他地区的比较。

6. 加强研讨和培训

由于要相对准确地测算海洋经济统计监测核心指标即增加值还存在一定难度，因此，一方面，要通过不定期地召开研讨会等形式，群策群力，加强沟通与交流，探索相对理想的海洋经济增加值核算方法；另一方面，要加强对涉海核算人员的培训，增强业务能力。

第六章

海洋经济转型与升级

与陆域经济相比，海洋经济具有对海洋的高度依赖性、资金与技术密集性、高风险性与国家主导性几大核心特征，这些特征决定了人类对海洋开发利用的能力会随着经济社会环境的改善和科技水平的发展而提高。因此，在陆域经济基础较好、科学技术发展到能够对海洋进行深入开发的条件下，同时在土地和环境问题凸显、资源需求和人口剧增的压力下，能否以海洋资源的开发利用形成新的供给空间，对海洋生产要素、生产技术、生产方式以及技术创新进行改革提升，将海洋经济打造成为撬动中国供给侧结构性改革的重要支点，关系到我国下一轮经济增长。

第六章 海洋经济转型与升级

第一节 海洋经济转型升级的基本机理

随着海洋开发的不断深入，海陆关系越来越密切，海陆之间的资源互补性、产业互动性、经济关联性将进一步增强，沿海地区、近海地区与腹地之间将形成分工合理、功能互补、协调发展的海洋产业集群，进而利用沿海地区的优势带动并辐射周边地区拓展产业布局和城市发展空间，为转型发展提供新的动能。

一、海洋经济的基本特征

海洋经济与陆域经济同是国民经济的组成部分。从发展顺序来看，海洋经济是陆域经济向海洋的拓展和延伸，海洋产业与陆域产业往往同属于一个完整的产业价值链的不同环节。因此，一国陆域经济已有的生产力水平以及技术水准，构成了该国海洋经济发展的重要起点和基础。另外，陆域经济发展过程中所提供的经验和教训也为海洋经济的发展提供了宝贵的借鉴。但是，海洋经济不同于陆域经济，其发展有着自身的外在要求和内在特点。

（一）资源依赖性

海洋经济系统具备一定的独立性，海洋经济的发展对海洋资源具有高度的依赖性。从海洋经济本身的涉海性要求来看，一个国家（或地区）若没有一定面积的管辖海域，没有一定规模的可供研究和开发利用的海洋和海洋资源，就谈不上发展海洋经济。一国（或地区）管辖海洋面积越大，所拥有的各类海洋资源总量越大、质量越高，其发展海洋经济的潜力就越大。海洋产业经济系统中的某些产业如海洋渔业、海洋盐业、海洋运输业等产业发展基本依赖于海洋资源的要素、属性和特征。

(二) 技术密集、资金密集和高风险

和陆域经济系统相比,海洋经济系统更凸显技术开发的高、精、尖化,而在海洋科技成果再转化为现实生产力的过程中,也需要资本市场和创新产业的高效结合。没有海洋科学技术的迅猛发展,就没有现代海洋经济的出现。海洋高新科学技术的密集研发和应用一般伴随着高额的资金投入,现代海洋经济产业的技术密集型特征决定了其资金密集型的特征,从而使这种风险高、投资周期长、专业化程度高的经济系统得以有效地运转。同时,现代海洋产业的高风险性决定了其需要资本和技术的支撑。对人类而言,海洋的不确定性要比陆域高,从事海洋经济活动是高风险、高投入行为,需要加强金融体系对这一领域的风险规避,并且保障海洋经济活动的资金融通。

(三) 国家主导

目前,几乎所有国家都将管辖的海洋资源界定为国家所有。特别是在我国,海洋资源的国有属性非常明确。但是,国家不可能直接进行海洋资源的开采、利用和经营,必须授权涉海企业、单位或个人来开采利用海洋。这些涉海企业、单位和个人是海洋经济活动的真正主体,也是海洋经济参与国际竞争的真正主体,各级政府海洋相关部门只是承担管理、监督、服务和协调的责任。海洋资源开发利用和综合管理体制以及相关法律法规的制定和完善是确保海洋经济持续健康发展要着重研究的重要课题。此外,海洋经济对技术、资金和宏观管理方面的需求,都有赖于国家提供制度、法律、政策等方面的服务与支持。国家的制度和公共服务的供给对海洋经济的发展至关重要。

(四) 多行业、多学科和国际合作性

海洋经济涉及多学科、多行业的广泛合作。目前,我国海洋工作就涉

及许多部门和行业,从地质、地理、水文、气象到测绘,从水产、盐业、航运、矿产、石油到旅游,从政治、经济、法律到军事等,有20多个行业和部门。现代海洋开发工程量大,如大规模的海洋调查和勘测、海底油气开发、深海锰结核的勘探与试采、南极磷虾的调查与捕捞、水产增殖放流、海上污染的控制、海底隧道工程等,这些海洋开发工程不仅同时涉及几个国家的利益,而且需要资金数量巨大,技术难度大,这就在客观上要求加强国际合作,采取联合行动。

二、海洋经济的转型方向

基于我国海洋经济的特征,笔者认为,海洋供给侧结构性改革需从提高要素供给质量出发,用改革的办法推进海洋经济结构调整,矫正海洋产业要素配置扭曲,扩大有效供给,提高海洋供给结构对海洋需求变化的适应性和灵活性,提高海洋全要素生产率,推进海洋产业转型升级,促进海洋经济可持续发展。从供给侧结构性改革的角度来看,海洋经济供给侧结构性改革的着力点也与陆域经济不同,具体而言包括四个方面的内容,即海洋经济要素结构性优化、海洋产业结构优化、海洋区域空间结构优化、海洋制度供给结构优化。

(一)海洋经济要素结构优化

海洋经济的要素供给可以从自然要素、社会要素、环境要素三个方面进行分析。其中,自然要素是指依托海洋基础自然属性形成的要素禀赋条件,反映可供开发利用或具有潜在利用价值的海洋资源,由大陆海岸线长度、海域面积等海域资源,湿地面积、海洋捕捞量等生物资源,原油产量、风能发电能力等能源资源,矿业产量、海盐产量等矿产资源,以及所属海洋主体功能区等空间特征资源组成。海洋优质资源越多,经济种类越丰富,海域功能越全,海洋资源及空间优势越明显,海洋自然要素供给条件就越优越。社会要素由涉海就业人数、涉海科技人员数、涉海企业的创收能力等组成,反映海岸带的生计与经济。环境要素可划分为海洋生态环境要素及海洋政策环境要素,既包括海洋经济发展的生态环境、基础设施,也包括海洋经济发展的政府管理力度,由海洋生物多样性、海洋风险承载力、海洋环境容量、海洋港口等基础设施建设水平、政府管理水平、海洋文化认同感等组成。海洋经济增长有赖于上述资源要素的综合作用,对海洋经济要素的合理、有效调节与控制,决定着地区海洋经济发展的规模、结构与水平。但目前而言,囿于传统发展路径依赖、海洋科技创新能力不足等方面的叠加影响,我国海洋经济发展方式依然粗放,区域海洋创新体系尚不健全,海洋创新链、海洋资本链与海洋产业链耦合不足,海洋产业原创技术、共性技术、关键技术支撑乏力的问题更为凸显,迫切需要通过海洋要素突破,来提升海洋经济全要素生产率,提高海洋资源要素利用率。

(二) 海洋产业结构优化

海洋产业结构指各海洋产业的构成及各产业之间的联系和比例关系。供给侧结构性改革的核心就是在生产领域调整产业结构,优化供给结构,让供给更好地满足需求并促进经济发展。海洋产业发展也不例外,其结构是否合理,对一个国家海洋经济的发展至关重要。优化海洋产业结构需要处理好海洋产业"稳增长"与"调结构"的关系,加快改造提升海洋传统产业,积极培育海洋战略性新兴产业,有效化解产能过剩,实现海洋产业"量质双升"。现阶段我国海洋产业的结构性问题凸显:一方面,绿色安全海洋水产品、高品质的滨海旅游服务供给不足,海洋生物医药、海洋化工业等科技含量较高的海洋第二产业发展缓慢,供给结构已不适应需求结构的快速变化;另一方面,低端海洋产业重复建设和产能相对过剩,占据了大量稀缺的海域海岸线资源。"有供给无需求、低效率的供给抑制有效需求、有需求无供给"等供给侧问题普遍存在,而这些问题的本质就是海洋产业结构的不合理造成供需错位,现有供给无法满足有效需求。海洋经济要想实现长期健康发展,势必要融入国家供给侧结构性改革大战略，改善海洋产业的供给质量，以产业突破推动海洋产业结构调整。

(三) 海洋区域空间结构优化

区域空间结构优化是指海洋经济在发展过程中在一定地域空间上的极化与扩散，从而引导区域海洋经济由均衡向非均衡、再向更高层次均衡发展。基于不同区域海洋经济空间的异质性，可以将我国海洋经济划分为各种区域类型，如优化开发区、重点开发区、限制开发区和禁止开发区等主体功能区。准确把握我国海洋经济空间格局的演变，可以发挥各地海洋资源和区域比较优势，因海（地）制宜布局海洋经济要素，促进海洋（地）区域经济增长和协调发展。当前，我国海洋空间资源供需矛盾仍然突出，海洋空间资源供给与需求不匹配，迫切需要通过空间突破，加快调整海洋空间结构，优化海域主导功能区、兼容利用区、功能拓展区的区划布局模式，实现海域资源的立体开发与兼容使用；拓展海岸带开发利用的空间，把港口、岸线、海域开发与城市、产业、陆域发展有机结合起来，统一规划、合理布局港口岸线资源、海洋产业和临港工业园区、腹地工业园区，促进海洋生产要素的合理配置和流动，形成海陆经济协调发展的格局。

(四) 海洋制度供给结构优化

区域发展政策及制度设计对海洋经济发展也会产生重要影响。随着世界政治经济格局的迅速变革，我国原有的海洋管理体制也逐渐暴露出诸多制约海洋经济可持续发展的新问题、新矛盾。从制度端来看，海洋管理机制尚不健全，海洋、海事、海警、边防等涉海部门职能交叉、多头执法等"越位""缺位""错位"问题并存，制约了海洋生态保护与海洋开发管理的统筹力度。在规划性政策层面，"多规合一"引领海洋经济发展的水平亟待提升，涉海专项规划与国民经济和社会发展规划、城市总体规划、土地利用规划的衔接度仍然不高。在保障性政策层面，陆海统筹、河海兼顾、区域联动的海洋综合管理顶层设计仍然缺乏，财税、金融、科技促进海洋经济转型升级的系统性政策支撑体系尚未健全。在约束性政策层面，海洋生态补偿机制、海洋环保产业政策、海洋环境污染责任追究制度等"硬约束"还不完善,海洋生态保护的主体、职责、权限及标准并不明确,海洋生态文明制度体系亟待加强。随着我国"维护海洋权益,建设海洋强国"战略的提出,进一步深化政府海洋管理体制供给侧结构性改革的任务逐渐提上了日程,迫切需要通过制度突破来提高海洋管理及治理水平。

三、海洋经济的升级动力机制

海洋经济的升级动力机制是指驱动海洋供给侧结构性改革合理化影响因素的结构体系及其运行规则,具有一定的稳定性和规律性,包括内部动力和外部动力,前者来自海洋经济内部,包括海洋资源禀赋、金融资本供给、海洋科技发展水平及创新能力、人力资本集聚等,是一种张力;后者来自海洋产业外部环境,是一种推力,主要包括海洋管理的制度设计等。

(一) 内部动力

1. 海洋资源禀赋

海洋资源禀赋是海洋经济产业结构改革的物质基础,海洋资源禀赋的种类、储量与质量等级、赋存环境、空间布局等对海洋经济的结构优化及空间布局有重要导向作用,甚至成为决定性因素。例如,海洋油气资源的空间分布直接决定了海洋油气业的空间布局。因此,在进行海洋经济空间布局优化时,必须首先了解各海洋产业对海洋资源禀赋的具体要求,才能将各产业布局到最适宜的位置。目前,我国海洋产业主要以要素驱动为主,对海洋资源依赖性较强,我们要加快转变以劳力、资本等传统要素投入为根本驱动力的增长模式,以技术创新提升全要素生产率,推动海洋资源要素结构优化。

2. 金融资本供给

海洋经济的发展环境既包括自然、经济、法律、社会政治等诸多方面，同时也包括金融机构、信用关系和金融监管等要素。海洋经济高风险、高投入、高收益的特征要求资本大量的投入和积累，因此，海洋经济发展必须有一个良好的金融环境。目前，融资障碍是部分地区海洋战略性新兴产业发展迟滞的主因，为此，对于海洋资源充裕、资金供给相对不足的地区，必须充分完善金融环境的功能。

3. 海洋科技发展水平及创新能力

海洋科技发展水平是影响海洋产业优化及布局的决定性因素，技术密集型是海洋高技术产业的基本特征，海洋战略性新兴产业倾向布局于经济发展水平高、资本充足、技术先进的地区。一方面，科学技术的进步提高了海洋资源的利用深度和广度，使曾经无用的海洋资源变为有用的资源，或使海洋资源获得新的经济价值，从而促进海洋新产业及业态的产生；另一方面，海洋科技水平的提高，大大扩展了海洋产业布局的空间范围，改变了海洋产业的布局形态。例如，深海开采技术的成功研发，使深海采矿成为可能。另外，通过技术创新来获得竞争优势是每个企业的必然选择，也从而提高了整个地区海洋经济创新的效率。

4. 人力资本集聚

人力资本是经济增长的内生动力，也是区域经济发展水平差异的重要衡量标准。随着海洋经济的快速发展，涉海企业、科研机构、高等学校等机构对涉及海洋方面的各种类型人才的需求更为迫切。海洋高等院校等组织间有着各种各样的密切联系，提供了各种专门人才交流互动的平台。对具有海洋相关知识的人来说，海洋产业聚集区内存在着大量的就业机会，能够吸引大量的海洋方面的专业人才、熟练工人，可以称为海洋"人才库"，这就为海洋经济发展的人才供给提供了足够的保障。

（二）外部动力

政府关于海洋的发展政策及制度供给是推动海洋经济产业结构改革的核心因素和关键变量。海洋经济发展的制度创新，根本上是要优化配置海洋经济发展的投入要素，优化产出与提升效率。由于存在市场失灵，使得海洋经济产业发展存在外部不经济，这时需要政府建立法律法规，加强产业规制，减少海洋产业集聚的外部不经济，有效合理地布局海洋产业，合理配置海洋资源，达到海洋产业集聚区整体效益的最大化。因此，海洋产业的健康可持续发展离不开政府的支持。

（三）动力耦合机制

在内外动力相互关联、彼此交织的条件下，内部动力与外部动力相互连接，形成了一种稳定的相互作用机制——耦合，贯穿其中的便是技术与制度创新，并由此推动海洋全要素生产率的提高，推动海洋战略性新兴产业的发展壮大，从而实现要素结构、产业结构、空间结构、制度结构四个方面的突破。

1. 市场协调

市场是海洋经济供给侧结构性改革的内在动力，牵引着各种生产要素自由流动，从而加速了海洋产业结构与空间布局优化的步伐，是协调合理布局最有效的动力。随着技术的进步，少数海洋产业所受的自然条件和自然资源约束会不断下降。市场通过海洋资源禀赋进行引导，利用金融环境为拥有高度发达海洋经济的地区"锦上添花"，也为相对贫乏的地区"雪中送炭"，使得海洋经济在科学合理的规模下协调发展，从而实现生产要素的优化配置与动态均衡，推动海洋全要素生产率的提升，并由此协调推动产业的优化升级与海洋经济的空间布局优化。

2. 企业驱动

涉海企业是海洋经济供给侧结构性改革的核心主体。企业作为驱动海洋产业发展的主体力量，如何鼓励与促进企业提升技术水平，形成产业链相互关联的产业集群也就成为海洋经济供给侧结构性改革成败的关键。企业的创新能力直接影响海洋全要素生产率的提升及海洋产业发展水平，而海洋产业空间布局也必须充分考虑各地海洋高新技术企业的爱近岸城市、海洋产业园、港口等地区的空间集聚能力。

3. 政府引导

政府是海洋经济供给侧结构性改革的推动者与引导者，通过政策制定可以形成能够激发海洋经济"有效市场"的制度结构。政府通过各种激励性的产业政策、制度和规划，以自上而下的方式影响海洋产业的结构优化与产业集聚，通过制定海洋产业布局规划，纠正市场机制造成的海洋经济空间结构的失衡，从区域发展角度建立和完善地区间的海洋经济的分工体系，优化海洋产业在空间上的合理布局，提升海洋产业竞争力。另外，政府提供的基础设施条件如金融、教育、中介及各类海洋产业专用配套服务业等，为海洋战略性新兴产业的发展创造良好的资金、科技及技术推广环境，是海洋经济供给侧结构性改革的重要社会经济基础条件。

综上所述，海洋经济产业结构改革要以改善海洋资源要素生产条件、融资条件、技术条件、人力资本条件为抓手，以港口及近岸城市、海洋产业园区为主要载体，以涉海企业为核心主体，以提高全要素生产率为主线，以提升技术与制度创新能力为根本动力，协调近海开发与深海探索的有序开展，通过市场协调、企业驱动与政府政策，引导高端资源要素在海洋空间、主导产业部门和关键技术领域集聚，从而培育海洋经济增长极，优化海洋产业结构。通过优化要素供给和改善政府治理水平，在海洋经济的供给侧发力，实现要素、产业、空间、制度四个方面的突破，从而提升海洋经济效率，推动我国各海洋经济区之间的分工合作和共同开发，打造海洋强国。

第二节　中国海洋经济现状

海洋是我国经济社会发展的重要战略空间，是孕育新兴产业、引领新增长点的重要领域，也是世界各国未来竞争的高地。党的十八大提出要"提高海洋资源开发能力，发展海洋经济，保护海洋生态环境，坚决维护国家海洋权益,建设海洋强国"。党的十九大进一步提出要"坚持陆海统筹,建设海洋强国"。壮大海洋经济,培育蓝色空间,对我国经济发展、实现"两个一百年"的重要目标都有重大意义。

整体来看,中国海洋经济发展处在稳步增长阶段,海洋生产总值显著提高,海洋经济对国民生产总值的贡献力度稳步提高;海洋社会环境进一步优化;海洋开放水平进一步提升;海洋科研实力不断升级,发展前景广阔。

一、海洋资源

中国海岸线长达1.8万千米,管辖海域约300万平方千米,同时分布着5000多个面积大于500平方米的岛屿。中国海域蕴藏着丰富的资源,属于名副其实的海洋大国。

海洋生物资源丰富。据统计,我国海域已知海洋生物约2.6万种,占全球海洋已知生物种类数量的10%以上。近海海洋生物种类繁多,超过2万种。海洋渔场面积广阔,2017年,中国水产品产量6445.33万吨,养殖产量4905.99万吨,捕捞产量1539.34万吨。

海洋矿产资源丰富。油气资源沉积盆地约70万平方千米,石油资源量估计为240亿吨,天然气资源量估计为14万亿立方米,还有大量天然气水合物资源,即最有希望在21世纪成为油气替代能源的"可燃冰",仅南海海底发现的"可燃冰"储量就高达数百亿吨。我国拥有大量滨海砂矿资源,滨海砂矿主要有钛铁矿、锆石、金红石等几十种矿石,其中以广东海滨砂矿资源最为丰富,储量居全国首位。

海洋旅游资源丰富。我国岸线长,纬度跨度大,沿海城市众多,海岛众多且分布密集,旅游及文化景点多样。2017年,全国滨海旅游产业增加值为14636亿元,增长16.5%,滨海旅游发展迅速。

中国海洋资源丰富,类型多样,为中国海洋经济的发展提供充足的资源保障,使其可以满足各种类型的需求,市场发展前景广阔。

二、海洋经济

2016年,全国海洋生产总值为69693.7亿元,占国内生产总值的9.4%,占沿海地区生产总值的16.4%;全国涉海就业人员3622.5万人,占全国就业人数的4.67%;沿海地区固定资产投资总额269907.9亿元,占全国投资总额的44.5%。粗略比较,中国在海洋经济规模、海洋经济占全国经济比重及涉海就业人数占全国就业人数比重等方面相比美国都具有更强的实力。(见表6-1)

表6-1 2016年中国和美国海洋经济实力对比

项 目	中 国	美 国
海洋生产总值	69693.7亿元	3038.65亿美元
海洋生产总值占全国GDP比重	9.4%	1.6%
涉海就业人员	3622.5万人	325.81万人
涉海就业人员占全国就业人数比重	4.67%	2.16%

数据来源:《中国海洋统计年鉴2017》和美国NOEP数据库。

(一)海洋产业结构

从产业结构看,2016年中国海洋产业增加值为43013亿元,占海洋总产值的61.7%,其中主要海洋产业增加值为28391.9亿元,海洋科研教育管理服务业的增加值为14621.1亿元;海洋相关产业增加值为26680.6亿元,占海洋总产值的38.3%。按照三次产业结构核算,海洋第一产业增加值为3570.9亿元,海洋第二产业增加值为27666.6亿元,海洋第三产业增加值为38456.2亿元,三次产业结构比例为5.1∶39.7∶55.2,呈现"三二一"的良好结构态势,产业结构较为合理。海洋主要产业中,滨海旅游业、海洋交通运输业和海洋渔业等传统产业占主导地位。

1. 海洋第一产业

2016年,海洋渔业总体保持平稳增长,全年实现增加值4615.4亿元,比上年增长3.2%。在海洋渔业"转方式,调结构"背景下,海洋水产品产量为3490.1万吨,比上年增长2.4%。其中,海水养殖产量持续增加,达到1963.1万吨,比上年增长4.7%;海洋捕捞产量增速有所放缓,为1328.3万吨,比上年增长1.0%;远洋捕捞产量为198.8万吨,比上年减少9.3%。海水养殖面积明显减少,为216.7万公顷,比上年减少6.5%。远洋渔船数量达到2571艘,比上年增长2.3%;总功率达到240.4万千瓦,比上年增长11.5%。

2. 海洋第二产业

2016年,海洋油气业发展形势有所回暖,全年实现增加值868.8亿元,比上年增加4.5%;海洋原油、天然气产量均出现下降,其中海洋原油产量5161.9万吨,比上年下降4.7%,海洋天然气产量128.9亿立方米,比上年下降12.5%。海洋矿业平稳发展,全年实现增加值67.3亿元,比上年增长5.3%。海洋盐业基本稳定,全年实现增加值38.9亿元,比上年减少0.2%。海洋化工业稳步发展,全年实现增加值961.8亿元,比上年增长2.6%。海洋生物医药业较快增长,全年实现增加值341.3亿元,比上年增长15%。海洋电力业保持良好的发展势头,海上风电场项目稳步推进,全年实现增加值128.5亿元,比上年增长13.3%。此外,海上风电装备"走出去"取得重要进展,海洋能技术已达国际先进水平,已经在泰国、南非承担风电建设工作。海水利用业稳步发展,海水利用项目有序推进,全年实现增加值13.7亿元,比上年增长0.2%。海洋船舶工业产品结构持续优化,产业集中度进一步提高,全年实现增加值1492.4亿元,比上年增长2.9%。海洋工程建筑业稳步发展,多项重大海洋工程顺利完工,全年实现增加值1731.3亿元,比上年增长0.6%。

3. 海洋第三产业

2016年,海洋交通运输业总体稳定,沿海港口生产呈现平稳增长态势,航运市场逐步复苏,全年海洋交通运输业实现增加值5699.8亿元,比上年增长2.3%。沿海港口货物吞吐量84.6亿吨,比上年增长3.8%;国际标准集装箱吞吐量2亿标准箱,比上年增长3.6%。滨海旅游业发展规模稳步扩大,邮轮游艇旅游、海岛旅游、休闲旅游等新业态成长步伐逐步加快,成为海洋旅游的新热点,全年滨海旅游业实现增加值12432.8亿元,比上年增长13.4%。主要沿海城市接待入境旅游者人数4437.5万人次,比上年增长9.2%,其中港澳台入境游客占53.8%,是主要的客源市场。海洋数据服务业充分利用当前互联网的快速发展态势,将海洋服务与大数据等信息服务结合起来,使海洋生产服务更加便捷高效。

(二) 海洋区域结构

我国海岸线绵长,沿海地区省市众多,海洋经济的快速发展也给相关省市带来高速发展的机遇。我国主要有五大海洋经济区域,分别是环渤海经济区、长江三角洲经济区、海峡西岸经济区、珠江三角洲经济区和北部湾经济区。其中环渤海、长江三角洲和珠江三角洲经济区有着雄厚的经济实力、发达的制造体系、先进的科学技术、高度开放的社会环境,因而成为中国海洋经济的重要区域,这三个区域的海洋生产总值占全国海洋生产总值的85%左右。2016年,这三个区域占全国海洋生产总值的比重分别为32.5%、29.7%和22.9%。(见图6-1)

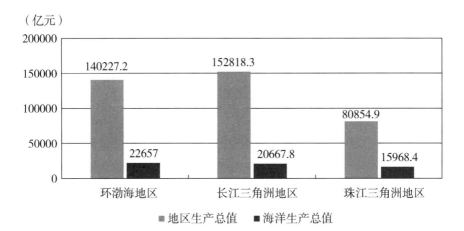

图6-1 2016年环渤海、长江三角洲、珠江三角洲地区生产总值与海洋生产总值
数据来源:《中国海洋统计年鉴2017》。

1. 环渤海经济区

环渤海经济区位于中国东部沿海的最北方,濒临渤海,是面对东北亚地区对外开放的桥头堡,是我国海洋经济发展主要聚集区,包括辽宁、天津以及河北、山东的部分地区。

环渤海经济区依靠独特的地缘优势、便利的交通优势、良好的海洋资源禀赋条件获得了快速发展,区内海洋生产总值多年位居沿海几大经济区之首。2016年,环渤海地区海洋生产总值为22657亿元,占地区生产总值的比重为16.2%。海洋产业增加值为14006.3亿元,海洋相关产业增加值为8650.7亿元。滨海旅游业、海洋交通运输业、海洋渔业、海洋工程建筑业四个产业位居前列,其增加值之和占该地区主要海洋产业增加值的87.7%。

该区在海洋交通运输业、海洋渔业等方面具有优势。青岛、天津和大连三大枢纽港口环绕渤海成满弓状,连同丹东、营口、曹妃甸、黄骅、烟台、威海、日照,形成了世界上最为密集的大型港口群。海洋渔业方面,环渤海经济区海洋养殖面积占全国的62.6%,海水养殖产量约占全国的45.1%,海洋捕捞产量约占全国的28.1%。

2. 长江三角洲经济区

长江三角洲经济区包括江苏、上海和浙江等省市,是中国经济最为发达的地区。依靠发达的陆域经济,长江三角洲地区海洋产业发展良好,在全国海洋经济中占据重要地位。2016年,长江三角洲地区的海洋生产总值为20667.8亿元,占地区生产总值的比重为13.5%。其中,海洋产业增加值为12513.7亿元,海洋相关产业增加值为8154.2亿元。滨海旅游业、海洋交通运输业、海洋船舶工业和海洋渔业四个产业位居前列,其增加值之和占该地区主要海洋产业增加值的92.4%。

目前,长江三角洲经济区海洋产业重型化、高端化趋势已显。该区在海洋船舶工业和海洋工程装备制造业方面处于领先地位,目前已成为我国主要的海洋工程装备及配套产品研发与制造基地。该区聚集了以中船重工"702所"为代表的海洋工程装备研发机构数十家,以江南造船为代表的船舶和海洋工程制造企业上百家。产业规模不断扩大，聚集程度不断提高。江苏、上海和浙江已经分别成为中国海洋船舶制造、海洋工程装备制造、船舶修造的中心。

3. 珠江三角洲经济区

珠江三角洲经济区以广东省域为主体。进入21世纪以来，珠江三角洲海洋产业总量不断增长，结构逐步优化。2016年，珠江三角洲地区海洋生产总值为15968.4亿元，占地区生产总值的比重达19.8%。其中，海洋产业增加值为10225.3亿元，海洋相关产业增加值为5743.1亿元。滨海旅游业、海洋交通运输业、海洋化工业和海洋工程建筑业四个产业位居前列，其增加值之和占该地区主要海洋产业增加值的83.4%。

随着海洋开发向社会各个领域全方位渗透，海洋产业体系已扩展到第一、第二、第三产业的各个类别。近年来，该区大力发展资源型和制造型海洋产业，不断拓展海洋经济的深度和广度，传统海洋产业稳步发展，海洋生物制造业、海水综合利用业等高新产业逐步壮大，观赏渔业、游艇旅游业等新兴产业不断涌现，形成了以海洋交通运输业、海洋渔业、滨海旅游业和海洋油气业为主体，海洋船舶制造业、海洋电力业、海洋生物制药业全面发展的区域海洋产业格局。

2019年2月18日，国务院正式发布《粤港澳大湾区发展规划纲要》。在这一主要针对珠三角9市及香港、澳门的国家级发展战略规划中，明确强调"大力发展海洋经济，坚持陆海统筹、科学开发，加强粤港澳合作，拓展蓝色经济空间，共同建设现代海洋产业基地"。据统计，粤港澳大湾区的珠三角9市范围内现有涉海单位约15650家，主要有海洋旅游业（7490家）和海洋交通运输业（4559家）；其次为海洋船舶工业（591家）、海洋技术服务业（591家）、海洋信息服务业（532家）；此外，还有海洋管理、涉海金融服务业、海洋渔业、海洋水产品加工业等产业的涉海单位。

4. 沿海省份海洋经济发展比较

具体到沿海11个省份的海洋经济发展情况，沿海各省份在海洋经济规模、产业结构及经济效益等方面存在一定差异。海洋经济规模总量方面，广东、山东位列前二且远超其他省市，辽宁、河北、广西和海南的海洋经济规模较小，在一定程度上可能与其所在地理位置及当地经济社会发展状况有关。（见图6-2）

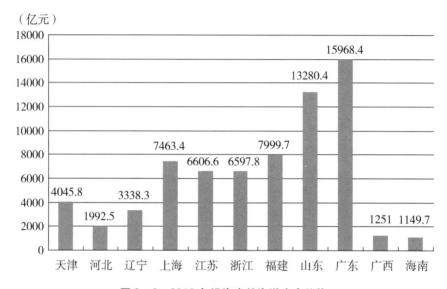

图6-2 2016年沿海省份海洋生产总值

数据来源：《中国海洋统计年鉴2017》。

经济结构方面，沿海11个省份的海洋三次产业结构及海洋经济占地区生产总值的比重及海洋经济中第三产业占比存在一定差异。2016年，上海、福建、海南的海洋经济占当地生产总值的比重接近30%，广东、山东、江苏及浙江等海洋大省与之相比还有一定差距。产业结构方面，沿海各省份海洋经济的三次产业结构比较合理，基本呈现出第二产业、第三产业并驾齐驱的均衡发展格局，但辽宁、江苏、山东、广西等省市海洋经济中的第三产业占比低于上海、福建、广东及海南等省份。究其原因，一方面是广东等省份经济规模大，另一方面是上海属于直辖市，而海南本身经济体量小；此外，辽宁、广西和海南的海洋第一、第二产业结构仍有待优化。综合来看，沿海11个省份中，上海的海洋经济三次产业结构最为合理；其次是广东，广东的海洋产业分布健全，制造业基础雄厚，服务业规模也较大，但与上海相比，广东的海洋第三产业仍有很大提升空间。（见表6-2）

表6-2 2016年沿海省份海洋三次产业结构及海洋生产总值占地区生产总值的比重

（单位：%）

	第一产业	第二产业	第三产业	海洋生产总值占地区生产总值的比重
全国	5.1	39.7	55.2	16.4
天津	0.4	45.4	54.2	22.6
河北	4.4	37.1	58.5	6.2
辽宁	12.7	35.7	51.6	15.0
上海	0.1	34.4	65.5	26.5
江苏	6.6	49.8	43.6	8.5
浙江	7.6	34.7	57.7	14.0
福建	7.3	35.7	57.0	27.8
山东	5.8	43.2	51.1	19.5
广东	1.7	40.7	57.6	19.8
广西	16.3	34.7	49.0	6.8
海南	23.1	19.5	57.4	28.4

数据来源：《中国海洋统计年鉴2017》。

从具体产业来看，海水养殖主要集中在山东、福建、辽宁及广东，海洋捕捞分布在除上海、天津、河北、江苏和广西之外的其他地区；海洋原油及天然气产量主要集中在天津和广东；海洋矿业主要集中在浙江、福建、山东和广西；海洋盐业主要集中在山东；海洋造船方面，江苏具有明显的产业优势，上海、辽宁、浙江及广东也具备一定规模；港口方面，海洋货物周转量和国际标准集装箱吞吐量主要集中在上海和广东，此外，辽宁、浙江、福建和山东的规模也较大。

海洋经济效益水平不一，提质增效空间较大。2016年，沿海各省份单位海岸线生产值从0.59亿元/千米到44.48亿元/千米不等。除上海和天津两个直辖市外,辽宁、浙江、福建、广西和海南的单位海岸线生产值在沿海省份中仍处于偏低的水平;第二梯队中,河北、江苏、山东的单位海岸线生产值均超过4亿元/千米,只有广东处在偏低水平(见表6-3)。这说明大部分沿海省份的海洋经济发展较为粗放,效益弱势较为明显,海洋经济提质增效仍存在较大空间。

表6-3 沿海省份2016年单位海岸线生产值

(单位:亿元/千米)

省 份	单位海岸线生产值	省 份	单位海岸线生产值
天津	30.33	福建	2.65
河北	4.09	山东	4.25
辽宁	1.53	广东	3.70
上海	44.48	广西	0.85
江苏	6.35	海南	0.59
浙江	2.93		

数据来源:根据《中国海洋统计年鉴2017》及沿海省份海岸线长度测算得出。

(三)海洋科研创新

海洋科研机构承担着海洋科技创新发展的主要任务,它的数量和质量直接影响着一国海洋科技发展的整体水平。海洋科研机构从业人员是海洋科技进步的直接推动者,是海洋科技领域的一线工作人员,他们与海洋科研的发展有着非常紧密的联系。海洋科研机构经费收入表明了国家海洋科技经费投入的规模和力度,从资金方面显示我国海洋科技研发状况。

近几年,中国海洋科研创新保持稳步发展,截至2016年已经取得了瞩目的成绩。2016年,统计的海洋科研机构共160个,其中,海洋基础科学研究机构100个、海洋工程技术研究机构48个、海洋信息服务机构9个、海洋技术服务机构3个;从业人员29258人,其中科技活动人员25946人;海洋科研机构承担海洋科技研究课题18139项,发表海洋科技论文16016篇,出版海洋科技著作369种;专利授权数2851件,其中发明专利1876件，拥有发明专利总数8332件。经费方面，2016年海洋科研机构经费收入总计249.88亿元，海洋科研机构研发经费支出131.49亿元。海洋科研创新力量主要集中在环渤海、长三角和珠三角地区。河北、福建、广西和海南新增专利数量较低，说明其创新能力较弱。

截至2016年，我国沿海11个省份在创新投入规模和创新能力方面仍然存在较大差异。广东的海洋经济创新能力位居全国首位，在投入规模、从业人数和创新专利成果方面均占全国的10%以上，其中，拥有发明专利总数超过了全国的30%；天津、山东、上海、浙江等省份的海洋科技创新综合实力在沿海省份中的排名也比较靠前，但和广东仍有一定差距；此外，天津、上海、浙江和福建的创新专利数量与其投入规模不成正比，说明其海洋创新效率偏低；与其他省份相比，河北、福建、广西和海南的海洋科研创新投入规模很小，创新能力较弱，这与其海洋经济基础以及所处地理位置有一定关系。此外，北京虽然不是沿海城市，但其海洋科技创新投入占全国总量的1/4以上，拥有的专利总数接近全国的20%，综合实力不容小觑。（见表6-4）

海洋教育方面，2016年，我国开设海洋专业的高等院校达537个，专任教师数388477人。高等教育和中等职业教育海洋专业毕业生数分别为92524人和16003人，招生人数分别为81141人和17804人，在校人数分别为278783人和38756人。

（四）海洋经济管理

2016年，我国的海洋行政管理工作扎实推进，各项海洋工作取得明显成效。全年颁发海域使用权证书3413本，其中山东占1/3，河北、辽宁占比也较大，其他省份占比较小；确权海域面积291308.2公顷，其中，山东占45%，辽宁占36.6%；征收海域使用金65.46亿元，广东、浙江等海域面积较大的省份确权工作推动相对缓慢。2011—2016年间，我国依法批准开发利用无居民海岛17座，其中祥云岛用岛面积最大，为1492.8公顷，其他无人岛用岛面积均不足100公顷，大部分不足10公

表6-4 2015年沿海省份海洋科研创新情况

地区	省份	科研机构（个）	占全国比重（%）	从业人员（人）	占全国比重（%）	海洋科研机构经费收入（亿元）	占全国比重（%）	拥有发明专利总数（件）	占全国比重（%）
环渤海	天津	11	6.88	2012	6.88	15.92	6.37	168	2.02
	河北	5	3.13	525	1.79	2.39	0.96	4	0.05
	山东	20	12.50	3532	12.07	36.07	14.43	1071	12.85
	辽宁	17	10.63	1992	6.81	17.73	7.10	703	8.44
长三角	上海	11	6.88	2571	8.79	37.77	15.12	548	6.58
	江苏	8	5.00	1441	4.93	12.28	4.91	419	5.03
	浙江	19	11.88	1839	6.29	12.91	5.17	220	2.64
海峡西岸	福建	14	8.75	1193	4.08	7.82	3.13	150	1.80
珠三角	广东	22	13.75	4542	15.52	29.19	11.68	2847	34.17
环北部湾	广西	8	5.00	436	1.49	1.42	0.57	78	0.94
	海南	3	1.88	290	0.99	1.59	0.64	36	0.43
	北京	18	11.25	7408	25.32	65.06	26.04	1651	19.82

数据来源：《中国海洋统计年鉴2017》。

项。海洋倾废管理方面，2016年共签发疏浚物海洋倾倒许可证412份，新选划倾倒区18个。海洋行政执法方面，实施各项海洋执法检查共6405项，合计16039次，发现违法行为86起，主要集中在海域使用、海洋工程建设项目环境保护、海洋倾废和海岛保护等方面。

此外，2016年，全国提供海洋数值预报服务共43711次，开展海洋调查项目705个，获得数据共85万个，全年接收存档卫星遥感数据量共计109223.7GB；全年接收纸质档案19397卷（册），电子档案5376 GB；共有12项国家标准和56项行业标准通过立项审查，出版国家标准12项、行业标准20项。

三、海洋经济供给侧改革

当前，我国经济面临新的形势，经济进入新常态。海洋经济发展也已进入新的时期，因此，需要在海洋经济领域推动供给侧结构性改革，继续推进"三去一降一补"，加快产业转型升级。

（一）海洋经济去产能

传统海洋产业如海洋渔业、海洋石油等资源依赖型产业，由于过去的开发模式单一，不注重生态环保等方面的问题，海洋产品的产出受到了量和质的双重阻碍。随着中国经济进入新常态，海洋产业的发展也遇到了瓶颈，产出下降、收益降低等问题严重阻碍了海洋产业的发展。低质、低附加值的海洋产品现状亟待改变。为此，我国在海洋经济去产能方面做了大量工作。第一，在海洋渔业方面，加快推进渔民转产转业，实施减船转产工程，升级改造渔船，逐步淘汰老旧渔船，发展选择性好、高效节能的捕捞渔船。第二，从我国船舶出口结构来看，仍然以油船、散装船为主，承接的订单中，中高端船舶产品占比很少。因此，我国应大力提升海洋装备制造水平，提高高端产能比重，降低传统造船业产能，提高行业的准入标准，推动海洋造船业的中小企业兼并重组。第三，港口资源存在浪费现象,因此,需要化解港口重复建设和产能过剩问题,整合港口资源。

(二) 海洋经济去杠杆

相对于较为安全的陆域经济,海洋环境更加复杂多变,并且由于远离陆地,经营环境大不相同,沿海地区涉海企业面临的自然灾害也较为频繁,产业投入大、周期长,都使得民营企业面临极高的不确定风险。而我国在企业风险保护方面有待加强,目前所提供的金融服务已经不能满足涉海企业的需求,需要更高水平的融资、保险等金融服务。当前,涉海中小企业缺乏有效的资本市场支撑,金融机构更加偏好具有较强实力的大中型企业,商业性银行贷款利率高、期限短,中小企业在信贷、抵押等方面无法满足银行要求。因此,海洋经济发展需要增强投融资和远洋、灾害保险等海洋金融服务能力。海洋金融供给不足,金融服务相对欠缺,会造成企业负债率较高,面临较大的经营风险。因此,去杠杆有助于改善涉海企业的规范运营,降低风险。2018 年,规模以上涉海工业企业的资产负债率为 56%,同比降低 3.6 个百分点;每百元主营业务收入成本为 78 元,同比减少 1.7 元。我国涉海企业在不断地降低企业负债率,加速企业进行市场化债转股改造,持续优化债务结构。同时,政府加大对海洋金融产品的创新,提高银行等对涉海企业的金融服务能力,针对不同主体提供针对性的金融支持。

(三) 海洋经济去库存

无效的供给大大制约着海洋经济的有效产出。例如,海工产业由于过去快速发展,海工装备产品基本实现全领域覆盖,但是,由于国际金融危机、国际油价大跌等因素,国际市场大幅萎缩,造成海工产品库存大量积压,影响企业持续经营。为此,海工产业应创新商业模式,通过开展基金投资、融资租赁、资产重整等多种途径,推动海工装备交付运营,通过强化项目全过程风险管控,帮助客户解决融资和运营租赁问题。

（四）海洋经济降成本

海洋经济作为战略性新兴产业，是我国建设现代化产业体系的重中之重，海洋产业的发展需要更多政策支持，通过降低成本来支持实体经济的发展。由于原材料价格逐渐上涨，国内人工、土地等成本不断攀升，企业运营成本压力也逐渐加大。由于海洋相关产品科技含量高，开发难度大，需要大量的资本投入，企业创新也面临较大的成本压力，因此，需要针对海洋经济进行改革，降低运营成本与研发成本，提升竞争力。第一，政府对制造业加大投资力度，同时提供优惠政策，切实推进减税降费，确保企业的税费成本降低。第二，政府优化服务制度，降低交易性成本，切实推动要素依据市场经济充分流动，同时减少审批、认证等环节，降低制度性成本。第三，对涉海企业的研发进行补贴，对高技术企业进行资金补贴和研发支持，切实促进科技创新活动的实施。第四，企业推动信息化建设，大力发展工业机器人、智能制造等新型制造技术，在减少人工成本应用的同时提升制造效率。第五，港口推进"互联网＋港口物流"的新模式，对传统港口进行智能化改造。

（五）海洋经济补短板

我国海洋产业起步较晚，发展水平与国际先进地区仍有较大差距，因此，需要在多方面补足短板。首先，我国海洋产业缺乏核心技术，目前，我国仍然以海洋传统产业为主，技术水平与层次总体偏低，高技术产业仍需要较长时间的培育与发展。其次，我国海域面积辽阔，广阔的海洋空间使得我国制定完善合理的政策的难度较大，我国在海洋制度设计与创新层面较为缺乏，中国的海洋战略刚刚起步，海洋科技力量仍然较弱，海洋生态建设依旧有待加强，海洋军事力量和世界发达国家相比仍有不小的差距，因此，中国海洋建设依赖于更高标准、更长远和精准的制度规划来保证。最后，我国海洋科技投入仍有较大缺口，海洋战略性新兴产业的培育依旧处于起步阶段。海洋经济的发展需要大力补足短板，因此，我国海洋经济需在多个方面实施改革。

我国要大力发展智慧渔业，发展"互联网+渔业"和物联网技术，产学研多级支持海洋渔业科技创新发展，推动海洋一、二、三次产业相互融合，逐步形成融养殖、加工、休闲等为一体的现代渔业体系，完善渔业产业链，全面提升水产品加工工艺和装备现代化。

我国海上风电业为战略性新兴产业，虽然起步较晚，但已经取得较大发展。截至2016年年底，我国海上风电累计装机162万千瓦，海上风电占全国风电装机总量的比重为0.96%。2016年，中国海上风电新增装机154台，容量达到59万千瓦，同比增长64%。国家能源局印发了《全国海上风电开发建设方案（2014—2016）》以及《海上风电开发建设管理办法》等，从政策层面鼓励和引导海上风电健康发展，实现能源结构调整，为海上风电的发展提供了支持。

海工装备制造业是我国未来制造业发展的重点领域之一，是我国战略性新兴产业的重要组成部分和高端装备制造业的重点发展方向。我们要通过自主研发、引进专利、合资合作、并购参股、陆用向海上拓展等形式，大力培育发展海工装备业的核心优势配套产品；加强试验验证能力建设，以重大工程示范项目为牵引，推动设备系统装船应用。

海水是一种非常规水源，通过有效的开发利用，可以成为淡水资源的重要补充。目前，海水淡化和海水直接利用已经成为解决人口稠密沿海地区淡水资源短缺问题的重要途径之一。据《2017年全国海水利用报告》，截至2017年年底，全国已经建成海水淡化工程136个，工程规模达到1189105吨/日，新增海水淡化工程规模1040吨/日；年利用海水作为冷却水1344.85亿吨，新增海水冷却用海水量143.49亿吨/年。我国已经掌握反渗透和低温多效海水淡化技术，关键设备研制取得突破，相关技术达到或者接近国际先进水平。技术的突破使得海水淡化的成本大大下降，投资成本、运行维护成本和能源消耗成本都有所降低，成本下降也扩大了海水淡化的市场空间，低成本的海水淡化技术将给企业带来不可比拟的价格优势。

信息技术的快速发展和深入应用,将极大提升海洋资源的开发能力、利用能力,同时也将极大提升政府的公共服务能力,形成全天候、全覆盖的海洋信息服务体系。近年来,我国海洋信息产业加快发展,智慧海洋、国家海底科学观测网等一批重大项目快速推进,山东、浙江、广东、福建、天津等省份加大规划布局和政策引导,当地的科研院所和企业联合成立专门从事海洋信息技术开发和应用的部门。

第三节　海洋产业升级

推动海洋供给侧结构性改革,既要解决好海洋传统产业的老问题,也要补足海洋新兴产业的"短板",需要"两条腿"走路,在"存量提质"和"增量提速"上下功夫。应该看到,我国海洋产业存在的结构性问题多集中于海洋传统产业,并成为推动海洋供给侧结构性改革必须突破的羁绊。当前,我国海洋供给侧结构性改革正处于关键时期,如何通过"存量优化",加快推动海洋传统产业在凤凰涅槃中实现发展新飞跃,已成为海洋经济高质量发展亟待解决的重大问题。

一、海洋传统产业升级

党的十八大以来,党和国家高度重视海洋传统产业转型升级,从政策上着力推动海洋传统产业供给侧结构性改革。这些政策为海洋传统产业转型升级明确了方向、路径、任务和措施,对于加快海洋传统产业供给侧结构性改革具有重要意义。伴随着供给侧结构性改革的稳步推进,海洋传统产业转型升级步伐不断加快。然而,海洋传统产业的发展现状与海洋产业供给侧结构性改革的目标要求尚有较大差距,亟须进一步深化改革。以海洋传统产业为重要着力点,加快推进海洋产业供给侧结构性改革,是大力发展蓝色经济和建设海洋强国的重要支撑。

(一) 海洋传统产业的界定

关于海洋传统产业,目前学术界并没有一个统一的定义。要定义"海洋传统产业",首先需要明确"海洋产业"与"传统产业"的定义。根据《2017年中国海洋经济统计公报》对海洋产业的定义,海洋产业是指开发、利用和保护海洋所进行的生产和服务活动,包括海洋渔业、海洋油气业、海洋矿业、海洋盐业、海洋化工业、海洋生物医药业、海洋电力业、海水利用业、海洋船舶工业、海洋工程建筑业、海洋交通运输业、滨海旅游等主要海洋产业,以及海洋科研教育管理服务业。

传统产业则是一个具有相对性、时间性和地域性的动态概念,至今还没有见到对传统产业的标准定义。传统产业的内涵是不断发展和变化的,在不同国家的不同发展阶段,传统产业的含义都是不同的,发达国家的传统产业可能是发展中国家的高技术产业,发达国家现在的传统产业可能是过去的高技术产业,目前的高技术产业又可能是未来的传统产业。一般认为,传统产业是指在历史上曾经高速增长,但目前发展速度趋缓,进入成熟阶段,资源消耗大和环保水平低的产业。

海洋传统产业作为海洋产业和传统产业相结合的交叉型产业,必然同时具备海洋产业与传统产业的性质与特点。据此,可以确定海洋传统产业的范围,包括海洋渔业、海洋矿业、海洋盐业、海洋化工业、海洋船舶工业、海洋工程建筑业、海洋交通运输业、滨海旅游业。其中,海洋渔业、海洋交通运输业、滨海旅游业是海洋传统产业的三大支柱。根据《中国海洋经济发展报告2017》,我国海洋渔业、海洋交通运输业、滨海旅游业的产业增加值分别为4676亿元、6312亿元以及14636亿元,占主要海洋产业的比重分别为14.7%、19.9%以及46.1%,三大产业共占主要海洋产业的比重达80.7%。

（二）海洋传统产业转型升级面临的问题

1. 空间布局有待优化

海洋传统产业布局研究薄弱的原因之一是长期以来受"重陆轻海"思想的束缚，人们很少关注海洋，更少关注海洋传统产业布局问题。随着海洋传统产业的持续发展，海洋传统产业布局中的一些不合理、不协调因素开始显现。例如，中国沿海地区均高度重视港口、旅游、造船、石油化工等海洋传统产业的发展，纷纷建设大型港口码头、船舶工厂、石油化工基地，推动滨海旅游发展。在缺乏区域协调和统筹规划的情况下，盲目的低水平重复建设不但导致地区之间出现恶性竞争、资源浪费、环境污染、发展效率低下等问题，而且加深了地区发展不平衡、集中度低的双重矛盾，影响海洋传统产业的进一步发展。同时，目前海洋开发活动主要集中在海岸带和浅海区，外海和远洋开发活动较少。这些不合理的产业布局既影响着中国海洋传统产业整体效益水平的发挥，也影响着中国海洋传统产业的全面发展。

2. 技术创新水平较低

一是海洋科技源头创新能力较弱。改革开放以来，尽管我国海洋科技在基础理论、关键技术、应用研究等方面取得了巨大成就，但与国家需求相比仍然有待进一步提升，尤其是部分领域与世界先进水平还有较大差距。二是科技成果转化率较低。由于我国海洋科技创新成果与市场需求脱节，存在研发、应用"两张皮"的现象，这是造成科技成果转化率低的重要原因之一。同时，企业作为海洋技术创新主体的地位尚未形成。目前，我国海洋科研机构主要集中在高等院校和科研院所、国家实验室中，且尚未构建海洋传统产业技术创新联盟。三是海洋领域科技条件和产业化平台建设规模小且布局分散，尚未建立有效的资源共享机制，难以满足科学研究与技术研发、海上试验和成果推广应用的需求。

3. 产业链条短，产品附加值低

目前，我国传统海洋产业大多是依赖海洋资源直接开发，技术含量低，产业链条短，产品附加值低。在海洋渔业方面，仍以传统、粗放型开发为主，尚未形成包括"养殖—捕捞—加工—流通"的完整产业链条，尤其是海洋渔业产品加工业十分欠缺。在海洋交通运输业方面，大部分港口仍主要提供装卸、运输、仓储等初级服务，尚不能提供加工、配送、贸易、信息、咨询、金融等一体化、高增加值物流服务，仍处于海运产业链的低端。在海洋旅游方面，邮轮旅游产业链过于狭窄，仍以港口接待和旅游服务为主，产业经济效益主要来自邮轮的岸上旅游服务、港口停靠业务以及少数邮轮供应服务，处在全球邮轮产业价值链的末端，创造的经济效益偏低下。

4. 存在产能过剩问题

产能过剩是我国海洋传统产业转型升级中面临的重要问题。在海洋渔业方面，海水养殖和海洋捕捞（近海捕捞和远洋捕捞）均存在过度养殖和过度捕捞的问题。同时，海水产品粗加工也面临着产能过剩的问题。在海洋交通运输方面，随着港口建设投资不断扩张，各大港口码头建成之后出现空泊增多和码头不能满负荷作业的现象，部分甚至处于"晒太阳"状态。同时，沿海船舶运力也出现了过剩。在海洋盐业及盐化工方面，由于受盐制改革的影响，近年来全国盐业一直处于产能过剩状态。在滨海旅游方面，同质化低端旅游产品供给过剩，高品质、多样化、特色化的旅游产品供给不足。在海洋船舶工业方面，低附加值的普通散货船制造和污染型船舶制造存在产能过剩。

5. 海洋资源匮乏枯竭，生态环境问题凸显

与陆地生态环境不同，海洋生态环境作为一种特殊的资源载体，海洋系统的各种组成部分的相互联系更紧密，海洋生态平衡更易被破坏。由于缺乏海洋环保意识，我国海洋资源长期以来处于掠夺性开发状态，尤其是近海海域资源面临匮乏枯竭和生态环境的质量不断降低的困境。此外，为促进地区海洋经济的发展，部分沿海省市不断开展涉海工程建设、沿海大开发项目、大规模的围海造田，都进一步对海洋生态环境造成了恶劣影响。目前，我国沿海地区入海排污口的附近海域环境质量整体欠佳，绝大

多数不满足环境保护要求,邻近水域的水质也无法达到环境保护的要求。

6. 对外合作与交流有待深化

目前,中国海洋传统产业"走出去"面临如下问题。一是技术层次偏低。例如,与韩、日等国相比,中国船舶业技术能力、创新能力和核心竞争力还相对较弱。从船舶出口结构来看,仍以油船、散装船等传统船型为主,承接的订单中,高端产品占比较少。中国已成为世界远洋渔业大国,但在装备水平、作业方式、资源探测能力等方面与远洋渔业强国差距明显。二是海洋资源的权益争夺亦愈演愈烈,区域性争端和摩擦频发。例如,伴随着欧、美、日等发达国家经济复苏缓慢,水产品需求不振,贸易保护主义盛行,我国水产品出口在连续多年快速增长后出现回落。

(三) 海洋传统产业升级方向与重点

1. 海洋渔业

(1) 加强渔业资源和生态环境的保护与修复。

一是加快推进海洋牧场建设。在规划中的渔业资源养护和生态环境修复区内,通过采用人工鱼礁等工程建设和生物技术,有计划地选择适合海域,营造海洋经济生物适宜的生长环境,开展鱼、贝、藻和海珍品的人工增殖与农牧化增养殖,提高海域生产能力。加大对海洋牧场建设的财政投入力度,积极引导社会资金建设海洋牧场。

二是切实加强渔业资源和生态环境保护。坚持最严格的伏休制度,积极完善捕捞业准入制度,规范渔具渔法。推动渔船减船转产,着力压减海洋捕捞产能。加强渔业生态环境保护,实施近岸海域生态环境监测和评价,全面开展海洋环境污染整治,清理非法或设置不合理的入海排污口,严控各类陆源污染物和船舶油类污染物排放。实行近岸海域养殖容量控制,从源头上减少水产养殖污染。

三是积极发展增殖渔业。加大增殖放流力度,加强增殖放流苗种管理,开展增殖放流效果评估,确保增殖放流效果。积极推进以海洋牧场建设为主要形式的区域性渔业资源养护和生态环境保护。以人工鱼礁为载体,以底播增殖为手段,以增殖放流为补充,加强海洋牧场示范区建设。

(2)构建现代海洋渔业体系。

一是全面改造和提升水产苗种业。围绕现代海洋渔业发展对水产种子种苗的巨大需求,积极发展现代水产苗种业,加强水产良种"育、繁、推"体系建设,全面改造与提升苗种培育硬件和软件设施;扶持种业龙头企业,加强国家级水产原良种场、规模化繁育基地建设,构建完整的苗种繁育体系;开展优良水产种类的遗传育种和苗种改良,提高良种覆盖率;培育建设良种良法示范点;强化水产苗种质量监管。

二是转变水产养殖业的生产方式。优化海水养殖空间布局,完善海水养殖滩涂保护制度;开展海水养殖容量评估,合理确定养殖容量;积极拓展海水养殖空间,支持发展深远海绿色养殖,规划建设深远海大型智能化养殖渔场;加快推进海水健康养殖示范基地建设,积极发展生态健康养殖模式;优化海水养殖品种结构,发展名特优、高附加值、低消耗、低排放品种,调减结构性过剩品种;大力发展深远海养殖装备技术,鼓励关键装备研发和推广应用。

三是调减控制海水捕捞业。优化海水捕捞空间布局,逐步压减近海捕捞的范围和降低近海捕捞强度;调整海洋捕捞作业方式,逐步压减对渔业资源和环境破坏性大的作业类型;严格控制捕捞强度,切实加大捕捞渔民减船转产力度,逐步压减海洋捕捞渔船数量和功率总量;完善全国海洋捕捞准用渔具目录,加快建立健全渔具准入制度,严厉打击使用禁用渔具的非法捕捞行为。

四是规范有序发展远洋渔业。优化远洋渔业产业布局,稳定公海渔业捕捞,严控公海渔船规模;巩固提高远洋性渔业,加快发展大洋性渔业,建设一批远洋渔业综合基地;支持企业通过兼并、重组、收购、控股等方式做大做强,培育一批现代化远洋渔业龙头企业;加快推进老旧远洋渔船更新建造,提升远洋渔业技术装备水平;加强远洋渔业产品深加工,延伸远洋渔业产业链;建立以国家级科研平台为基础的远洋渔业科技与产品研发创新联盟,提升远洋渔业科技创新能力;培育一批国际竞争力强的品牌，鼓励和支持企业申请并取得远洋水产品国际认证。

五是加快发展海洋水产品精深加工业。积极发展海洋水产品精深加工，深度开发利用水产品加工副产物，持续探索海洋水产精深加工新模式；开发新型海水产品加工品，创造新供给满足新需求；加快培育一批市场占有率较高的水产品加工知名品牌。

六是积极发展海洋休闲渔业。加强海洋休闲渔业发展的调查研究，科学制定海洋休闲渔业发展规划；促进海洋休闲渔业合理布局，防止低水平重复建设；深入开展海洋休闲渔业品牌示范创建活动，加快培育一批功能齐全的海洋休闲渔业示范基地，引领海洋休闲渔业全面发展；积极培育垂钓、水族观赏、渔事体验、科普教育等多种休闲业态，引导带动钓具、水族器材等相关配套产业发展；加强宣传推广力度，增强海洋休闲渔业吸引力；加强海洋休闲渔业规范管理和标准建设，引导海洋休闲渔业经营主体标准化生产、规范化经营。

（3）提升海洋渔业科技创新水平。

加强与高等院校、科研机构的对接合作，鼓励产学研协同创新，重点围绕关键技术和瓶颈问题开展联合攻关，突破制约产业发展的关键技术；大力发展海洋渔业科技教育事业，加强涉渔专业和学科建设，深化海洋渔业科研机构改革，创新渔业科技人才培养模式，加快培育渔业科技创新人才、新型职业渔民和渔业实用人才；加强水产技术推广体系建设与改革工作，鼓励各级水产科研院所、技术推广机构、水产原良种场充分发挥各自优势，积极开展养殖试验和推广示范。

（4）提高海洋渔业设施和装备水平。

一是加强渔港基础设施建设。明确渔港功能定位，科学规划渔港建设，优化渔港空间布局；以中心渔港、一级渔港为龙头，以二、三级渔港和避风锚地为支撑，加快完善渔港安全管理和防灾减灾功能；完善渔港配套设施和基本服务功能，延伸渔业产业链条，突破传统渔港建设模式，促进渔港综合开发，提升渔港多元化功能和现代化水平；加快建设智慧渔港，全面提升渔港管理的信息化水平；发挥政府在渔港基础设施建设中的引导作用，吸引社会资本投资经营渔港，形成渔港建设的强大合力。

二是加快渔船更新改造。大力引导和鼓励渔民逐步淘汰老、旧、木质渔船，重点发展现代化大型钢质渔船，有计划地升级改造选择性好、高效节能、安全环保的标准化捕捞渔船；全面提升远洋船队现代化装备水平，加快组建现代化远洋渔业船队；进一步做好老旧渔船报废更新工作，建立完善定点拆解和木质渔船退出机制，严格限制建造对渔业资源破坏强度大的渔船。

三是加强渔业装备研发。加大对新型渔船及其配套装备基础共性技术和关键技术研发的投入，提升渔船装备自动化水平；以高等院校、科研院所和骨干企业为依托，整合优势科研资源，探索搭建研发平台和构建产业技术创新战略联盟；培养一批兼具渔业知识和装备设计制造技术的专业人才队伍，重点围绕渔业装备共性和关键技术开展系统研究。

（5）提高渔业组织化程度和管理水平。

鼓励创新渔业组织形式和经营方式，培育壮大渔民专业合作组织、生产经营大户、家庭渔场和产业联合体等新型经营主体，建立多种形式的利益联结机制，提高渔业组织化程度；鼓励渔民以股份、合作等形式发展联合经营或组建渔业企业，提高渔业组织化程度；大力扶持渔业龙头企业，支持渔业龙头企业通过兼并、收购、重组、控股等方式组建大型企业集团。

（6）加强渔业安全建设。

一是加强安全生产管理。推进"平安渔业""文明渔港"建设，加强渔业安全生产社会化管理；完善渔业安全应急管理体系，制定渔业安全生产应急预案，组织渔业海难救助演练；积极引导渔民进行渔船编队生产作业，加强渔船之间的相互支援和自救互救；加快建设渔船信息动态管理和电子标识系统，尽快普及配备渔船安全生产保障设施。

二是加强海水产品质量安全监管。加强生产源头管理与监控，严格投入品管理，规范养殖用药行为，严打违禁药物使用，确保水产品质量安全；大力倡导和推行水产标准化健康养殖模式；扎实做好"三品一标"

认证工作和监管工作，引导企业牢固树立品牌意识和安全意识；加强产地水产品及投入品监督抽查工作，就突出问题开展专项整治，进一步规范渔业生产者的生产行为；建立水产品质量安全可追溯体系，加强水产品质量安全风险评估、监测预警和应急处置。

2. 海洋交通运输业

（1）去产能。

一是优化船舶运力结构。积极推进老旧运输船舶和单壳油轮提前报废更新政策，严格执行以船龄为标准的船舶强制报废制度；有序调控运输船舶运力增量，鼓励建造新能源动力船舶，提高船舶安全经济、节能环保水平。

二是促进区域港口协调发展。深化和完善区域港口规划布局，防止港口低水平重复建设；加快推动大、中、小港口和五大港口群协调发展，推动区域内港口企业通过合资合作、兼并重组等方式形成统一的港口企业集团，整合区域内的港口资源和提升区域内港口的整体竞争力；及时总结和协调解决港口资源整合中出现的问题，完善相关配套政策措施。

（2）降成本。

以主要港口和航运中心为重点，加快港口专用线及支线项目建设，提升港口铁路集疏运通道能力，构建能力充分、衔接高效的区域港口综合集疏运体系，重点突破铁路、公路进港"最后一千米"；改善集疏运服务质量，提升货物中转能力和效率；积极发展以港口为枢纽的联运业务；加快发展港口多式联运，鼓励港口企业共享铁路、公路、水路多式联运信息；深化港口价格形成机制改革，进一步降低物流成本。

（3）补短板。

一是推动港城联动发展。统筹协调港城规划，进一步处理好港口规划、产业规划和城市规划的关系，深入挖掘港口运营与产业引入、城市管理间的体制机制合作空间，以港口一体化为方向，推进港口、城市和产业的相互融合与和谐共存；以产业集群为支撑，以重点产业、物流园区为载体，加快港口建设，做强临港产业，加速城市发展；创新港城联动体制机制,加快推进港城深度融合、联动发展,促进人流、物流、资金流的加速集聚。

二是大力发展现代航运服务业。鼓励港航企业加强理念创新和自身能力建设,利用现代信息技术手段,加强与相关服务业融合,创新商业模式,优化航运服务;深化改革,激发市场活力,全面推进船代、货代、理货、商务、物流仓储、船舶船员管理与服务等传统航运服务业转型升级;大力发展评估、咨询、信息、法律、海事、仲裁和融资、保险、担保等现代高端航运服务业。

三是推进沿海港区大型化、专业化深水泊位及配套深水航道建设。加快推进深水泊位和深水航道规划建设,优化调整泊位结构;加大对深水航道的资金投入力度,全面提升航道通航等级和通航能力;加快出海航道疏浚拓宽工程建设,满足船舶大型化发展需要;加快深水锚地的规划建设,推动邻近港口深水锚地资源共享;大力推进大型深水集装箱码头、公共原油码头、化学危险品码头以及大型散货码头等重要货类专业化码头建设。

四是加强智慧港口建设。开展智慧港口示范工程建设,加快港口信息化、智能化进程;创新港口物流运作模式,建立全程"一单制"服务方式,完善港口智能感知和数据采集系统,推动"互联网+"港口应用,探索电子运单、网上结算等互联网服务新模式;完善港口物流信息系统与基础数据库,加强大数据分析应用,提升港口作业和物流效率,推进联运信息和物流信息的开放共享与互联互通;加强港口物流公共信息平台建设,推进各种物流信息平台的有效对接;推进与部级信息系统和有关港口行政管理部门信息系统的衔接。

3. 滨海旅游业

(1) 优化旅游产品结构,创新旅游产品体系。

大力开发海洋亲水、滨海观光度假、海洋文化体验、海洋主题、创造性海洋旅游产品等多种类、多层次的海洋旅游产品,增强游客的参与性和体验性;在发展大众旅游的同时,适度开发高端海洋旅游产品,加快建设滨海旅游精品项目；打造开发夜间旅游产品，丰富夜间消费商业，延长游客的逗留时间；开发反季节旅游产品，鼓励发展休闲度假旅游、影视文化旅游、医疗健康旅游、工业旅游、低空飞行旅游和汽车营地等旅游新业态，缓解淡旺季旅游反差；加强培育邮轮旅游、游艇旅游、海岛旅游等新兴海洋旅游产品。

（2）加快"海洋旅游+"产业融合发展。

实施"海洋旅游+"战略，促进海洋旅游与文化、体育、康养、会展、商贸融合，积极培育海洋旅游新业态；保护利用海洋历史文化资源，开发海洋历史文化和乡村旅游项目；挖掘海洋文化资源，打造地方特色鲜明、艺术水准高的旅游演艺品牌产品；开发海洋历史文化、海洋国防文化、海洋科技文化、海港文化、航海文化、海洋民俗文化等系列研学旅行产品，策划开发海洋科学主题公园；促进海洋旅游与培育海洋节会旅游，积极培育新兴节会，培育能够突出海洋优势、城市特色和旅游特质的新兴海洋休闲品牌节会，打造有影响力的区域性国际旅游展会；发展海洋体育旅游，大力发展帆船帆板、游艇、摩托艇、水上滑翔、滑水、动力伞、沙滩运动等项目；促进海洋旅游与康养融合，鼓励各地利用优势康养资源和海洋资源，建设一批康养旅游示范基地，培育康养旅游品牌。

（3）壮大培育滨海旅游龙头企业。

鼓励各类市场主体通过资源整合、改革重组、收购兼并、线上线下融合等投资旅游业，促进旅游投资主体多元化；培育和引进有竞争力的旅游骨干企业和大型旅游集团，促进规模化、品牌化、网络化经营；落实中小旅游企业扶持政策，引导其向专业、精品、特色、创新方向发展，形成以旅游骨干企业为龙头、大中小旅游企业协调发展的格局。

（4）推进滨海旅游公共服务体系建设。

一是加快完善旅游信息咨询服务体系。推动旅游信息咨询中心建设，形成涵盖机场、火车站、地铁站、汽车站、高速公路服务区，以及人流密集区、3A级以上景区、重点滨海旅游点的旅游咨询服务网络；充分利用网络、微博、微信等新媒体，拓宽信息服务渠道，扩大信息覆盖面，提升旅游信息采集及发布效率。二是完善旅游便捷交通服务体系，加快新建或改建支线机场和通用机场，改善公路通达条件。三是完善城市慢行系统的旅游服务功能，优化城市滨海旅游休闲环境。规划建设旅游集散服务中心，完善旅游集散服务功能；完善旅游标识标牌和道路引导系统，推进旅游公共停车场、公共厕所建设；推进智慧旅游发展，加快推进无线网络、多语种无线导游服务等设施建设。

（5）全方位推进滨海旅游营销。

大力实施品牌战略，着力打造特色鲜明的滨海旅游目的地品牌；整合各种营销资源，创新营销方式，强化搜索引擎、微博微信、移动设备、微电影等新媒体创新性宣传推广；实施精准营销，借助大数据平台精准分析重点客源市场、新兴市场的旅游消费需求，深入研究客源特点，科学细分市场，充分运用现代新媒体、新技术和新手段，提高宣传推广精准度；完善营销机制，建立政府、行业、媒体、公众等共同参与的整体营销机制，整合利用各类宣传营销资源和渠道，建立推广联盟等合作平台；加强国内旅游市场宣传力度，加快实施全球化推广战略，鼓励各滨海旅游企业开展针对性强的海外旅游宣传推广和市场拓展活动。

（6）优化滨海旅游人才结构。

大力实施人才强旅战略，加快引进和培养滨海旅游高层次人才，进一步优化滨海旅游人才结构；建立滨海旅游高层次人才引进绿色通道，明确滨海旅游人才引进和培养奖励的相关政策，建立健全滨海旅游人才社会保障体系；继续加大旅游人才队伍建设的财政投入，为滨海旅游人才队伍建设提供服务指导和资金支持；结合滨海旅游发展的人才需求，加快旅游专业结构调整，培养造就一批旅游专业骨干教师和旅游企业实践导师，设立与新业态相关的新型课程或实践内容；加强校企合作人才培养，建立良好的社会实践系统。加强协调指导学校与旅游企业开展合作培训，鼓励社会各方参与多元化的旅游人才开发和培养，探索实施校企合作、产教对接示范项目，探索建设一批示范性滨海旅游人才培训基地。

（四）海洋传统产业升级路径

1. 以创新驱动为引领，培育海洋传统产业转型升级新动力

作为典型的资源依赖型产业，海洋传统产业以地区丰富的海洋资源优势依托，通过对海洋资源进行简单加工以推动产业发展。近年来，由于不合理开发海洋资源，海洋传统产业需要从资源依赖型的发展模式向创新驱动型发展模式演进。一方面，创新驱动型的产业发展模式能够有效降低海洋资源消耗，提高海洋传统产业生产效率；另一方面，创新驱动型的产业发展模式能够实现产业和产品技术含量与附加值的提升，助推海洋传统产业转型升级。

一是支持海洋重大科技创新。紧紧围绕海洋传统产业转型升级的重大需求，重点突破海洋传统产业的核心技术和关键共性技术，以创新链带动产业链，为海洋传统产业转型升级提供强有力的技术支撑。在海水养殖领域，发展深远海养殖装备与技术。在船舶制造领域，加强绿色环保船舶、高技术船舶、设计建造的基础共性技术、核心关键技术、前瞻先导性技术研发，加强船舶配套系统和设备等研制。

二是积极培育创新主体。支持涉海科研机构和院校发展，重点建设一批国家、省部级涉海实验室、重点实验室、工程技术研究中心等科技创新服务平台。强化企业技术创新主体地位，着力培育壮大科技型企业，实施企业研发中心培育计划，鼓励有条件的涉海企业建立海洋科技研发中心、技术中心和实验室。

三是推动海洋科技成果转化。支持涉海企业与海洋科研院所、高等学校联合组建海洋科技研发平台和产业技术创新联盟，加快推动产学研一体化。构建市场导向的海洋科技成果转移转化机制，打通创新与产业化应用的通道。鼓励企业、社会团体和个人创办海洋科技中介机构和服务组织。推进海洋科技成果转化平台建设。规划建设一批涉海众创空间、海洋技术转移中心和科技成果转化服务示范基地，推动海洋科技成果与企业的对接，促进海洋科技成果转化落地。

四是加强海洋科技人才培养。加强海洋传统产业的专业学科建设，提升海洋传统产业的学科教研水平。培养多层次的专业技术人才，加快发展海洋高等教育和职业教育。加大海洋高端人才引进力度，力争在海水养殖、海洋精细化工、海洋矿产资源开发、海洋环境保护及研究等领域形成一批具有自主创新能力的人才梯队，增强海洋传统产业竞争力。

2. 以绿色发展为导向，促进海洋传统产业转型升级

海洋传统产业在转型升级的过程中，亟须改变其长期粗放的发展模式，加快向绿色发展转型。只有坚持以绿色发展为导向，才能摆脱海洋资源短缺的困扰，并实现产业转型与环境保护的和谐发展。

一是加强海洋资源集约利用。有度、有序利用海洋自然资源，提高海洋生物资源利用效率，大力推广高效生态养殖模式；严格执行伏季休渔规定，落实海洋捕捞"零增长"制度和渔船数量及功率指标双控制度，有效保护渔业资源；加大渔业资源增殖放流力度，遏制近海渔业资源衰退势头，恢复渔业资源及生态环境。

二是加强海洋环境综合治理。加强海陆污染综合防治。制订实施近岸海域排污总量控制计划，实施沿海陆域、近岸海域、河口附近海域的污染排放许可证制度。开展重点入海排污口及邻近海域的在线连续监测。加强船舶污染防治，逐步实现运输船舶油类污染物零排放。加强水产养殖和渔港渔船污染防治，逐步减少冰鲜杂鱼饲料使用。加强渔港渔船的监督管理，开展港区废旧渔船、废弃养殖设施清退。严格执行排海污染物监管，严禁溢油、废水和垃圾倾倒，提高海上污染控制水平。

三是强化海洋生态建设和修复。建立海洋生态红线制度，加强对沿海侵蚀性岸线生态整治修复。建立健全海洋资源有偿使用和生态补偿制度，对重点生态功能区生态修复建设加大转移支付力度。以改善海湾生态环境质量为核心，推进重点海湾综合治理，改善近海海水水质，提高自然岸线恢复率，增加滨海湿地面积。

3. "抓龙头、筑链条、建集群"，打造海洋传统产业升级版

一是坚持龙头企业带动，推进龙头企业与中小企业协作配套发展。海

洋传统产业转型升级离不开产业链的延伸和产业集群的形成，而产业链的延伸和产业集群的形成关键要靠龙头企业来带动。因此，龙头企业是海洋传统产业转型升级的关键启动源和引导者。引领海洋传统产业转型升级，首先要充分发挥好龙头企业作为先行者和主力军的示范带动作用。同时，通过龙头企业与中小企业协作配套形成独具优势和特色的产业链和产业集群，对推动海洋传统产业转型升级至关重要，是促进产业链对接、价值链增值不可或缺的重要环节。

二是推动产业链"纵向延伸+横向融合"，加快培育发展全产业链。目前，我国海洋传统产业集中于产业链条的低端环节，产业链条高端的研发设计和精深加工等环节发展欠缺，使得产品附加值较低，深加工和技术密集型产品较少。国际成功经验表明，海洋传统产业转型升级的根本在于从产业链低端转向中高端，在于提高产业发展的质量和效益。只有引领产业链向中高端扬升，才能不断推动传统产业加快转型升级。为此，中国海洋传统产业的转型升级必须注重在产业链上做文章，通过"强链""延链""补链"激发"链"式效应，加快培育发展全产业链。

三是以产业园区为载体，加快推动产业集群发展。推动我国海洋传统产业由分散形态到集中形态是实现转型升级的重要途径。我们应依托海洋产业园区建设，提高优势产业集聚发展水平，培育特色产业集群，不断提升海洋传统产业转型升级的空间集聚度；以海洋经济示范区为引领，加大政策扶持力度，培育壮大现代渔业、港口物流与港航服务、临港石化、船舶工业、海洋旅游等传统海洋产业集群，以产业集聚再造转型发展新动能。

4. 深化对外合作交流，拓展海洋传统产业转型升级新空间

在开放经济下，深化对外合作交流，积极参与全球市场竞争和价值链重构，是引领我国海洋传统产业转型升级的有效途径。积极推进对外交流与合作，有利于促进我国传统海洋产业与国际市场有效对接，让我国优质的传统海洋产业"走出去"，打造以我国传统海洋产业为核心的新型产业链和价值链，迈向全球产业链和价值链中高端。同时，从全球产业链的角度看,开展国际产能合作,通过扩大对外投资和国际贸易等方式将产能从本国转移到其他国家和地区,有利于化解我国部分海洋传统产业产能过剩的问题,助推海洋传统产业转型升级。

在海洋渔业方面,深度拓展水产养殖、加工、远洋渔业、休闲观赏渔业等对外交流合作。加快推进海水养殖的产能合作和技术输出。积极参与海外重要渔港建设、加强国际远洋渔业合作,支持渔业企业在海外建立远洋渔业和水产品加工物流基地。建设一批面向国际市场的水产品交易集散地,形成集水产品购物、旅游、尝鲜于一体,产供销、渔工贸一体化的渔业合作示范平台。在海洋交通运输方面,推进海外航运港口支点建设,加强国际港口间合作,支持大型港航企业通过收购、参股、租赁等方式参与海外港口管理、航道维护、海上救助。加强与"海丝"沿线国家和地区港口经济合作与港区对接,推动电子口岸互通和信息共享。在海洋旅游方面,与周边国家建立海洋旅游合作网络,加快发展国际邮轮旅游,积极推进海洋旅游便利化。重点推进与"海丝"沿线国家和地区的旅游合作,联合推出海上丝绸之路旅游产品,塑造共同旅游品牌,构建营销推广联盟。

二、发展海洋战略性新兴产业

在我国经济进入新常态的关键时期,作为国民经济的重要组成部分,海洋经济也面临着增速下行、结构升级、增长方式转换等多方面挑战。海洋战略性新兴产业作为海洋产业和新兴技术的深度融合,代表着先进海洋生产力的发展方向,具有资源消耗低、综合效益好、节能环保等优势,在推动海洋经济结构转型升级和培育经济发展新动能的过程中起着决定性作用,是推动海洋供给侧结构性改革、实现可持续发展的重要抓手。适应和引领海洋经济发展新常态的供给侧结构性改革,要围绕海洋战略性新兴产业,培育产业新优势,构筑经济新支柱,推进海洋经济发展方式转变和海洋经济结构战略性调整,形成绿色低碳的可持续发展格局。

（一）海洋战略性新兴产业的界定

继 2009 年国务院总理温家宝首次提出战略性新兴产业之后，2010 年，国家海洋局局长孙志辉在《展望 2010，撑起海洋战略新产业》中指出，海洋战略性新兴产业是具有战略意义的新兴海洋产业，界定其为海洋高新技术产业，并指出要推动海洋战略性新兴产业发展成为海洋经济新的增长点。海洋战略性新兴产业首先是一个政策性概念，同时具有寓战略性与新兴性于一体的海洋产业特性，又赋之以丰富的理论内涵。"战略性"体现了我国海洋经济发展的战略需求，关乎经济增长方式转变和产业结构转型升级；"新兴性"区别了其与传统产业在产业规模形成时序上的不同，是随海洋高新技术发展而出的产业。同时，"战略性""新兴性"决定了海洋战略性新兴产业的内涵和范围不会一成不变，必须适应产业发展阶段、符合时代发展特征而适时调整，始终体现国家海洋战略意图，引领海洋经济发展。

作为着眼未来、超越传统的新型产业形态，海洋战略性新兴产业基于国家海洋战略需求，深度融合高新技术和新兴产业，代表着先进海洋生产力的发展方向。随着海洋战略性新兴产业上升到国家战略高度，其产业界定也成为我国海洋经济发展中的重大问题。由于海洋战略性新兴产业提出时间尚短，国内专家学者在研究过程中尚未形成统一的产业界定。参考新兴产业界定的四个条件，即处于产业生命周期前期、具核心竞争力、突破式创新及较高不确定性，同时根据姜江等（2012）、刘堃（2013）、杜军和宁凌（2014）等国内学者的研究，本书将海洋战略性新兴产业界定为，以海洋高新技术为基础，以海洋高新科技成果产业化为核心内容，具巨大的发展潜力、广阔的需求市场以及较大的产业带动作用的海洋产业。

基于海洋战略性新兴产业的界定，在具体产业的选择上，考虑到国家"十二五"规划纲要中提出的"积极发展海洋油气、海洋运输、海洋渔业、滨海旅游等产业，培育壮大海洋生物医药、海水综合利用、海洋工程装备制造等新兴产业"，结合学者关于产业选择的研究成果，并参考发达国家海洋管理部门根据海洋经济产业基础和发展阶段界定的海洋新兴产业（见表6-5），本书选择海洋工程装备制造、海洋生物医药、海洋新能源、海水淡化与综合利用、海洋科研教育管理服务业作为海洋战略性新兴产业。

表6-5 世界海洋强国海洋战略性新兴产业发展领域

国家	发展战略	时间	发展领域
美国	全球海洋科学计划	1987年	重点行业为海洋观测、海洋生物技术、深海开发和海洋空间利用，近期发展海洋工程、海洋生物、海水淡化、海洋新能源等高新技术
韩国	韩国21世纪海洋发展战略	2000年	海洋生物资源开发、海洋能源开发、海洋装备、海水淡化
日本	21世纪海洋发展战略	2002年	海洋矿产资源开发技术、海洋可再生能源技术、海洋生物资源开发技术、海水资源利用、深海技术
澳大利亚	澳大利亚海洋产业发展战略	2003年	海水淡化、海底矿产、海洋替代能源、海洋生物技术和化学品
欧盟	《海洋综合政策蓝皮书》	2007年	海洋可再生能源产业、水下技术与装备产业、生物技术产业、海洋水产养殖业

海洋战略性新兴产业不只是战略性新兴产业向海洋领域的简单延伸，还是我国近期产业结构调整和区域经济布局的重要环节，具有战略性、高技术性等特征。

1. 战略性

海洋战略性新兴产业顺应国家海洋发展战略，是高新科技和新兴产业的深度融合，对海洋经济转型升级、海洋产业结构优化调整及沿海地区经济社会发展具有强大的带动作用。它是国家海洋强国战略的重大抉择，引领海洋经济与海洋产业未来的发展方向，关系到一个国家在世界政治经济竞争格局中的地位和战略行动能力。

2. 先导性

海洋战略性新兴产业具有显著的先导性特征，反映了经济社会发展对产业结构调整的要求，对海洋产业乃至整个海洋经济都存在高度的产业关联性和强劲的带动作用，未来将成为沿海地区的主导产业和支柱产业。海洋战略性新兴产业处于产业价值链的核心环节，产业本身即存在较大增值空间，并且具备资源互补性好、产业互动性强等特点，在投入产出关系上对前向、后向产业具有较高的关联系数，辐射带动作用强。此外，海洋经济与陆域经济存在较强联系，海洋战略性新兴产业将加快海陆产业链布局完善，带动陆域经济快速发展，形成海陆统筹经济联动的局面。

3. 高技术性

海洋战略性新兴产业有别于传统海洋产业的最大特征是高技术性。这种高技术水平的要求，不只限于某一类技术，而是融合了多种尖端技术，是多学科创新的产物，具有相当的复杂性。海洋战略性新兴产业承载的是当今最先进的海洋科学技术，同时代表着未来技术创新的发展方向。在海洋高新技术当中，共性技术、关键技术、海洋基础科学具备准公共物品的性质，存在相当程度的非竞争性、非排他性和正外部性，必须由政府介入或承担。正是由于科学技术的研发突破，海洋战略性新兴产业得以充分高效利用海洋中蕴含着的丰富能源和资源，推动海洋产业结构不断优化。

4. 高风险性

海洋战略性新兴产业的内在动力为高新技术，需要投入大量资金、人力进行研发，但高新技术研发周期长且不确定性高，前期投入损失风险大。同时，海洋战略性新兴产业的潜在需求不确定性较大，在由潜在需求转换为现实市场空间的过程中存在较高变数。若无法准确估测潜在的市场需求，对应的市场不能被清楚而具体地描述，则开发出来的产品无法充分满足消费需求（林书雄，2006）。创新的技术或产品市场风险较大，可能超越于当前市场的需求层次和水平，以至于海洋战略性新兴产业在短期内可能面临需求不足的局面。此外，新技术、新产品的广泛应用存在延滞性，新产品投入市场，初期应用范围较小，打开市场较慢，要实现市场充分应用可能会滞后很久。

5. 海洋性

海洋性是海洋战略性新兴产业有别于其他战略性新兴产业最根本的特征。海洋战略性新兴产业直接利用海洋资源进行生产活动，海洋资源是主要的生产要素，产品直接或间接应用于海洋或海洋开发活动。由于海洋经济的特殊性，海洋资源环境对产业发展存在极强的约束性，海洋战略性新兴产业准入门槛更高，海洋资源开发活动中需要耗费大量资金和技术，技术密集度和资金密集度要远高于其他战略性新兴产业。同时，风险也较其他战略性新兴产业更高，除了要承担创新的技术和产品的不确定性带来的风险之外，还要承担自然风险，面对巨风大浪等自然灾害的威胁，产业发展受海洋自然条件的限制较大。

6. 环境友好性

海洋战略性新兴产业是环境友好的产业，对社会经济发展具有正外部性，反映了国家层面"物质资源消耗少和低碳高效"的发展要求，以及国内学者提出的海洋战略性新兴产业"环境友好"的条件。首先，密集的高技术创新活动有助于提高海洋资源利用效率，增加资源的单位产出，在产出总量一定的前提下可以节约资源。其次，随着科技进步，新的海洋资源被发现并逐步具备开发能力，可以对处于或濒临过度开发的海洋资源进行替代利用，缓解海洋资源与环境的压力。最后，海洋资源开发技术的进步，增强了目标资源获取的准确性和安全性，进而降低特定海洋资源开发过程中对环境的污染和伴生资源的破坏。

（二）发达国家海洋战略性新兴产业发展经验

海洋战略性新兴产业发展始于20世纪中期，伴随着全球海洋战略意识的不断增强，世界各国不断加大海洋产业开发力度，加快海洋科技创新与资源开发利用，持续推进海洋工程装备等海洋战略性新兴产业的培育进程。进入21世纪，新一代电子信息技术、生物技术等新兴技术从陆地到海洋延伸融合，不断加快海洋科技创新步伐，推动以科技创新为基础的海洋战略性新兴产业快速发展，产业规模持续扩大，海洋经济发展层次不断提升。当前，在全球海洋战略性新兴产业格局中呈现出明显的区域集聚效应，美、日、欧等海洋发达国家或地区已经掌握前沿海洋科技，并形成一定的产业集群，海洋工程装备、海洋生物医药、海上风电、海水淡化等海洋战略性新兴产业的产业化步伐不断加快。其中，美国在海水淡化、海洋油气开发等领域，日本在海水淡化、海洋生物医药等领域，欧盟在海洋油气开发、海洋可再生能源等领域具有显著的产业优势。

综观全球，海洋经济发达国家之所以能在战略性海洋新兴产业的发展上取得先机，在诸多领域占据重要地位，很大程度上得益于政策、科技、财政、人才等对产业发展的大力支持。

1. 加大政策支持力度

海洋经济发达国家高度重视海洋经济发展，成立专门管理机构，负责主持战略性海洋新兴产业的相关事宜，包括组织推动国内海洋科技研发和产品化、向公众普及海洋知识、协调产业发展过程中的内部矛盾等。同时，各国根据自身产业发展阶段和产业特点，在国家层面制定发展政策和规划，确定战略性海洋新兴产业的发展方向和运作模式，有效地规范和促进了本国海洋战略性新兴产业的发展。例如，美国制定了最能反映当前海洋科技创新需求的战略规划《绘制美国未来十年海洋科学发展路线——海洋科学研究优先领域和实施战略》和《美国海洋大气局2009—2014战略计划》，日本陆续出台《海洋开发推进计划》《海洋科技发展计划》和《深海钻探计划》，英国制定了《海洋能源行动计划》来引导和促进海洋可再生能源发展。

2. 重视支持海洋科技研发与成果转化

海洋新兴产业对高新技术的依赖程度要远高于其他战略性新兴产业，海洋经济发达国家采取多种措施，大力支持海洋科技研发，并积极推动科技成果转化。一是加大对海洋科技研发的财政投入。例如，日本2007年在开采海底锰结核矿的技术研发方面的预算就达到3.36亿元人民币，海洋油气田勘探费用达 37 亿元人民币。二是构建包含政府科研机构、大学研究所、企业研发中心、私人研究机构在内的多层次科研体系。例如，澳大利亚政府组建澳大利亚海洋科学研究所、联邦科学与工业研究组织等大型海洋科技研发机构，联合其他研究机构和企业开展跨学科跨部门的研究。三是海洋基础研究与应用技术并重。例如，美国开展系列海洋基础科学研究计划，推动深海资源开采和海洋医药领域等海洋应用技术取得显著进展。四是建立科技园，依托产学研的一体化机制推动产品研发和技术成果转化。例如，美国组建全国海洋资源技术总公司专门负责海洋产业的产学研联盟，日本政府出台政策建立"连锁的自主创新体制"，以促进大学和研究机构的基础创新、企业的产业化生产、市场需求三者的紧密结合。

3. 创造需求推广海洋产品

市场推广是海洋战略性新兴产业实现产业化的重要环节。某些新兴产品或新兴服务由于未能跨过发展初期的"需求峡谷"，以至于发展缓慢甚至逐步消失。因此，海洋经济发达国家积极扶持战略性新兴产业的推广应用。一是采取以政府采购为主的扶持方式。例如，美国的采购法案即支持美国政府采购本国高新技术。二是普遍通过财政补贴和税收优惠等政策，对生产商和消费者给予扶持，降低产品价格和购买成本，帮助海洋战略性新兴产业的产品在价格上取得与传统产业同等的竞争力，进而打开市场局面。三是通过强制的行政命令。例如，美国国会通过法案强制推动海洋新能源的使用，要求电力公司使用包括海洋新能源在内的可再生能源的比例达总发电量的 60%。

4. 建立多层次融资体系

战略性海洋新兴产业具有高投资性、高风险性及周期性较长的特征，资金支持是产业发展的必要保证。为此，发达国家通过财政投入、产业基金和银行信贷等多种方式，形成多层次金融体系对海洋战略性新兴产业提供投融资服务。一是通过财政补贴、贴息贷款等方式为产业提供发展资金。例如，日本开发银行和进出口银行为船舶与海洋工程装备制造业提供的政策性融资占到产业总融资额的 50%~80%。二是设立专门的引导性产业投资基金和产业风险基金,引导社会资本,包括金融机构和私人资本,共同为海洋新兴产业提供资金融通。例如,韩国政府专门组建半官方的"高新技术投资保险公司"出资2000亿韩元设立风险基金,为风险企业提供资金。

5. 注重海洋人才培养

海洋人力资源是最重要的资源,是海洋经济发展的动力之源。战略性海洋新兴产业的发展,需要大量高科技人才作为坚强的发展后盾。海洋经济发达国家高度重视海洋管理人才和专业技术人才的培养。美国和澳大利亚等国家在教育体制内建立了系统的海洋人才培育体系,从幼儿园到大学,形成了一个完整的人才生产链,为海洋新兴产业的发展源源不断地输送各种人才。同时,建立合理有效的人才激励机制,通过为海洋科技人才提供优质的研发环境、丰厚的薪酬奖励等措施来激发高科技人才的积极性和创造性,并将研发职能与商业职能分离,保证研发人员能安心从事纯粹的科研活动,对科技人才的研发能力与创新能力进行有效保护。

6. 合理开发海洋资源

海洋经济发达国家在发展海洋战略性新兴产业的过程中,采取资源的合理利用与环境的绝对保护并行的策略来保护海洋生态环境。发达国家在发展海洋经济的过程中也出现过生态环境恶化、海洋资源破坏等情况,因此,在发展海洋经济的同时,格外注意并严格控制经济发展对海洋资源的使用和海洋生态环境的影响。例如,韩国出台《韩国21世纪海洋发展战略》,提出扩建水处理设施等多种措施来创造干净安全的海洋环境;同时,韩国政府建立海洋环境政策管理系统以防治海洋污染,保护海洋环境;并在海洋污染严重阻碍海洋渔业发展之时,通过"海洋养殖清洁计划"来处理污染区域。

(三) 海洋战略性新兴产业发展重点方向与领域

长期以来,我国海洋经济形成以海洋渔业、海洋交通运输业和滨海旅游业等传统产业为主体的产业结构,海洋战略性新兴产业发展较为滞后,对海洋经济的带动作用比较有限。20世纪90年代之后,国家对海洋经济的重视程度逐步加强,海洋战略性新兴产业发展进程加快,尤其是自2010年海洋战略性新兴产业发展规划制定出台之后,随着沿海经济带、蓝色经济区及海洋经济创新发展区域的建设,我国海洋科技实力不断增强,部分领域甚至达到国际先进水平,海洋战略性新兴产业规模稳步增长。

2010—2017年,我国海洋战略性新兴产业行业增加值由8934亿元增加至20332亿元,年均增速达到12.50%(见图6-3)。海洋战略性新兴产业对海洋经济的贡献也持续提升,占海洋经济的比重由2010年的23.24%增加至2017年的26.20%。

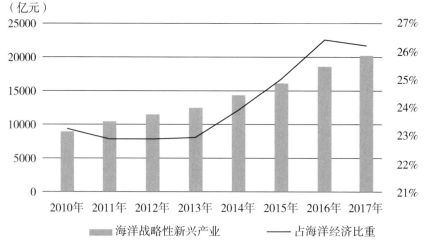

图6-3 2010—2017年海洋战略性新兴产业行业增加值①

注:数据来源于《中国海洋统计公报》2016—2017。

海洋战略性新兴产业的行业增加值主要由海洋科研教育管理服务业贡献。2017年,海洋战略性新兴产业行业增加值为20332亿元,其中海洋科研教育管理服务业增加值为16499亿元,占比达81.15%。作为海洋战

---

① 受限于数据来源,此处海洋高端装备制造产业增加值为海洋工程建筑和海洋船舶工业增加值之和。

略新兴产业中的第三产业,海洋科研教育管理服务业 2010—2017 年间在海洋战略新兴产业中的占比维持在 74.22% 以上。其次为海洋工程装备制造业,2017 年的行业增加值为 3296 亿元,占比为 16.21%;海洋生物医药业增加值为 385 亿元,占比为 1.89%;海洋电力业和海水利用业行业增加值分别为 138 亿元和 14 亿元,在海洋战略性新兴产业中的占比均不足 1%(见图 6-4)。

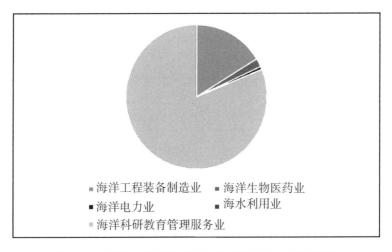

图 6-4　2017 年各海洋战略性新兴产业行业增加值结构

注:数据来源于《2017 年中国海洋经济统计公报》。

整体来看,虽然我国海洋战略性新兴产业已经形成一定产业规模,在海洋工程装备制造、海洋生物医药等重点领域取得突破,但受海洋科技、海洋开发利用资源与空间进程等因素制约,我国海洋战略新兴产业发展还存在一些问题。一是我国海洋战略性新兴产业基础薄弱,产业规模较小,难以对海洋产业结构调整产生带动效应。虽然海洋战略性新兴产业对海洋经济的贡献度持续提升,但海洋工程装备制造的核心技术和关键配套的国有化率还较低,海洋生物医药业仍以生产海洋功能食品为主,海洋新能源受制于成本效益,产业化仍亟待突破,海洋战略性新兴产业对海洋经济的支撑作用尚未凸显。2017 年,海洋战略性新兴产业在海洋经济中的占比也仅为26.20%,对海洋经济的贡献率尚有较大提升空间。二是我国海洋战略性新兴产业发展缺乏区域协调和交流合作,甚至进行激烈的低端竞争。由于缺少国家层面的统筹规划,未形成专业的区域产业分工机制和产业合作机制,各沿海省份产业定位和发展方向趋同,引致了区域间产业项目重复建设,处于较低端环节的装备制造能力在短期内大幅提升,但产业链高端的装备设计能力未实现突破,导致产能结构性过剩和区域间低端竞争。

1. 海洋工程装备制造业

海洋工程装备制造业是为水上交通、海洋资源开发及国防建设提供技术装备的综合性和战略性产业,是国家发展高端装备制造业的重要组成部分,是国家实施海洋强国战略的基础和重要支撑。

我国海洋工程装备制造业需加强自主创新、明确发展重点,以进一步拓展高端产业环节,优化产业布局,持续提升我国海洋工程装备的国际竞争力。

一是提升技术创新能力。加快海洋工程装备研发中心、测试基地、海上试验场等创新平台建设,着力关键共性技术攻关,推动设备自主设计与制造。创建国际研发合作平台,通过引进吸收再创新,加强深层次自主研发,提升我国海洋工程装备开发设计能力和制造技术水平。推动新一代信息技术在海洋工程装备领域的应用,积极推进物联网、云计算、大数据等新兴技术助力海洋工程装备实现自动化、智能化发展。

二是明确产业发展重点。把握海洋资源开发需求,重点发展先进装备制造、高技术船舶与特种船舶、关键配套设备。

关于先进装备制造,应推动深水半潜式钻井平台、大型浮式生产储卸油装置(FPSO)、固定式海上液化天然气存储气化平台(PSRU)、张力腿平台(TLP)、柱状式平台(Spar)等油气开采装备的研发应用,加强大功率海上风电设备研发制造,发展大中型海水淡化工程高效节能核心装备。

关于高技术船舶与特种船舶,应支持超大型集装箱船、大洋钻探船、超大型气体船、深海采矿船、浮标作业船、大洋综合资源调查船、海底管线巡检船、多功能物探船、超大型矿砂船等高技术船舶的设计和制造,发展深远海多功能救助船、大型远洋打捞工程船、高性能公务执法船、多功能应急保障船、极地物探船、极地科考破冰船等特种船舶。

关于关键配套设备,应攻关双燃料发动机等船用动力系统与关键配套设备,开发尾气处理装置等环保装备,开发通讯导航、动力定位、物探、锚拖带作业等关键设备和系统,推动甲板和舱室设备、辅助自动驾驶系统、无人装卸作业系统、钻井系统、大功率激光器等实现集成化和智能化。

2. 海洋生物医药产业

海洋生物医药产业是海洋供给侧改革的发展重点,对实现技术创新、推动海洋经济结构调整、缓解我国资源瓶颈压力具有重要意义。

一是加快技术发展。依托海洋生物医药产业基地,建设海洋生物技术和海洋药物研究中心、基因资源库、微生物物种资源库、药物资源库和海洋生物样品库,推进海洋生物产业公共服务及创新平台建设。加快研究生物资源开发技术,开展深海生物基因资源研究,加强重要海洋动植物和微生物基因组及功能基因、海洋生物药用及工农业用功能基因、海洋经济动植物及其病原微生物重要功能基因等技术研发,抢占海洋生物基因资源的制高点。加强海洋生物医药技术研究,研究开发预防性及治疗性疫苗等新兴生物提取技术,积极探索海洋生物资源新物质和海洋生物制品新功能,发展新型诊断试剂、治疗性和诊断性抗体、新型生化药物、化学合成新药、中间体与制剂、再生医药材料等。积极发展高技术育种,提升涉海科研机构研发能力,拓展海洋生物研究领域。

二是明确产业发展重点。充分利用丰富的海洋生物资源,重点研发生产海洋药物、工业海洋微生物产品、海洋生物功能制品及海洋生化制品。大力发展高技术、高附加值的海洋生物医药新产品,开发安全有效、具有自主知识产权、市场前景广阔的海洋新药物,重点开发抗肿瘤、抗心脑血管疾病、抗病毒等海洋创新药物,积极开发海洋生物制品和海洋保健品。

加快开发海洋生物酶制剂、海洋生物制品基料、海洋生物型临床保健制品、海洋活性化妆品、海洋绿色农用生物制剂和促生长制剂等海洋生物功能制品，推进海洋生物医药关键技术产业化。大力发展海洋生物育种和健康养殖，尤其是医用海洋动植物的养殖和栽培，建设海洋生物育种和健康养殖集聚区，推进海洋生物种质保护。

3. 海洋新能源产业

在能源转型和应对全球气候变化的压力下，海洋新能源凭借开发潜力大、可持续利用、绿色清洁等优势，成为世界各国争先发展的重要领域。

海洋能源资源按存在形式和开采技术，可分为三大类：第一类是传统的海底化石能源，如煤炭、油气等；第二类是海洋可再生能源，包括潮汐能、波浪能、海流能、温差能、盐差能、生物质能以及海上风能等；第三类是海洋非常规能源，包括可燃冰、页岩油气、海底重稠油和干热岩等。本书研究的海洋新能源包括第二类的可再生能源和第三类的非常规能源。

我们应大力创建海洋能国家重点实验室和工程实验室，推进"政产学研用创"紧密结合，搭建海洋新能源科技创新服务平台，着力关键共性技术突破，加快技术共享、转移、扩散，并推动创新链与产业链耦合，构建完善海洋新能源产业技术创新体系。探索建立由政府引导扶持，以主机厂商、勘察设计企业、安装施工企业联合作为主体的海上风电全生命周期研发公共平台，积极开展移动测风、漂浮式海上风电机基础、远距离海上风电输电等关键核心技术研发。

关于海上风电，应充分利用海上风能资源，科学布局海上风电项目。加强海上风电输电规划，完善配套基础设施，提高气象保障能力，加强电网并网技术研究。积极发展离岸风电项目，推动产业集群发展，打造海上风电高端准备制造基地、海上风电运维和科研及整机组装基地、海上风电设计创新研发基地，着力攻关大功率风电机组及关键零部件、漂浮式海上风电平台装置、风电场智能开发与运维、海上风电场施工等领域的关键技术。加快海上风电相关示范项目建设，扶持与农渔业兼容发展的潮间带风电建设，开展南海台风多发海域试验风场研究，积极推动海上风电项目开发建设，从勘察设计、风机制造、安装施工等全生命周期角度探索降本增效的措施。

关于海洋能，应加强海洋能资源勘查，选划海洋能利用空间，优化产业发展环境，促进海洋能开发、装备制造及测试服务企业孵化，建设近岸万千瓦级潮汐能电站、近岸兆瓦级潮流能电站、海岛多能互补独立电力系统等示范工程，加强潮流能、波浪能等海洋能综合利用示范电站建设，积极推进产业化进程。

关于生物质能，应在保护海洋生态的基础上，探索发展高通量优质藻种选育与改造技术，重点发展海藻生物质采收技术及设备，着力发展海藻油脂提取生物酒精的转化技术、微生物发酵制备甲烷技术、海藻生物燃料的加工炼制技术，推动海洋微藻制备生物柴油和氢气的海洋生物质能产业化。

关于天然气水合物等非常规能源，加快建设天然气水合物国际合作研发中心、勘查开发技术孵化中心和国家工程实验室，着力开展天然气水合物钻采和储运关键装置、开发环境原位检测多元数据融合预警、多功能钻探专用船型等关键技术研发；成立勘探开发企业，全力推进天然气水合物资源勘探、试采和商业化开发，强化产业链上下游配套，加快形成天然气水合物勘探、勘察、钻采、生产、储运、支持服务等环节的完整产业链；推动超低渗油、稠油、致密油、页岩油、页岩气等非常规资源勘探开发；加快推进万吨级半潜式起重铺管船、海上大型浮式生产储油系统、非常规油气勘探开发技术装备等重大装备研发。

4. 海水淡化与综合利用产业

海水淡化与综合利用作为水资源的重要补充，是优化用水结构、缓解淡水资源紧张、保护生态环境的重要途径，对我国经济社会可持续发展具有重要战略意义。

我们应成立海水淡化与综合利用创新平台，重点加快海水淡化技术突破，加强海水淡化科技基础研究，着力于海水淡化关键设备、工艺、技术、材料的研发，加强海水淡化、海水循环冷却、海水化学资源提取等技术集成,扭转关键技术受制于人的局面,提高海水淡化自主创新能力和核心竞争力。加快研发和推广海水淡化与综合利用的技术、工艺和装备,推进海水淡化综合利用关键技术产业化,积极打造淡化海水、生活海水、工业海水三大产业群。

关于海水淡化,应提高海水淡化技术自主化水平,实施海水淡化科技产业化工程,开展产业化技术和政策示范,支持城市利用海水作为生产生活用水,实施沿海缺水城市海水淡化民生保障工程。推动海水淡化水进入水源、市政供水系统或用于调水的供水体系,鼓励并支持沿海城市、园区、海岛组织实施大规模海水淡化产业示范工程。

关于海水直接利用,应严格限制淡水冷却,在沿海地区大力推动海水冷却技术在沿海高用水行业的规模化应用。围绕电力、化工、石化等重点行业,推广直接利用海水作为工业用水;结合高耗水行业节水改造和新建项目,推广应用海水循环冷却。

关于海水综合利用,应推动海水化学资源综合利用,积极开发精细化工产品,加强海水提取钾、溴、镁等系列产品的综合应用。

5. 海洋科研教育管理服务业

海洋科研教育管理服务业是指在开发、利用和保护海洋过程中所进行的科研、教育、管理及服务等活动,包括海洋信息服务业、海洋科学研究、海洋技术服务业、海洋教育等多项内容。

关于海洋信息服务业,应加强海洋信息技术的自主创新能力,搭建海洋信息技术公共服务平台,促进海洋信息技术装备自主研发与应用,推动具有自主知识产权的新一代长航程、高智能的移动观测装备产业化;推动海底移动组网技术创新,加快研发形成具有高灵敏度和高稳定性的海洋动力环境、海洋水质和生态环境监测等智能传感器,支持船载智能终端等高端海洋电子设备和系统研发、海洋水声通信系统建设。依托"一带一路"开放平台,加强海洋信息化体系建设:一是建立并完善海洋基础数据库,推动海洋信息数字化、统一化和标准化,统计汇集海洋地理、海洋环境等数据,并进行制度化、常态化对外发布,提升海洋环境专项预报水平,加快海洋咨询与论证机构建设。二是加快海洋信息网络建设,统筹海洋大数据平台建设,提升海洋大数据获取、分析、应用能力,提高科研信息的可获得性和成果的有用性,发展海洋信息服务业。三是强化海洋灾害监测和防御能力,建设集海洋执法、防灾减灾、海洋环境监测、海域动态监管于一体的监测基地,形成海洋防灾减灾协作机制,提高海洋信息的预警功能,减少海洋灾害的危害性。

关于海洋技术服务业,应发展电子计算中心、科技合作促进中心、科技投资担保机构、知识产权促进中心及一批专利代理、技术创新、科技孵化、科技咨询、科技传播、人才培训、成果转化推广等科技服务。支持设立科研机构,支持科技服务市场化,引导科技服务业以规模化、专业化、品牌化、产业化模式运作。

关于海洋科研教育,应建立综合性海洋教育制度。一是重视基础海洋教育和终生海洋教育,并贯穿于教育的各个阶段,内容从基本知识教育到专业海洋知识教育甚至到特种海洋知识教育,强化海洋意识和海洋国土知识教育。二是优化高等教育结构,合理配置教育资源,有序调整专业设置,不断提升海洋高等教育水平。引导涉海院校发挥各自的优势建设优势学科,优化专业结构;鼓励涉海院校创新海洋人才培养模式,加强对海洋人才的多学科交叉混合培养,培养复合型的海洋人才;提高海洋人才培养要求,提升海洋人才质量。三是重视海洋职业教育,对接海洋人才市场需求,引导职业院校调整海洋专业设置并扩大海洋人才培养规模,根据企业要求完善培训体系,提高人才培养的针对性,强化"订单"合作的长效性,从而实现技能型海洋人才的连续、稳定供给。四是鼓励海洋研究机构建立海洋研学重点实验室,支持涉海机构联合建立海洋教育实践活动基地,为海洋意识和海洋国土知识教育提供平台,抢占海洋科技教育制高点。

(四) 海洋战略性新兴产业发展路径

当前,世界主要沿海大国均把维护国家海洋权益、发展海洋经济、保护海洋环境列为本国的重大发展战略。美国 1999 年提出的《回归海洋：美国的海洋未来》的内阁报告即强调了海洋是保持美国实力和战略安全整体中不可分割的一部分。在科技革命与产业变革浪潮下，21 世纪新一轮的海洋竞争是以高新科技为依托的海洋军事、经济、科技的综合实力竞争，海洋科技水平和创新能力在未来的国际科技竞争中将占据主导地位。在地缘政治关系复杂多变、海洋权益争夺愈演愈烈的背景下，我们应发展科技为引领、创新为驱动的海洋战略性新兴产业，培育处于全球海洋产业链高端、引领海洋经济发展方向的先进海洋经济产业集群，以拓展海洋经济发展新空间，实现海洋经济的跨越式发展，在新一轮世界海洋经济布局中抢占先机。

1. 加快关键核心技术突破

掌握关键核心技术并逐步获得科技主导权是海洋战略性新兴产业发展的关键所在。我们要以创新驱动、军民融合和中国标准"三大战略"为指引，采取自主创新与引进模仿再创新"两条路径"，加快海洋战略性新兴产业核心关键技术突破。

（1）以"三大战略"为指引。

一是创新驱动战略。围绕海洋强国建设目标，以国家重大战略需求为导向，积极整合科技资源，强化基础研究与应用基础研究，加快关键核心技术攻关，重点突破海洋经济升级转型所亟须的核心技术和关键共性技术，引领海洋科技创新实现跨越式发展。

二是军民融合战略。以军民深度融合为核心，着力关键共性技术研发，大力发展军民两用技术，通过军转民、民参军等方式加强军工企业与民营企业的技术交流与合作，加强资源共享、优势互补，持续强化协同创新能力。在海洋工程装备等海洋战略性新兴产业领域，实施军民融合重大工程，加快船舶和海洋工程装备等新技术、新产品的研发应用，军民科技互通互融，创新海洋经济与国防建设的协调发展模式。

三是中国标准战略。坚持"技术专利化、专利标准化、标准国际化"原则，加快海洋战略性新兴产业关键技术布局，加强知识产权申请和保护，特别是国际专利申请。整合优势资源，建设海洋战略性新兴产业标准体系，搭建海洋标准信息服务平台，积极推行海水淡化标准体系、海洋测绘基准体系等"中国标准"，加大我国海洋战略性新兴产业技术和产品标准的国际话语权。

（2）"两条路径"相结合。

路径一：以技术创新战略联盟模式，推动产业自主创新。

为加强科技的进步和提高科技成果转换率，应建立健全海洋战略性新兴产业技术创新战略联盟模式。以地方政府为主导，建设以海洋企业为主体、以涉海高校及科研院所等科技力量为依托、以现代企业制度为规范的三位一体的新型产学研模式，积极推动海洋企业、高校等科研机构联合建设多方结合的海洋产业技术创新战略联盟，促进产学研各方在战略层面建立持续稳定的合作关系。制定完善相关配套政策、法规，建立面向市场需求的产学研紧密结合的运行机制，整合产业技术创新资源，立足产业技术创新需求，开展联合攻关，形成一个完整的创新系统。

一是加快推进技术创新平台建设。夯实产学研合作基础，围绕打造结构完善、布局合理、从国家到地方的多层次海洋技术创新平台体系，就重大关键共性技术进行系统化研究。支持涉海企业与高校等科研机构交流合作，鼓励涉海企业与科研机构联合开展关键共性技术攻关，降低企业技术创新的风险和成本。充分发挥技术创新平台技术创新、扩散和协调的三大功能，提升我国海洋战略性新兴产业的自主创新能力。

二是发挥企业技术创新的主体功能。完善产学研合作机制，建立一体化合作渠道，引导科研力量更多地流向企业，实现产业链与创新链有效对接，在关键技术、共性技术等领域进行协同创新，着力突破产业发展的技术瓶颈。激发企业技术创新主观能动性，鼓励企业建立技术中心等研发机构，支持大型企业建设高水平技术研究中心进行产业前沿重大关键共性技术攻关，中小企业合作建设特色型技术研究中心以支持企业自身的技术创新与产品开发，形成大、中、小企业协调发展的产业创新体系。

三是加快关键共性技术的重点突破。要推动海洋战略性新兴产业创新组织集中优势创新资源,发挥优势,积极开展协同创新。加强科学引导和调控,促进海洋战略性新兴产业企业制定产业技术创新规划,依据自身优势,围绕海洋战略性新兴产业技术发展重点,选准关键技术作为突破方向,通过技术创新战略联盟开展联合攻关,尽快形成一批具自主知识产权的新技术、新产品,不断提高关键技术、产品及设备的国产化率。

路径二:以国际合作模式,推动模仿学习再创新。

除了自主创新,对于海洋新能源、海水综合利用等技术尚不成熟的战略性新兴产业外,还应加强国际合作,引进先进技术,通过消化吸收进而模仿创新,提高技术创新的起点。

一是加快产业技术学习与创新步伐,不断提升外围技术模块的高端渗透能力。瞄准国际海洋战略性新兴产业的创新前沿精准发力,加快嵌入海洋强国主导的产业技术创新网络,不断追赶先进海洋新兴产业技术,缩短核心关键技术实现部分乃至整体突破的周期。加快技术创新链的整合,通过海洋战略性新兴产业非核心的相关技术的引进学习再创新,增强海洋战略性新兴产业关键核心技术的技术学习与再创新能力。

二是充分把握"一带一路"建设机遇,从海洋强国引进先进技术、设备和复合型人才,在模仿学习的基础上,研发更适用于我国海洋环境的新技术、新产品和新设备,推动我国涉海企业成长为核心关键技术的主导者和供应商。加强国际合作项目和组织参与,重点拓展与海洋强国中著名海洋研究机构的合作关系,增加重大项目和工程计划,在国际合作中不断增强我国的海洋科技力量,实现国际合作和强强联合。

三是建设完善外资引入平台,以高新技术产业为桥梁,通过外资引擎带动我国海洋战略性新兴产业的国际化发展,推动我国海洋战略性新兴产业向技术链、价值链的高端不断攀升。

2. 整合资源要素,优化产业布局,促进产业集群发展

我们应加强统筹规划,整合资源要素,优化产业布局,以海洋科技产业园为平台,推动海洋战略性新兴产业集聚发展,培育形成一批特色鲜明、品牌突出、协同高效、竞争力强的特色产业链和优势海洋产业集群。

（1）加强顶层设计，做好区域统筹规划。

一是明确各区域海洋产业的发展定位，因地制宜选择产业发展方向和基本模式，避免盲目扩大产业规模及进行低质重复性建设，突出不同区域海洋战略性新兴产业的专业化分工，形成各具特色与优势的区域化发展格局。

二是探索环渤海、长三角、珠三角三大产业集聚区的协作交流机制，建立全国性或区域性产业联盟，联合海洋战略性新兴产业行业重要研发机构、海工企业与检验机构、用户单位等，倡导相互持股和换股，构筑利益共同体，加强科研开发、市场开拓、业务分包等领域的深度合作与交流。

三是构建海外交流合作机制，大力推进与"一带一路"沿线国家和地区的海洋产业开展合作，进行优势互补、协同发展，推动我国海洋战略性新兴产业的产业链不断向"一带一路"沿线国家和地区延伸。

（2）集聚资源要素，加快海洋科技产业园建设。

为充分发挥"马歇尔外部性"，促进海洋战略性新兴产业在区域内实现投入共享、劳动力共享及知识溢出，我们应以海洋科技产业园为产业平台，打造创新能力强、创业环境好、产业链完善的海洋战略性新兴产业基地，促进产业集群集约化发展。

一是集聚创新要素，加快科研成果转化。产业园可以引进知名高校、科研院所等机构，加快集聚领军人才、研发机构、大企业集团研发中心等创新要素，打造海洋战略性新兴产业公共研发平台、产品展示与技术交流平台，推进产学研合作一体化，促进园区内技术流动与创新协同，高标准建设战略性海洋新兴产业成果转化推广平台，加快技术成果转化与应用推广。

二是建立海洋战略性新兴产业项目库、专家库，谋划、引进一批对行业整体水平提升具有关键主导作用的优势企业和重大项目落地园区：一要以技术生项目，通过关键技术突破催生新的科技项目，对接需求企业推动项目做大做强；二要以人才引项目，采用合作开发、技术入股、委托开发以及共建或无偿提供试验基地等模式引进人才，发挥高端人才在项目实施和推动上的"裂变效应";三要以项目带动项目,发挥重大项目的带动示范作用以及园区内产业集聚效应,带动新项目、引进新企业,形成良性循环,不断优化产业结构。

三是建立行业技术研发、检测标准及知识产权、海域使用权流转交易等公共服务平台,完善各项基础设施配套建设,提供全方位服务。鼓励技术服务业的发展,重点支持技术研发、信息咨询、创业孵化、技术交易和转移、专利代理、技术成果转化等技术服务业,为海洋战略化新兴产业提供技术转让、研发设计、信息咨询、人才培养等服务。

(3)加强产业融合,培育全产业链的海洋新兴产业。

着力发展信息化与工业化融合、新兴技术间的相互融合、制造业与服务业融合、战略性新兴产业的海陆融合、海洋战略性新兴产业的相互融合等五大融合衍生的新业态。以"互联网+""数字经济"等推动产业融合,重构海洋战略性新兴产业价值链,推动产业创新发展,培育"全产业链"海洋战略新兴产业。

一是加快建设"互联网+"海洋战略性新兴产业创新中心,将互联网思维和技术融入海洋战略性新兴产业的产业链条,积极发展海洋生物医药技术系统、海洋能源互联网等"互联网+"海洋战略性新兴产业,对海洋基础设施进行数字化、网络化、智能化升级。

二是推进数字经济与海洋工程装备、海水淡化与综合利用等产业融合发展,开展智能工厂、数字化车间培育建设试点,建设智能制造公共技术支撑平台,支持海工企业实施智能化改造,加快发展海洋战略性新兴产业智能化基础制造与成套装备。

三是实施"互联网+"行动和大数据战略,完善新一代信息基础设施,深化与互联网核心企业战略合作,推动海洋公共领域大数据应用,建设海洋大数据综合试验区。

3. 建立成果转化及资源配置机制,提高产业化效率

基于市场需求,建立科技成果转化机制和竞争性资源配置机制,推动技术成果转化应用,提高海洋战略性新兴产业的产业化效率。

(1) 以市场为导向,构建科技成果转移转化机制。

市场需求是海洋战略性新兴产业形成发展的推动力。我们应针对应用需求进行技术创新和产品研发,根据效益原则建设海水淡化等海洋战略性新兴产业工程项目,充分发挥市场的资源配置作用。积极构建以市场为导向的战略性海洋新兴产业科技成果转移转化机制,打通科技创新与成果的产业化应用通道。建设技术转移中心及科技成果转化服务示范基地,不断推进以战略性海洋新兴产业企业为主体的科技成果转化体系建设。支持社会团体、科研院所、企业及各类中介组织等在内的各类主体参与海洋科技创新成果的推广应用,通过各类主体的专业化服务,不断推动海洋战略性新兴产业重大科技成果的转化应用。建立完善技术产权交易市场,加快专利技术交易扩散,通过市场的力量推动创新成果转化。

(2) 创造消费需求,加强海洋科技成果推广应用。

由于海洋新能源、海洋淡化水等海洋战略性新兴产业应用成本较高,较难形成有效的市场需求,因此,政府需结合海洋战略性新兴产业特点,进行支持和引导。加强对居民消费理念的引导,提升消费市场对海洋战略性新兴产业技术和产品的接受度,加快新技术、新产品的应用推广。通过财政补贴或者税收优惠等政策鼓励新技术、新产品、新设备的购买应用,降低产品生产或消费成本,刺激市场需求。完善政府采购机制,加大政府采购力度,支持鼓励自主创新产品的研究和应用,优先采购国内海洋战略化新兴产业的自主创新产品。对海洋新兴技术或产品采取长期价格保护,或者要求公共领域或机构用户进行消费,增加新技术或新产品应用,带动海洋战略性新兴产业市场空间持续扩大。实施品牌化战略,结合海洋战略性新兴产业优势,创造主打品牌,通过品牌效应推动产品消费,带动市场发展。

(3) 建立竞争性资源配置机制,提升产业发展效率。

政府应主导建立竞争化的科研资源配置体系,在海洋战略性新兴产业的研究主体之间竞争性地配置人才、资金等要素资源,在技术创新及成果转化等方面均鼓励企业参与竞争,通过市场选择商业化模式和产业化路径，形成以市场为导向的产业基础，降低新技术产业化风险，提高产业发展效率。

在金融资源配置方面，推动海洋科技金融发展，打造海洋"创新生态链"。一是加快建立战略性海洋新兴产业投融资新机制，以实现海洋科技与金融资源高效对接。搭建海洋战略性新兴产业金融服务新平台，构建覆盖创新链条全过程的海洋科技金融服务体系，形成包含天使投资、创业投资、担保资金和政府产业投资基金、银行信贷等在内的多元化、多层次、多渠道投融资格局。二是支持银行等金融机构加大信贷资金投放力度，完善海洋新兴产业风险补偿及分担机制，加大金融创新，开发担保融资、科技保险、航运保险、知识产权质押、企业IPO等新型海洋科技金融工具，创新海域使用权抵（质）押贷款制度。三是加快海洋科技创新资源与产业资本、金融资本的融合，打造创新、产业与资本三链融合的海洋"创新生态链"，加速海洋科技创新成果转化，为培育壮大海洋战略性新兴产业提供技术引领和支撑。

在人才资源配置方面，通过培养、引进和国际合作等多种方式，加快创新型海洋人才队伍建设。一是加大对海洋高等教育的投入力度，支持涉海高校调整优化学科专业布局，加强涉海专业学科建设，提升我国海洋基础学科教研能力及水平。二是建立人才培养与企业需求精准对接机制，发展订单制、现代学徒制等多元化培养模式，鼓励海洋企业设立科研工作站和创新实践基地，引进培养科研团队和高层次领军人才。三是搭建海洋人才交流服务平台，为涉海企业的人才引进工作提供高效服务，通过"靶向引才"等方式在高端人才培育引进、分配激励等方面实现突破，促进各层次科技人才向涉海企业汇集。

第六章 海洋经济转型与升级

第四节 制度创新与有为政府

制度是推动海洋经济供给侧结构性改革的核心因素和关键变量。随着海洋开发活动的不断深入，海洋经济发展的制度供给问题凸显。一方面，良好的海洋生态环境、高品质海洋旅游产品和绿色安全海洋水产品供给不足，供给结构已不适应需求结构的快速变化；另一方面，低端海洋产业重复建设和产能相对过剩，占据了大量稀缺的海域及海岸线资源。同时，海洋资源环境供给约束力不断加大，导致海洋产业发展的支撑潜力持续收紧。当前，海洋经济发展体制机制性障碍还相当突出，制度性交易成本居高不下，严重影响海洋产业的转型升级，海洋经济快速发展引起的潜在风险与不确定性因素逐渐增加，致使海洋经济量大质低的特征明显。

一、海洋经济的政府行为与制度逻辑

在海洋经济的发展过程中，政府与市场的关系典型表现为"强政府 + 弱市场"的形态。这种形态的典型特点是不对称的，政府主导了海洋资源开发、利用与保护的多数活动，且政府依据海洋固有特点及自身管理海洋的需求供给了绝大多数的制度。之所以会出现这种状态，主要是由于海洋自身固有的特点，特别是复杂性和不确定性，推动了政府主导地位的形成，具体表现为：

首先，海洋资源与生态的公共物品属性，容易产生"公地悲剧"。海洋经济是以资源开发、利用与保护为基础的资源型经济形态，与陆地资源相比，海洋资源具有普遍的公共物品特性，具有非排他性和非竞争性，诸如海水的流动性导致海洋水体资源、生物资源、能源资源等海洋资源难以确立排他性的产权关系。海底矿藏、海洋土地、海洋空间等海洋资源虽然

具有固定的位置,可以进行产权划分,但是在现实中多以公权(国有或集体所有)的形式存在。这种产权特征大大增加了海洋资源实现高效配置的难度。[1] 如果将海洋资源完全交由市场配置,多数情况下会出现市场失灵,比如海洋资源过度开发、海洋生态环境恶化等。按照公共物品理论,政府是供给公共物品、解决市场失灵的最主要主体,因此,由政府主导海洋资源开发、利用与保护的制度供给是必然选择。

其次,海洋开发利用的不确定性,需要制度创新主体有足够的能力降低风险。对于人类而言,海洋的大部分还是一个未知的世界。海洋的探索和认知需要陆地经济发展到一定程度,拥有资金、技术基础后才能开展。而多数海洋活动对技术要求高,需要投入的资金比陆地活动大得多,预期收益不明确,从而增加了海洋开发利用的风险。此外,海洋灾害频发,对海洋开发活动影响巨大,比如台风会直接影响海洋渔业捕捞活动、海上油气开发以及运输等。当不确定性存在的时候,创新就成为必要的了。[2] 而政府的参与,如提供政策性资金支持、补贴政策等可以降低投入的风险、减少海洋开发利用的不确定性,提升市场主体参与的积极性。

再次,海洋的复杂性特征需要提供更多的制度保障。海洋是一个复杂的系统,具有多层次、多组合、多功能、连通性、不可分割性等特性,[3] 海洋系统的各种资源要素、生态要素相互联系、相互影响,紧密结合在一起,如果某种资源过度开发或者不合理开发,必然会影响整体海洋的变化。例如,天然气水合物作为一种新型能源已经进入计划商业开发阶段,而多数天然气水合物埋藏于海床之下,受到水压、海床等多种物理、化学、生态因素的影响,如果开发技术不纯熟,可能引发海底地质灾害、海

---

[1] 都晓岩、韩立民:《海洋经济学基本理论问题研究回顾与讨论》,载《中国海洋大学学报(社会科学版)》2016年第5期,第9~16页。

[2] 汪丁丁:《制度创新的一般理论》,载《经济研究》1992年第5期,第69~80页。

[3] 都晓岩、韩立民:《海洋经济学基本理论问题研究回顾与讨论》,载《中国海洋大学学报(社会科学版)》2016年第5期,第9~16页。

底大量温室气体涌入大气以及环境危机。另外，海洋开发利用是由人类主导的，任何海洋变化都离不开人类活动的足迹。到目前为止，人类活动已经对海洋造成了严重的影响，包括渔业资源过度利用、海洋环境污染等。因此，要实现海洋经济的快速健康发展，必须建立适应海洋复杂性的制度约束与激励体系。

最后，市场发育不完善。不同于陆地资源开发，人类对海洋的认识、利用与开发起步较晚，到目前为止，还远未达到全部认识海洋的深度和广度。此外，海洋经济的要素市场发展缓慢，海洋科技成果转化率低，资本市场处于初级阶段，金融支持海洋经济的方式和产品发育缓慢，海洋保险市场还处于探索阶段，若干市场性的制度与规范尚未建立，市场不能有效地发挥资源的基础性配置作用。

上述问题在很大程度上可以通过政府主导的制度创新进行解决和突破，可以说，在诸多影响海洋经济的变量中，制度是关键变量。制度因海洋经济发展需求而产生，又催生新的知识创新、海洋管理创新、海洋技术创新和海洋产品创新，形成新的产品与产业形态，推动区域及国家经济的发展。因此，通过政府主导的制度创新，为市场的发展提供制度性的保障，进而发挥市场配置资源的决定性作用，为海洋经济的正常运行"保驾护航"，可以有效降低风险，提高海洋经济发展的质量和效益。

海洋经济起源于人类对海洋资源的需求。从人类对海洋的利用以"兴鱼盐之利、行舟楫之便"开始，便形成了最初的海洋经济活动。直到改革开放前，中国的海洋经济主要以海洋渔业、海洋交通运输业以及旧式的修造船业为主。改革开放后，在国家的高度重视以及地方政府的主导与推动下，各类海洋活动蓬勃兴起，海洋经济迅速发展，随之而来的海洋产权制度、海洋要素配置调节机制、海洋生态环保制度等逐步建立和完善。可见，海洋经济是随着人类对资源需求与发展空间约束的认知而逐步发展起来的，海洋经济发展中的制度也是随着人类对海洋的开发、利用与保护逐步建立和完善的。那么，海洋经济发展中的制度供给或制度创新为什么会出现？制度经济学家将这一问题归结为要素相对价格的变化，即预期收益超过成本时,制度创新就会产生。例如,科斯(1979)认为:"预期的净收益超过预期成本时,一项制度安排就会被创新。"汪丁丁(1992)①认为,之所以会产生制度创新,是因为出现了以前没有的新事物,随之产生了利润,进而产生制度上的需求,制度创新就成为必然。从动态的角度看,制度创新是持续发展的,制度创新完成后,与经济发展相匹配,在要素相对价格发生变化后会进入下一个不稳态,即新的制度创新过程,以此持续创新。

"有效市场"与"有为政府"并非同时存在。就海洋经济而言,海洋的复杂程度与不确定性以及人类对海洋的认知水平、海洋开发的技术手段等限制了市场的发育程度,导致在多数情况下,政府的制度创新的主导程度明显大于市场有效性程度,海洋经济发展的制度创新表现出不同的特点。(见表6-6)

表6-6 不同发展阶段的制度创新

发展阶段	政府与市场关系	制度供给	作用对象
初期阶段	政府主导,市场辅助	战略、计划、财税与金融制度、法律法规等	技术、企业、组织、产业等
成长阶段	政府主导,市场先行	制度环境,产权、科技、金融	技术、企业、组织、产业等
成熟阶段	政府辅助,市场主导	制度环境,产权、科技、金融	技术、企业、组织、产业等

(1)初级阶段。在这个阶段,基于人类对资源与空间拓展的需求,海洋开始进入人类经济社会发展的关注领域,然而,海洋资源多远离陆地,人类认知有限,因此,需要进行勘探开发海洋资源的工具与技术,这就需要政府提供激励性的政策并提供法律法规等制度性的保障来促进海洋经济发展。因此,这一阶段海洋经济发展的主要动力应来自政府扶持和引导,市场则处于初级发育阶段,各要素对海洋经济贡献有限。

---

① 汪丁丁:《制度创新的一般理论》,载《经济研究》1992年第5期,第69~80页。

（2）成长阶段。进入成长阶段后，随着资金、技术等的逐步积累，滨海旅游、海产品加工、包装、储运等后继产业呈现出加快发展的趋势，海洋生物工程、海洋石油、海上矿业、海洋船舶等海洋第二产业也随之进入高速发展阶段。[①] 在这一阶段，市场机制作用逐步发挥，但尚未进入"有效市场"阶段，政府依然处于主导地位。政府制度创新的主要着力点是适应快速发展的海洋经济，进行体制机制调整，并在产权制度、要素市场发育的推进制度等方面供给制度。

（3）成熟阶段。在此阶段，各类要素已经发育成熟，市场机制在海洋经济发展中已经起主导作用。在这一阶段，政府制度创新主要是供给与市场机制运行有关的制度，包括技术创新政策、产业结构优化与高级化发展政策、金融与海洋融合政策等。

二、我国海洋经济的制度创新

"认识海洋、利用海洋、经略海洋"是一个逐步深入和完善的过程，是人类福利效应不断优化及与海洋和谐互动不断深化的过程，也是制度持续创新的过程。自新中国成立以来，海洋在我国经济社会中经历了从军事斗争前沿到经济发展前沿的演化过程，海洋经济逐渐发展壮大，已经成为国民经济的重要增长极。从这一演变过程来看，政府在制度创新层面发挥了重要作用，其作用可概括为：内容由简单到复杂、范围由小到大、性质由统治性和保卫性向管理性和服务性转变。

（一）初期阶段（1949—1980）

新中国成立后到改革开放的30年间，中国一直将海洋定位为海防的前线，政府制度创新的主要任务是保证国家军事斗争和国家安全，表现

---

① 张静、韩立民：《试论海洋产业结构的演进规律》，载《中国海洋大学学报（社会科学版）》2006年第6期，第1~3页。

为：一是通过海军建设，加强海上入侵防御能力。强调建设强大的海军、保卫海防安全是我国海上防卫的一贯政策。二是通过海关建设加强国家海岸出入境管理。[①] 为适应海洋发展的需要，1964年成立了我国第一个海洋事务管理的专门机构——国家海洋局（SOA），其职能仅限于海洋科研调查、海洋资源勘探等，具体事务是由中国海军代为管理的。1978年后，国家海洋局被划分为国务院海洋管理的专门机构，但由于行政建制及"重陆"传统的影响，海洋经济仍未获得足够的重视。

（二）成长阶段（1980年至今）

党的十一届三中全会以后，政府的工作重心转向经济建设。随着对外开放的开始，我国海洋事业进入了全面发展的新时期，海洋经济管理领域虽然仍然延续分散管理体制，但是各个涉海行业部门管理的工作内容开始发生变化。

1. 海域使用制度

适应于海洋空间拓展的需求以及生态环境保护的要求，政府不断强化对海域使用的管理。自20世纪80年代以来，我国先后颁行一系列有关海洋管理与海域使用制度的法律法规，包括《中华人民共和国海洋环境保护法》（1982年颁行）、《中华人民共和国海上交通安全法》（1983年颁布）、《中华人民共和国矿产资源法》和《中华人民共和国渔业法》（均为1986年颁布）、《中华人民共和国海域使用管理法》（2001年颁布）、《海洋行政处罚实施办法》（2003年颁布）、《中华人民共和国物权法》（2007年颁布）、《中华人民共和国海岛保护法》（2009年颁布）等。其中，《中华人民共和国海域使用管理法》是海域使用管理中最主要的法律之一，而《中华人民共和国物权法》首次明确了海域使用权的用益物权性质。此外，国务院和其有关部委、各地方人民政府还颁布有不少行政法

---

① 李晓蕙、韩园园：《我国海洋管理政府职能演化特征》，载《海南大学学报（人文社会科学版）》2015年第11期，第48～54页。

规、部门规章、地方法规,以配合和完善上述法律的执行和实施。① 海域使用制度的建立和完善,有利于海洋资源开发、利用与保护的规范,有利于为海洋经济发展提供良好的秩序,促进海洋经济快速发展。

2. 产业发展政策

从政府的角度看,提供有利于海洋产业发展的政策是其作为制度创新者的主要任务。按照海洋产业政策对产业发展的作用领域、范围、形式和效果等方面的不同,概括起来,产业政策主要有以下 4 种类型:海洋产业技术政策、海洋产业结构政策、海洋产业布局政策和可持续发展的海洋产业政策(于谨凯、张婕,2007)。受海洋开发技术水平限制以及海洋产业发展成长阶段制约,相应地,海洋产业政策的制定和实施也是随着海洋开发的深度和广度不断推进而逐步呈现的。在 20 世纪 80 年代,当海洋资源开发还集中于渔业、运输、盐等易获取型资源时,海洋产业政策主要以如何推动这些产业的发展为主。到 21 世纪后,海洋资源开发逐步深入,新兴海洋产业开始出现并迅速成长,政府的海洋产业政策就逐步转向以如何优化传统产业、推动传统产业为主,如《全国海洋经济发展规划纲要》《国家"十一五"海洋科学和技术发展规划纲要》《国家海洋事业发展规划纲要》《全国科技兴海规划纲要(2008—2015 年)》《海水利用专项规划》《可再生能源中长期发展规划》《船舶工业调整与振兴规划》《国家深海高新技术发展专项规划》等。

3. 海洋环境保护

利用制度解决海洋经济发展与生态环境保护的矛盾是政府制度创新的重要内容。自 1982 年我国颁布了《中华人民共和国海洋环境保护法》开始,海洋生态环境保护就成为政府推进海洋工作的重点内容之一。在海洋开发过程中,遵循"海洋生态保护优先"理念,先后实施了《海洋工程环境影响评价管理规定》《全国海洋功能区划(2011—2020 年)》等制度性规范,以减少人类活动对海洋生态系统的影响。进入 21 世纪以来,我

---

① 杨潮声:《海域使用权制度研究》,吉林大学博士学位论文,2011 年。

国相继出台或修订了《中华人民共和国海洋环境保护法》《中华人民共和国海域使用管理法》《中华人民共和国海岛保护法》《中华人民共和国深海海底区域资源勘探开发法》等法律，以及《防治海洋工程建设项目污染损害海洋环境管理条例》等20余部配套法规，形成了相对完备的海洋生态环境法律体系。而随着国家生态文明建设的推进，在海洋领域也形成了若干法律法规及规划，如《中共中央国务院关于加快推进生态文明建设的意见》《全国海洋主体功能区规划》《全国海洋功能区划（2011—2020年）》《海岸线保护与利用管理办法》等，有效地约束了海洋生态系统的破坏性行为，有利于海洋生态环境的健康发展。

此外，为维护海洋生态的健康和安全，政府也积极推动海洋生态红线制度的建设。《中共中央国务院关于加快推进生态文明建设的意见》提出"严守资源环境生态红线，科学划定森林、草原、湿地、海洋等领域生态红线"。《关于全面建立实施海洋生态红线制度的意见》和《海洋生态红线划定技术指南》的发布标志着我国海洋生态红线划定工作全面启动。[①]《国家海洋局海洋生态文明建设实施方案（2015—2020年）》则提出在全国建立海洋生态红线制度，将重要、敏感、脆弱的海洋生态系统纳入海洋生态红线区管控范围并实施强制保护和严格管控。

4. 海洋科技政策

党和国家高度重视海洋科技，先后颁布和实施多项海洋科技政策与规划（见表6-7）。特别是党的十八大以来，注重统筹国内国际两个大局，按照"创新、发展、协调、绿色、共享"理念，围绕海洋科技总体发展顶层设计、分领域国家专项规划、地方海洋科技实践、海洋科技管理体制创新，提出了一系列推动认识海洋、经略海洋、促进海洋科技发展的重大政策，有力促进了中国海洋经济发展，成为建设海洋强国、落实国家创新驱动战略的有力支撑。

---

① 周玲玲等：《中国生态用海管理发展初探》，载《中国海洋大学学报（社会科学版）》2017年第6期，第24～29页。

第六章 海洋经济转型与升级

表6-7 代表性海洋制度与政策

	分 类	文 件	内 容
海洋环保制度	海岛保护	《国家海洋局关于印发〈无居民海岛开发利用审批办法〉的通知》	文件规定了无居民海岛的基本利用原则，具体审批及批复登记规定
	海洋环境保护	《国家海洋局关于印发〈海洋赤潮信息管理暂行规定〉的通知》	文件规定赤潮信息管理的基本原则，赤潮信息的汇集和处理原则与流程，赤潮信息的发布渠道和内容等信息
	海洋海岸工程	《国家海洋局关于进一步加强海洋工程建设项目和区域建设用海规划环境保护有关工作的通知》	通知要求各地方政府认真做好海洋工程建设项目环境影响报告书的核准工作，严格审查建设用海规划环境影响专题篇章，加强海洋工程建设项目和区域建设用海规划监督检查
海域使用权制度	海域使用	《国家海洋局关于印发〈海域使用权管理规定〉的通知》	文件规定了海域使用权申请审批，海域使用权论证，海域使用权转让、出租和抵押，招标、拍卖，处罚事项
	海洋功能区	《国家海洋局关于印发〈海洋功能区划管理规定〉的通知》	文件规定了海洋功能区划分的基本原则，如何进行海洋功能区划的编制，海洋功能区划的审批和备案，海洋功能区划的实施的实施方法等方面评估和修改，海洋功能区划的实施方法等方面
	海域管理	《关于加强区域农业围垦用海管理的若干意见》	文件强调了区域农业围垦用海管理的重要性，要求建立完善科学的区域农业围垦用海管理制度，要求规范规划范围内用海项目的管理工作
	海洋执法	《国家海洋局关于印发〈中国海监海洋环境保护执法工作实施办法〉的通知》	办法规定了海洋执法中的辖区管理问题，层级管理问题和执法过程中的检查内容，检查方式以及案件处问题

续表 6-7

分 类		文 件	内 容
海洋产业政策	海洋科研	《国家海洋局关于印发〈国家海洋局青年海洋科学基金管理办法〉的通知》	文件规定了基金的资助范围：海洋科学基础研究和应用基础研究、基金的大小、申请条件、申请程序、评审方法和实施及管理方法
	海洋防灾预警	《国家海洋局关于印发〈全国海洋预报视视频会商暂行办法〉的通知》	文件要求建立海洋预报月（周）视频会议制度和海洋灾害预警报应急视频会商制度，规定了组织主体、参与主体和具体的会议流程安排
	海洋产业	《国家海洋局关于印发〈海洋可再生能源发展"十三五"规划〉的通知》	文件从我国的发展现状和形势需求出发，在党的指导思想下，确定海洋可再生能源发展的主要目标、基本布局；明确了海洋可再生能源发展的重点任务
海洋科技政策	总体规划	《全国科技兴海规划（2016—2020）》	提出了中国到 2020 年科技兴海的总体目标和重点任务
		《"十三五"国家科技创新规划》	该规划对中国深海技术、海洋农业技术、海上风电技术、船舶制造技术以及海洋领域的基础科研进行了规划和部署
		《"十三五"海洋领域科技创新专项规划》	明确了"十三五"期间海洋领域科技创新的发展思路、发展目标、重点任务和保障措施
		《国民经济和社会发展第十三个五年规划纲要》	提出"发展海洋科学技术，重点在深水、绿色、安全的海洋高技术领域取得突破"，"加强海洋资源勘探与开发，深入开展极地大洋科学考察"
	专项规划	《中国制造 2025——能源装备实施方案》	提出到 2025 年前，中国将形成具有国际竞争力的较完善的能源装备产业体系，引领装备制造业转型升级

200

续表6-7

分类	文件	内容
海洋科技政策 专项规划	《可再生能源发展"十三五"规划》	提出中国将积极稳妥地推进海上风电开发，推进海洋能发电技术的示范应用
	《海洋可再生能源发展"十三五"规划》	提出"十三五"时期，将以显著提高海洋能装备技术成熟度为主线，着力推进海洋能工程化应用。到2020年，海洋能开发利用水平显著提升，科技创新能力大幅提高，核心技术装备实现稳定发电，形成一批可靠的技术装备产品，工程化应用初具规模，标准体系初步建立
	《全国海水利用"十三五"规划》	提出"十三五"时期要扩大海水利用规模，提升海水利用创新能力。到2020年，海水利用实现规模化应用，自主海水利用核心技术、材料和关键装备实现产品系列化，国际竞争力显著提升新能力、标准体系进一步健全，产业链条日趋完善，
	《"十三五"国家战略性新兴产业发展规划》	提出要超前布局空天海洋技术，打造未来发展新优势。增强海洋工程装备国际竞争力，推动海洋工程装备向深远海、极地领域发展。发展海洋创新药物。大力推动海水资源综合利用。加快海水淡化及利用技术研发和产业化，提高核心材料和关键装备的可靠性、先进性和配套能力
	《"十三五"生物产业发展规划》	提出"支持具有自主知识产权、市场前景广阔的海洋创新药物，构建海洋生物医药中高端产业链"，"开发绿色、安全、高效的新型海洋生物功能制品"，"深度挖掘海洋生物基因资源"，"推动海洋生物材料等规模化生产和示范应用"

三、海洋经济制度创新路径

在供给侧结构性改革的背景下,有为政府的制度创新和制度供给,需要紧扣海洋领域供给侧改革的需要,结合海洋开发、利用与保护的特点和规律,重点解决海洋经济发展中存在的结构性、体制性矛盾,处理政府与市场的边界。海洋经济发展中的制度创新路径包括两个方面:一是如何塑造有为政府,使政府在海洋经济发展中发挥本职功能;二是设计有利于激发海洋经济各要素发挥作用的制度,推进海洋经济的增长与可持续发展,形成能够激发海洋经济"有效市场"的制度结构。

(一)政府主导作用发挥与职能转变

新结构经济学的"有为政府"理论认为,有为政府要适应经济结构动态变迁的需求,积极改革政府的组织结构与管理模式,以适应经济增长、产业发展与技术进步的结构性变迁。有为政府自身的改革有两个层面:一是自身的机构改革,建立有为型的政府;二是界定政府与市场的有效边界,正确发挥政府的"保姆"功能。

首先,健全的海洋经济发展的顶层设计对于制度创新至关重要。制度变迁理论认为,形成制度变迁过程首要的是要形成"第一行动集团",即在整个权力中心的最高层、决策制定者是制度创新的"第一行动集团"。从我国海洋管理体制顶层设计来看,从1963年设立国家海洋局开始,到2013年设立国家海洋委员会,再到2018年的国家机构改革,撤销国家海洋局,国家海洋局的职能分别并入自然资源部和生态环境保护部,进一步明确了海洋的资源、生态功能,从体制上保证了海洋经济发展中的制度创新主体的地位。目前,要真正发挥政府制度创新"第一行动集团"的作用,需要加强政府自身能力建设。一是要充分发挥国家海洋委员会具有较高规格和层次的海洋管理机构与组织的作用,制定和完善科学合理、可持续、具有一定前瞻性的总体战略性质的政策与规划。二是要建立完善从上到下、较为集中的海洋经济管理体制机制，包括完善的海洋管理机构、科学的联动协调工作机制。同时，辅以培育、发展和完善能够参与海洋管理、配合政府海洋工作的社会中介机构或具有较强服务性、公益性的海洋服务组织，改变目前海洋经济管理体制较为分散、单一的情况，加强涉海规划的衔接，继续推进"放管服"工作。三是完善海洋经济监测评估工作，提高监测评估能力，保障海洋经济运行，充分发挥引导社会预期、参与和服务决策的作用。

其次，完善法律法规、行业发展政策，为海洋经济发展提供良好的市场环境。从制度创新角度看，政府是法律法规制度的供给方，市场行为主体是法律法规制度的需求方和接受方，政府供给完善的法律制度能够保障海洋经济的良好运行。从现行海洋经济的法律法规需求看，政府应该在海洋产权建立与完善、海洋资源管理、海洋科技研发与成果转化、金融支持海洋经济发展等方面提供法律法规与政策，建立竞争有序、公平公正的市场环境。

最后，陆海一体化的制度创新。陆地系统和海洋系统在地理与生态上无法保持独立性，两个系统相互影响，共同构成了独特的陆海相互作用界面。然而，陆海一体化规划的一个根本障碍是缺乏支持自然资源管理机构的协调，通常是由不同的机构、部门或团体来管理海洋和陆地自然资源。[1] 这就需要统一性的机构来协调不同利益相关者的利益，同时提供陆海一体化的制度，以确保陆海产业的耦合发展、陆海生态环境的协同保护与治理。

（二）制度要素创新路径

海洋经济是一个系统，由若干要素组成，包括从海洋中获取的要素、

---

[1] Jorge G, Alvarez-Romero, et al. "Integrated Land-Sea Conservation Planning: The Missing Links". *Annual Review*, 2011, 42: 381 – 409.

在海洋中开发的要素和投入于海洋的要素①，并以此为基础形成了核心与外围的海洋经济活动。其中核心的是人类获取海洋资源或者利用海洋资源形成的经济活动，包括渔业、油气、生物医药和海上交通运输等，而外围的经济活动则主要是支撑和促进核心海洋经济活动的手段，包括科技、资本金融等。核心与外围的海洋经济活动相互影响、相互关联，共同构成了海洋经济体系。而在海洋经济核心—外围活动中，产权制度是根本，是规制和约束各类经济活动的核心；科技和资本是支撑要素，是加速海洋资源开发、推动海洋经济增长的动力；海洋的生态功能是海洋经济有别于其他经济活动的重要特征，也是海洋经济活动中不可或缺的要素。

1. 海洋产权制度

产权制度是有为政府制度创新的核心内容之一。设计符合海洋资源开发、保护与利用规律，能激发参与主体积极性的制度，是政府制度创新的首要任务。《中共中央 国务院关于完善产权保护制度依法保护产权的意见》中明确提出了要进一步完善现代产权制度。对于海洋经济领域而言，由于长期的"重陆轻海"的认知，海洋领域产权制度建立较晚，海域资源的市场化配置进程缓慢，影响了海洋经济要素的有效配置。目前，海洋资源已经被纳入自然资源体系，实行国家统一管理。然而，海洋资源有别于其他自然资源，其公共产品性非常强，不确定性和复杂性更高，需要政府在制度创新时设计差异化的制度。具体来讲，要以海域资源国家所有为基础，建立和完善包括海洋资源资产产权（含海洋物质资产、海洋环境资产、海洋能源资产、海洋无形资产等），涉海企业、事业或其他单位的普通资产产权（含非资源性涉海实物资产产权、非实物资产产权），海洋知识产权与专有技术，海洋排污权、排放权等在内的占有/使用权，以及收益和处置等的产权制度。

---

① Park K S, Kildow J T. "Rebuilding the Classification System of the Ocean Economy". *Journal of Ocean and Coastal Economics*, 2014 (1).

（1）建立和完善海域资源市场化配置机制。明晰海洋（域）资源的产权，合理评价海洋资源的资产价格，完善海洋资源与环境的市场定价机制，形成有效反映海洋资源环境需求与供给特点的价值机制；推进海洋资源的市场化交易平台建设，规范完善海域资源市场化配置一级市场和二级市场，推动海域使用权的流转，推进海洋公共产品、重大项目的市场化配置进程，提高海洋资源的使用效率。

（2）健全海洋产权的监督机制。于广琳认为，海域资源的利用如果缺乏市场机制，则行政审批式的配置模式极易滋生腐败，推进以海域使用权招标拍卖为核心的海域资源市场化配置是从源头防治腐败的有效途径。[①] 因此，需要健全海洋资源市场化配置的制度建设，加强行政监察和效能监察，着力解决行政不作为和乱作为问题；建立定期考评制度，对市场化配置项目的实际效果进行科学评估。

2．海洋科技创新制度

创新是海洋经济发展的原动力。海洋资源一般位于浅海或者深远海，远离陆地，开发利用时需要工具或技术手段支撑，而深海大洋的资源开发需要的技术手段更复杂，科技集成要求更高，对政府推动科技创新带来挑战。

（1）海洋科技创新体制。多年以来形成的科技体制渗透到社会的每一个领域，海洋领域也不例外。"重微观、轻宏观"的模式不适应海洋科技创新，海洋科技体制改革需要从顶层上设计，进行整体性的科研体制设计，强化海洋科技资源的统筹与整合，切实提高海洋领域重大科技工程的组织与运行，确保国家海洋整体性开发的推进。

（2）科技创新主体培育和发展制度。有效激发市场主体参与创新是现代市场经济的发展动力之一，也是提高经济运行效率的有效手段。海洋经济活动的风险高、投资高、利润不确定性等导致企业参与发展的积极性

---

① 于广琳：《推进海域资源市场化配置，从源头防治腐败》，载《海洋开发与管理》2010 年第 2 期。

不高，技术创新进展缓慢。因此，需要政府引导和鼓励企业逐渐成为技术创新的主体，通过财政补贴、金融支持、激励性税制、科技计划等手段鼓励企业增加科技投入，促进研发，确立企业在海洋科技类项目中的主体地位，保护其合法性与有效地位，提升企业参与创新的积极性。

（3）产学研合作制度。产学研被认为是促进科技创新成果转化的最有效方式，它能够将高校科研院所与企业紧密联合起来，共同促进科技创新。在海洋经济领域，政府在不同的阶段应发挥主导与辅助的作用，推动形成若干产学研联盟，提供机制化的保障和制度化的法律法规，促进海洋科技的协同创新。

3. 金融支持海洋经济发展的制度

金融是实现资源优化配置和海洋经济发展的重要手段。由于海洋资源的特点、科技创新需求等，通过金融的资源配置功能，能够引导生产要素向海洋领域流动，通过"资本积累"和"技术创新"等途径①，实现海洋资源的优化配置，促进海洋经济增长。在现代金融支持海洋经济发展中，政府与市场相互结合是主要方式，政府提供制度环境与政策工具，市场提供资金和业务，共同促进海洋经济发展。

首先，构建金融支持海洋经济发展的制度环境。政府应重点在现有的组织体系内专设涉海金融管理机构，同时设置政策性金融机构，推动形成相对成熟的市场金融主体，健全涉海金融监督和管理政策，完善涉海金融法治规范、信用制度等，形成健全的金融支持海洋经济的组织制度、监管系统与基础设施等制度环境。中国人民银行和国家海洋局等八部委曾联合印发《关于改进和加强海洋经济发展金融服务的指导意见》，尝试进行顶层设计和政策引导。

其次，根据海洋经济的特点，制定和设计金融支持海洋经济发展的政策。针对海洋经济的风险程度高、前期投入大、预期效益不明显等特点，

---

① 李靖宇、任浓燕：《论中国海洋经济开发中的金融支持》，载《广东社会科学》2011年第5期，第48～54页。

政府应制定多项鼓励性和优惠性的政策,支持银行、信贷、社会资本等参与海洋资源开发与利用。支持建立包括银行信贷、资本市场(股票融资和债券融资)、股权投资基金、信托、小额贷款、融资性担保、融资租赁等非银行金融以及民营资本共同参与的涉海金融体系;利用金融工具和金融政策,推动对海洋经济产业结构和企业结构的优化;积极支持金融机构利用信息优势和产业培育经验,提供海洋经济发展所需的市场信息、技术信息、企业成长等方面的帮助。

最后,海洋灾害的防灾减灾需要保险市场的介入,政府应在海洋保险、担保等风险控制性金融方面提供鼓励性和优惠性政策支持发展。

4. 海洋生态文明制度

海洋生态系统为人类经济社会发展提供了大量直接或间接的利益,已经成为海洋经济发展中不可或缺的部分。海洋生态文明就是尊重海洋自然规律,提升资源利用效率,实现人类与海洋和谐相处,最终推动海洋经济可持续发展的重要保障。推进海洋生态文明建设,必须有完善的制度体系作为保障。沈满洪等提出了生态文明制度构建的框架,认为生态文明制度包括强制性制度、选择性制度、引领性制度。[①] 本章以此框架为基础,认为政府在海洋生态文明建设应该提供的制度包括:

(1)强制性制度。政府应构建完善的海洋生态管理结构与体制,深入推进海洋生态红线制度,制定严格的产业进入与退出政策,以维护海洋生态系统的稳定性,化解和防范海洋生态系统损害,提升海洋生态系统服务功能。

(2)选择性制度。政府应提供包括海洋环境税收、海洋生态补偿、海洋环境金融、海洋资源环境交易等在内的制度,严格约束海洋开发与保护行为,逐步形成稳中有序的海洋经济发展秩序,提升海洋经济的发展质量。

---

① 沈满洪等:《2016浙江生态经济发展报告:生态文明制度建设的浙江实践》,中国财政经济出版社2016年版。

（3）引领性制度。建立和完善海洋生态文明建设的奖惩机制，引导企业与公民积极保护海洋，推动绿色、低碳、循环的海洋消费方式，促进海洋经济健康发展。

第七章

广东省海洋经济发展现状与环境

作为海洋强国建设的排头兵，广东省对海洋经济发展高度重视。中国共产党广东省第十二次代表大会提出"建设海洋经济强省，打造沿海经济带，拓展蓝色经济空间"的战略目标，省委十二届二次全会进一步提出"坚持陆海统筹，建设海洋经济强省"，开启了广东省海洋经济强省建设的新征程。

第七章　广东省海洋经济发展现状与环境

第一节　广东省海洋自然状况

一、自然地理

广东海域东起与福建省交界的大埕湾湾头东界区，西至与广西壮族自治区交界的英罗港洗米河口，与海南省以琼州海峡中心分界线划界，南至北纬18°，东至九段线并与闽台分界，总面积41.9万平方千米，是陆域面积的2.3倍。海岸线蜿蜒曲折，大陆海岸线长4114千米。既有深水海域，又有面积宽广的浅海区和沿岸淤积较迅速的滩涂。海湾资源优良，大小海湾510多个。海岛数量众多，有1963个，海岛总面积1513平方千米，其中面积超过500平方米的无居民海岛765个，面积超过1平方千米的无居民海岛30个。

二、自然资源

广东拥有丰富的港口资源、海洋生物资源、滨海旅游资源以及矿产和能源资源。510多个海湾中适宜建港的有200多个，沿海分布有南北航线和通往各国的国际航线。滨海旅游资源类型多样，特色明显。海洋生态系统有红树林、珊瑚礁、海草床等多种类型，海洋生产力旺盛，海洋生物资源种类丰富，拥有多种水生生物的产卵场、索饵场、越冬场及洄游通道。滨海湿地面积10178平方千米，红树林面积323平方千米。矿产资源丰富，近海海域石油、天然气和可燃冰储量丰富，近岸有独居石、锆石、钛矿、海砂、海盐等。海洋风能、潮汐能、波浪能蕴藏量丰富。

三、自然环境

广东具有典型的热带海洋和亚热带陆地季风气候特征,日照时间长,光辐射能量较大,年平均气温较高,对流旺盛,雨量充沛,多年平均降水量为1777毫米。沿海潮汐类型复杂,主要有不正规半日潮、不正规全日潮和正规全日潮。沿海潮流多为往复流,强弱分明,夏季盛行北向东的漂流,冬季盛行南向西的漂流。海域冬季盛行东北向风浪,春季最多浪向为东向,夏季盛行南向和西南向风浪,秋季盛行东北向风浪。表层水温的水平分布随季节而异,水温梯度变化明显,冬季变化最大,年平均海水温度为16~29℃。海域潮汐强度较弱,潮差以夏季最大、冬季最小。

四、生态系统

广东地处热带和亚热带过渡区域,生态条件特殊,海洋生物种类多样,拥有保存完好的红树林、珊瑚礁和海草床三大海洋生态系统。海洋自然保护区建设逐步推进,海洋生态保护网络初步形成,海洋资源修复成效突出。

五、自然灾害

广东海洋灾害种类较多,主要的海洋灾害包括台风(风暴潮和风暴海浪)、赤潮、海水入侵、海岸侵蚀、海平面上升、溢油及咸潮等。台风(风暴潮和风暴海浪)较为频繁,赤潮和溢油等发生频率呈上升趋势。

第二节 广东海洋经济发展的总体状况

一、总量特征

2012年以来，广东省积极推进海洋经济综合试验区建设，取得了阶段性成效，已初步形成顶层有设计、发展有平台、产业集聚明显、转型升级成效初显的良好态势。海洋生产总值持续增长，到2016年，已达到15895亿元，占全省生产总值的20%，占全国海洋生产总值的22.6%，连续22年居全国首位（见图7-1）。广东省海洋经济已成为我国沿海经济发展的重要增长极。

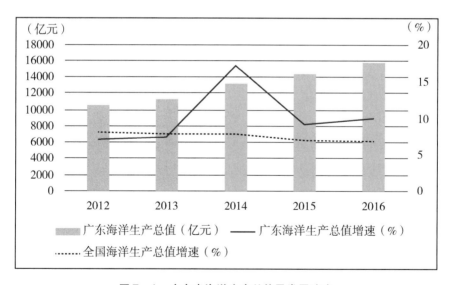

图7-1 广东省海洋生产总值及发展速度

2012—2016年，广东省海洋生产总值年均增长10.8%，比2007—2011年的年均增长17.8%低7个百分点，海洋经济增长有所回落。除

2014年出现明显波动外,总体处于平稳发展态势,到2016年速度为10%,但明显高于全国6.8%的水平,这表明广东海洋经济增长进入新常态下的中高速增长阶段(见图7-2)。

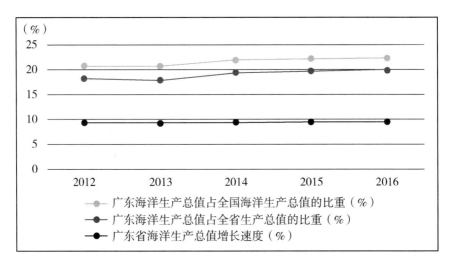

图7-2 广东省海洋生产总值在全国GDP及全省生产总值中的比重

横向比较看,2016年,广东海洋经济增长速度明显高于全省生产总值的增长速度(7.5%),在11个沿海省份中排名第三,海南、福建依然保持两位数的增长(见图7-3)。海洋经济增长速度加快表明广东省海洋经济与广东外向型经济的高度相关性,世界经济回暖推动了广东海洋经济的发展。

二、结构变化

2012—2016年,广东省的海洋第一产业在海洋三次产业中所占比重基本维持在1.7%~1.8%的水平,海洋第二产业所占比重呈现不断下降的趋势,海洋第三产业则呈现逐步上升的趋势。2016年,广东省海洋三次产业比例为1.8∶41.8∶56.4,相较于2012年的1.7∶48.9∶49.4,产业结构呈现"三、二、一"的特征,海洋产业结构优化趋势明显(见图

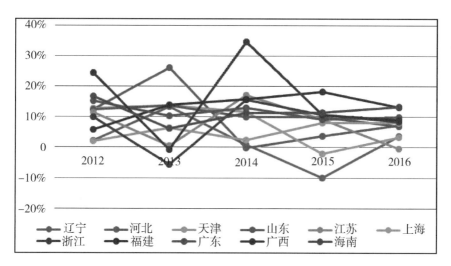

图 7-3 2012—2016 年全国各省海洋生产总值增长速度

7-4)。海洋二、三次产业比重逐渐上升,二、三次产业间差距为 14.6,明显高于除上海以外的省份,二、三次产业间形成良好的互动机制,说明自"十二五"以来,广东省海洋经济的"服务化"特征明显,整体经济趋向高级化方向发展。

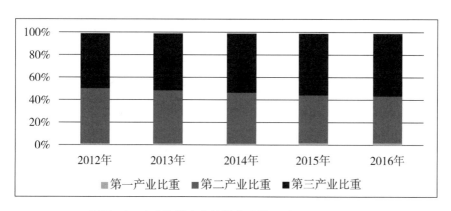

图 7-4 广东海洋产业结构变动情况（2012—2016）

三、产业发展

广东海洋产业集中度高,重点产业发展态势良好。从海洋产业生产总值百亿元级以上的产业看,2016年,广东省主要海洋产业中百亿元级以上产业产值占全省海洋生产总值的35%,海洋科研教育服务业占28.3%,海洋相关产业占33.7%。规模以上海洋产业反映了广东省海洋产业发展的主要特征。从具体产业看,海洋渔业贡献率为2.4%,受近海捕捞资源下降、远洋渔业能力不足的限制,发展相对平稳,2012—2016年产值增长了41.9%,年均增长9.1%。第二产业中海洋油气、海洋化工、海洋船舶、海洋工程建筑贡献率分别为2%、4%、1%、3.6%,其中,海洋油气占全国海洋油气增加值的37.28%,广东省海洋油气产业产值继续领跑全国。第三产业中的海洋交通运输和滨海旅游的贡献率分别为5.2%和16.6%,滨海旅游保持年均18.84%的增长率,是广东海洋经济的重要增长点。海洋科研教育服务业增长势头显著,年均增长15.1%,增速明显超过海洋传统产业,对海洋经济的拉动作用明显(见表7-1)。这表明,海洋渔业、海洋油气、海洋交通运输、滨海旅游等海洋产业仍是广东省海洋经济发展重要支柱,仍有着较大发展潜力和升级空间。

表7-1 广东省主要海洋产业发展情况(2012—2016)

(单位:亿元)

年份 产业	2012	2013	2014	2015	2016
海洋渔业	272	291	313	349	386
海洋油气业	561	539	439	355	324
海洋矿业	1	1	1	1	2
海洋盐业	1	1	1	0.02	0.02
海洋化工业	514	556	544	593	635

续表 7-1

年份 产业	2012	2013	2014	2015	2016
海洋生物医药业	1	1	2	2	2
海洋电力	7	8	10	12	13
海水利用业	2	2	2	2	3
海洋船舶工业	168	150	181	181	178
海洋工程建筑业	188	214	486	511	577
海洋交通运输业	710	781	849	654	838
滨海旅游业	1328	1496	1731	2480	2649
海洋科教管理服务业	2564.8	2811.9	3403.9	3945	4506
海洋相关产业	4189.6	4431.4	5062.1	5357	5782

广东海洋新兴产业异军突起，逐渐形成完善的现代海洋产业体系。随着蓝色经济发展空间的不断推进，广东省海洋产业业态也趋于丰富和多元化，多元化的业态也带动了全省海洋传统产业的转型升级，海洋经济发展的新模式、新业态、新产业、新技术、新空间和新载体不断出现。目前，以海洋生物、海工装备、天然气水合物、海上风电、海洋公共服务五大海洋产业为重点的现代海洋产业体系初现。2017年，广东省已核准的海上风电项目数量居全国首位，总装机1498兆瓦，总投资达289亿元；天然气水合物已试开采成功，未来可形成千亿元级的海洋新兴产业；海洋生物产业、海洋工程装备制造产业发展迅速，新技术、新产品、新平台不断涌现；海洋公共服务产品和平台逐渐丰富与完善，有力推动现代海洋经济快速发展。

四、区域布局

从海洋经济空间发展来看，区域发展过度失衡。珠三角地区开发密度大、强度高,得益于良好的区位条件和政策条件,海洋经济发展迅速,2016年的海洋生产值占全省的75%。非珠三角地区人才、资金、技术聚集较少,海洋基础设施落后,海洋经济发展依然缓慢,粤西和粤东占全省海洋生产总值的比例分别为11%和14%。区域发展不均衡是广东海洋经济发展过程中必须重点解决的问题。

党中央对加快发展海洋经济高度重视,提出了海洋强国战略和21世纪海上丝绸之路倡议,国务院于2011年批复了《广东海洋经济综合试验区发展规划》,进一步为广东海洋开发吹响了号角。习近平总书记对广东作了"四个坚持、三个支撑、两个走在前列"重要批示,为广东海洋发展提出新要求和新目标。中共广东省第十二次党代会提出"建设海洋经济强省、打造沿海经济带、拓展蓝色经济空间",为新时期广东海洋发展指明了方向。同时,我们也应看到,广东海洋开发中一些深层次的矛盾和问题逐步显现,面临着严峻挑战。

(1) 海洋开发方式粗放。广东海洋开发重规模轻质量,导致海洋产业结构低质化。传统海洋优势产业发展较好,但产业层次和产品附加值偏低,海洋新兴产业尚未形成规模。高能耗的能源及化工产业向滨海集聚的趋势明显,临港工业园和企业专用码头占据大量岸线,部分地区房地产开发与建设影响海岸保护。

(2) 开发强度较高。海岸带集中了广东省大部分海洋开发利用活动,岸线开发强度过高,围填海面积不断增加,滩涂资源日益减少,近海生物资源衰退趋势加剧。全省自然岸线保有率不足37%,大量岸线被人工岸线所取代。2002年以来,广东全省累计确权围填海面积超过81平方千米,改变了很多地区岸线自然形态。

(3) 环境污染问题突出。由河流携带入海的污染物总量依然较高,近岸海域水质劣于第四类海水水质标准的面积比例年均约4%,珠江口及其附近海域环境污染严重,近岸海域污染总体形势依然严峻。珠江口、汕头港和湛江港局部海域资源环境承载力趋于超载。

(4) 生态系统功能退化。不合理的海洋开发活动,导致近岸海域生态恶化，红树林、珊瑚礁、海草床等典型海洋生态系统受损严重。河口、港湾、滨海湿地等生态系统结构失衡，生物多样性和珍稀濒危物种减少，赤潮等海洋生态灾害频发，近岸海域海洋生态问题日益突出。

第三节 广东海洋经济的发展环境

进入新时代，广东省确立了"一核一带一区"的总体发展战略，沿海经济带建设得到高度重视，海洋经济发展迎来春天。

一、优势

（一）海洋经济发展基础优势明显

广东面向南海，毗邻港澳，是我国对外开放的重要窗口，发展海洋经济区位优势明显。广东海域面积是陆地面积的2.3倍，岸线长度占全国的1/5，居全国之首，港口岸线资源丰富，适宜建港的海湾有200多个，已形成以广州、深圳、珠海、汕头、湛江港为枢纽港的港口运输体系，全省生产泊位码头数、万吨级以上泊位数均居全国沿海省份首位。其中，广州、深圳两个港口具有较高的国际竞争力。据《世界海运回顾2017》数据显示，2016年深圳和广州港的集装箱吞吐量的世界排名分别为第3和第7。

广东省海洋经济是典型的海岸带经济，其中湾区是最重要的载体。《广东省海岸带综合保护与利用总体规划》将沿海经济带划分为八大湾区（见表7-2），将着力打造区域优势明显、特色显著、有国际竞争力的湾区经济。其中，粤港澳大湾区已经上升为国家战略，2016年的地区生产总值约为9.35万亿元，占全国的12%；全年经济增长速度为7%以上，分别是纽约湾区、东京湾区、旧金山湾区的 2.26 倍、2.19 倍和 2.93 倍，有望成长为世界第四大湾区，持续带动广东省经济社会飞速发展。

表 7-2　广东省八大湾区发展条件比较

湾区	总面积		大陆岸线（km）	产业重点
	陆域（km²）	海域（km²）		
柘林湾区	1700	262.2	75.3	能源、重型装备
汕头湾区	2086.2	4388.3	217.7	港口运输及物流、现代金融服务、高新技术产业、远洋渔业
神泉湾区	2279.8	1305.1	136.9	石化、新材料、电力、装备制造、生物医药、电子信息、现代渔业
红海湾区	3806.9	7252.3	455.2	先进制造、电子信息、旅游、海洋渔业
粤港澳大湾区	25500	20100	1479.9	电子信息、装备制造、石化、金融、港口与物流、旅游、油气、天然气水合物及海洋科研教育服务业
海陵湾区	3731.9	10316.5	323.5	海洋交通运输、石化、冶金、海洋装备制造、滨海旅游、海上风电
水东湾区	2146.8	3972.3	182.1	石化、现代服务、海洋渔业、旅游、高端装备制造
湛江湾区	12200	17000	1243.7	钢铁、石化、海洋工程装备制造、海洋生物医药、海洋渔业、滨海旅游、海上风电

（二）海洋经济综合实力较强

在总量方面，我国 11 个沿海省份中，广东海洋经济总量稳居首位。2016 年，广东海洋生产总值多于排名第二位的山东 2628 亿元，是浙江、江苏的 2 倍多。与 2012 年相比，进一步拉大了与山东、浙江、上海的差距，海洋生产总值领先地位进一步稳固（见表 7-3）。理论上，在海洋经济强省的战略下，海洋生产总值应占到全省生产总值的 30%～40%，海洋经济才能发挥引导性的作用。因此，未来广东省海洋经济应该有更大的发展空间。主要海洋产业中，如海洋油气、海洋交通运输业、滨海旅游产业的增加值均居全国前列。深圳、湛江成为国家海洋经济发展创新示范城市，海洋经济对广东经济的引领带动作用日益凸显。

表 7-3　2012—2016 年全国各省海洋生产总值情况

（单位：亿元）

年份 地区	2012	2013	2014	2015	2016
辽宁	3421	3878	3917	3529	3661
河北	1630	2056	2052	2128	2283
天津	3968	4510	5032	4924	5094
山东	9033	10266	11288	12422	13285
江苏	4742	4771	5590	6102	6074
上海	5734	6102	6249	6760	7311
浙江	4988	4705	5438	6017	6527
福建	4532	5161	5980	7076	8003
广东	10598	11701	13230	14443	15895
广西	764	758	1021	1130	1233
海南	763	810	902	1005	1140

二、劣势

（一）海洋科技创新总体实力不强，创新发展能力未充分显现

海洋经济快速发展有赖于创新发展能力的提升，而创新发展能力的提升则依赖于海洋科技实力的不断增强。从海洋总体科技能力看，广东海洋科技力量仅处在全国沿海11个省份的中等水平，而且与上海、山东等海洋科技力量领先的区域相比差距较大，科研投入亟待增加。从科研机构数量看，广东省虽有26个涉海科研机构，但力量分散、业务重复，而山东省已经整合省内与部分国内科研机构建立了海洋国家实验室，浙江省成立了省级海洋科学院。从广东海洋科研经费收入看，2015年为41.34亿元，排全国第二位，但与北京差距明显。在海洋专利方面，广东海洋专利拥有总量小于北京和上海，海洋科技研发能力较弱，海洋R&D经费内部支出明显低于北京、上海、山东，海洋科技成果、先进技术转化为生产力的周期过长，一定程度上制约了海洋经济的发展。（见表7－4）

表7－4 广东省海洋科技发展情况及其省际比较（2015）

科研机构		广东	山东	北京	上海	浙江
科研机构	数量（个）	26	22	23	15	21
	占全国比重（%）	13.54	11.45	11.97	7.81	10.93
科研人数	数量（人）	5434	4108	12706	3989	2028
	占全国比重（%）	12.83	9.7	30.01	9.42	4.79
科研经费	收入（亿元）	41.34	37.74	103.78	37.3	16.76
	占全国比重（%）	12.40	11.32	31.13	11.18	5.02
科研专利授权	数量（个）	772	505	2004	836	158
	占全国比重（%）	13.73	8.98	35.64	14.87	2.81
R&D经费	内部支出（亿元）	17.78	18.01	60.92	23.07	0.556
	占全国比重（%）	10.67	10.81	36.57	13.85	3.33

在海洋科研教育方面，截至 2015 年，广东省海洋科技人员的数量为 4820 人，不到北京的 1/2；高校设立的海洋专业数仅为 19 个，明显低于江苏（34 个）、浙江（32 个）、山东（32 个）、辽宁（24 个）；海洋经济人才层次低，战略性人才、国际性人才缺乏，科技兴海力度有待进一步加大。

（二）海洋经济提质增效的空间较大

从全国范围看，广东省海洋产业结构相对于其他省市仍存在一定的差距。与山东相比（其 2016 年的海洋三次产业结构为 5.8∶43.2∶51），广东省第一产业发展较为薄弱，海洋渔业整体水平落后于山东。第三产业占比低于上海和海南（上海海洋经济第三产业主要体现在港口现代服务业，海南则主要体现在海洋旅游业）。目前，发达的沿海国家第三产业所占比重在 60%～70%，而广东近年来海洋第三产业的占比在 50% 上下波动，还不能适应新时期的发展要求，尤其是海洋信息咨询服务、海洋金融等海洋现代服务业发展滞后。

从海洋产业内部发展看，广东海洋第一产业发展空间相对充足，仍以近海捕捞和养殖为主。2015 年，广东国内捕捞、远洋捕捞、海水养殖产量分别为 150.5 万吨、5.5 万吨和 332 万吨，全国排名分别为第 4 位、第 6 位和第 3 位。特别是在远洋渔业方面，与浙江、山东、福建有较大的差距，这表明广东海洋渔业还有较大的发展空间。第二产业方面，海洋油气产量虽然位居全国第一，但原油产量位居天津之后，2015 年达到 1687.98 万吨。天然气产量位居沿海省份第一位，海洋化工产品产量低于天津、福建、山东。海洋修造船完工量方面，2015 年仅为 210 万载重吨，排名全国第 6 位，为江苏的 12.7%。第三产业方面，广东港口货运量小于上海、浙江，货物周转运输量低于上海，在远洋运输方面竞争力较弱，这说明广东发展海洋交通运输业的潜力较大，未来海洋经济增长的空间也较大。

广东的海洋战略性新兴产业贡献过小，而且增长速度低于全国沿海区域平均增长水平。海洋新兴产业处于蓄能期，海洋工程装备业产业链的前端设计和后端销售、结算及金融运营方面严重缺位，深海资源勘探与国家层面的对接不足,海洋生物医药产业、深海资源勘探处于发展前期,航运服务、海洋金融、海洋信息咨询服务等海洋现代服务业发展滞后。海洋战略性新兴产业需要继续加快发展。

单位海岸线生产值方面,海洋资源利用水平不高。与其他沿海省份相比,2016年,广东省的单位海岸线生产值为3.70亿元/千米,全国排名第6位,低于上海(44.48)、天津(30.33)、江苏(6.35)、山东(4.25)和河北(4.09)。广东海洋经济规模、结构具有先发优势,速度呈现出中等态势,但相对于天津和上海,广东海洋经济发展的效益弱势较为突出。因此,未来广东海洋经济发展应该更加注重质量,提高单位海洋资源的使用效率。

(三)海洋经济带动效应相对较弱

海洋经济发展对经济社会带动效应表现为一种间接的引致效应,包括对区域经济增长、财政收入和技术进步等方面。2012—2016年间,海洋经济对广东省的区域经济增长、财政收入、技术进步的带动效应分别是0.81、1.27、0.41,排名位于沿海省份的中等偏下(见表7-5),整体上,海洋经济对全省经济社会的带动能力较弱,还存在较大的发展空间。

表7-5 沿海各省份海洋经济带动效应(2012—2016)

地区	经济增长弹性	财政收入弹性	技术进步弹性
辽宁	-0.17	-0.05	0.12
河北	0.53	2.33	2.70
天津	1.32	2.75	1.57
山东	0.75	0.95	0.34
江苏	1.41	1.34	0.24
上海	1.30	2.30	0.31
浙江	1.10	1.71	0.15
福建	0.63	1.62	0.63
广东	0.81	1.27	0.41
广西	0.68	0.62	0.64
海南	0.83	2.54	1.24

三、机遇

新时期,世情、国情、省情继续发生深刻变化,我国经济社会发展呈现新的阶段性特征。综合判断国际国内形势,广东海洋仍处于可以大有作为的重要战略机遇期。

(一)世界海洋科技竞争为广东实施"深蓝科技计划"提供了契机

当前新一轮海洋竞争的突出特征就是以高科技为依托,海洋科技水平和创新能力在海洋竞争中发挥着决定性作用。世界发达国家以及相关的国际组织纷纷组织力量开展海洋科技优先发展领域的研究,并制定了相应的发展战略规划,"向深海进军,向远海挺进"成为各国海洋长期战略的核心组成部分,科技创新成为推动各国海洋经济乃至国民经济的重要抓手。作为第三个上升为国家战略的海洋经济试点区,广东承载着更多国家在海洋科技创新方面的期望,《广东海洋经济综合试验区发展规划》中明确提出建设"促进海洋科技创新和成果高效转化的集聚区"的海洋科技战略定位。广东有优势也有必要在海洋科技尤其是深海科技创新上有所突破,实施"深蓝科技计划",构建国家级海洋科技创新基地,推动深海科技创新,并带动海洋战略性新兴产业的发展,这是广东率先掌握海洋科技话语权的战略突破口。

(二)"海洋强国"战略为广东打造海洋经济强省指明了方向

21世纪,人类进入了大规模开发利用海洋的时期。海洋在国家经济发展格局和对外开放中的作用更加重要,在维护国家主权、安全、发展利益中的地位更加突出,在国家生态文明建设中的角色更加显著,在国际政治、经济、军事、科技竞争中的战略地位也明显上升。为此,党的十八大报告明确指出:"提高海洋资源开发能力,发展海洋经济,保护海洋生态环境,坚决维护国家海洋权益,建设海洋强国。""海洋强国"战略的提出具有重要的现实意义和战略意义,是中华民族永续发展、走向世界强国的必由之路。习近平总书记进一步指出:"建设海洋强国是中国特色社会主义事业的重要组成部分。"习近平总书记的讲话深刻阐明了发展海洋经济、建设海洋强国的重大战略意义,为广东在新时期争创海洋经济发展新优势、真正实现从海洋经济大省向海洋经济强省转变指明了方向。

(三)"一带一路"为广东打造海洋经济升级版注入新内涵

国家提出建设21世纪海上丝绸之路的倡议、打造"中国—东盟自贸区"升级版的战略构想为广东带来了巨大的战略机遇。凭借区位、交通、产业、文化等优势,广东是21世纪海上丝绸之路当仁不让的拓路者和升级版"中国—东盟自贸区"建设的主力省。21世纪海上丝绸之路的东南亚区段总体上呈现出一个以南海为中心、由珠三角和新加坡—北—南两个桥头堡搭建的大扇形、立体网状化的空间新格局,其中,广州是联通陆海两条丝绸之路的枢纽。广东必须抢抓机遇,把21世纪海上丝绸之路建设"主动纳入国家战略框架,主动纳入广东主体工作",以打造21世纪海上丝绸之路主力省战略为突破口,在升级版"中国—东盟自贸区"建设中挑大梁,在"钻石十年"中把广东与东盟合作提升到一个新台阶。为此,在21世纪海上丝绸之路建设中,广东与"海丝"沿线国家的经贸合作要从单一的农商贸易进化为全面的产业合作,以"共促转型、共育产业、共拓市场、共赢发展"为战略取向,将广东的转型升级与"海丝"沿线国家(地区)经济的转型升级相融合,共同加强垂直分工与水平分工的产业链链际合作,共同培育战略性新兴产业,双向对接,全面整合,联手开拓东盟、"海丝"沿线国家乃至整个国际市场。同时,通过沿线区域节点式合作,网络创新合作,政府、市场、中介组织"三位一体"合作,非均衡梯级合作等多种新合作模式,构建与"海丝"沿线重要国家和经济区之间的全新经贸协作关系与合作机制,重构产业国际竞争优势,打造互利共赢的经济命运共同体。

（四）南海开发进入新阶段为广东海洋经济发展提供新机遇

南海面积约为350万平方千米，相当于16个广东省。作为介于太平洋和印度洋之间的海上走廊，南海的航运价值巨大，且石油蕴藏量达230亿～300亿吨，天然气资源量达16万亿立方米，相当于全球储量的12%，有"第二波斯湾"之称。广东作为毗邻南海的主要大省，肩负着南海开发的重要使命，新时期应以更广阔的全球视野制定海洋经济发展战略，按照打造"南海开发支持基地、我国南方海洋科技研发中心和现代海洋产业发展基地"的发展定位，对接国家南海开发，承载国家新的战略部署和任务，率先在深海资源开发利用技术领域取得突破并带动近岸海洋技术的发展，着力构建现代海洋产业体系，重点发展深海海洋工程装备产业和深海油气勘探产业，为南海开发提供足够支撑的同时，也为广东建设海洋经济强省、加快产业转型升级提供有力抓手。

四、挑战

（一）海洋经济发展环境不容乐观

海洋经济发展环境是制约海洋经济快速发展的外部条件。从全球范围看，海洋经济是解决人口膨胀、资源短缺和环境恶化的有效途径。目前，世界各国纷纷制定海洋发展战略，争相发展海洋经济。海洋经济已成为世界经济竞争的新领域。在国内，随着海洋强国战略的深入实施，沿海地区海洋经济竞争进入白热化阶段，福建、山东、浙江等加快调整海洋经济结构，加快发展海洋战略性新兴产业，推动海洋经济强省建设。广东海洋经济发展面临的国内外环境不容乐观。

（二）海洋经济与生态环境未形成良好的互动关系

海洋经济开发和海洋保护是海洋经济可持续发展的重要条件。广东海洋保护落后于经济次发达地区，广东海洋经济发展、陆地经济发展以及海洋保护还没有形成良性互动关系。截至2017年，广东实施监测的74个各类代表性入海排污口中，有27个入海排污口超标排放，超标率（超标排放的入海排污口数量占实施监测的入海排污口数量的比例）约为36.5%，虽然较2015年减少1.34个百分点，但海洋生态仍有待改善。而随着海洋经济发展对海洋资源、环境和空间的需求持续扩大，海洋开发利用与海洋环境保护之间的矛盾将更加突出，海洋经济与生态环境协调发展将更加重要。

第八章

广东省沿海城市海洋经济发展布局

广东省沿海14个城市的海洋资源和产业布局各具特色。通过海上产业转移，可以将"六湾区一半岛"的14个海洋经济主体区及佛山、肇庆、云浮、清远、韶关、河源、梅州7个联动区联系起来，从而延伸海洋经济腹地，带动粤东、西、北发展，引领广东从"陆地"走向"海洋"。

第八章 广东省沿海城市海洋经济发展布局

第一节 珠三角地区

一、广州市

广州位于珠江口的中心地区,是华南地区区域性中心城市和交通运输枢纽,是中国的"南大门",是我国唯一开放千余年的世界海洋贸易城市,对外经济交往十分活跃,其综合经济实力居全国大城市第三位;广州港是全国第二大海港,货物吞吐能力在 2008 年即达到 3.4 亿吨;广州是全国三大造船基地、三大海运基地、五大重点渔业城市、三个国家级水产品中心批发市场和全国优秀旅游城市之一,并拥有全国 1/4 的海洋科技人才,海洋产业群也已初具规模。全市形成了海洋渔业、海洋交通运输业、海洋船舶工业、滨海旅游业和海洋生物医药业等海洋产业群,海洋产业在全市、全省都占有重要地位,部分产业在全国处于领先地位。

作为全国五大中心城市之一和广东省政治、经济、文化、交通、科技中心,广州在综合经济实力、综合服务功能等方面具有得天独厚的发展海洋经济的优势。在产业方面,具备海陆联动发展海洋经济的深厚产业基础。依托广州重大装备制造业基地(大岗)和南沙龙穴岛造船基地,发展油气勘探开发装备、海上石油钻井平台等高端海洋工程装备,优化整合全市船舶制造布局,成为全国重要的海洋工程装备制造基地、国家重要造船基地和世界级船用柴油机生产基地。在科技方面,集中了华南地区绝大部分的涉海科研开发机构和管理机构,汇集了众多的海洋科技研发与管理人才,海洋科技力量居全国大城市第二位。依托广州国家南海深海研究中心、南方海洋科技创新基地和南海海洋生物技术国家工程中心等重大科研平台,建立了产学研结合的海洋科技创新体系,支持海洋生物、海洋材料、海洋资源综合利用等领域的研究开发和产业化。在区位方面,广州位于珠江口湾区的中心，毗邻港澳，面向东南亚，是我国对外开放的"南大门"和通往世界的主要口岸。

在产业布局上，广州侧重于壮大港口现代物流业、海洋船舶工业、滨海休闲旅游业三大传统优势产业，培育海洋生物医药业、海水综合利用和现代渔业、海洋现代服务业三大战略新兴产业。在岸线布局上，广州重点建设南沙、莲花山、黄埔"三大组团"，努力打造海洋科技研发、现代物流、海洋装备制造业"三大基地"。

"三大组团"布局中，南沙组团将建设成为国际航运中心、南沙滨海新城和 CEPA 先行先试综合示范区；莲花山组团重点发展海洋生态经济，发展滨海度假、海洋观光、生态旅游和文化旅游，建设莲花山国家中心渔港和现代观光农业；黄埔组团以发展港口现代物流、航运服务、商务服务为重点，建设广州（黄埔）临港商务区，打造成区域航务中心和服务于珠三角港口群的临海经济综合服务中心。

"三大基地"建设中，以南沙为重要依托，打造海洋科技创新和研发基地；以南沙和黄埔港区为主体，打造现代物流基地；以中船龙穴造船基地、广州重大装备制造业基地（大岗）为核心，打造国家级造船基地和世界级船用柴油机生产基地。

二、深圳市

深圳位于珠江口的东岸地区，毗邻香港，拥有珠三角地区乃至全国范围内难得的优良港湾资源。有 1145 平方千米海域面积和近 260 千米的海岸线，沿岸潮间带海涂约 70 平方千米，海岛 39 个，拥有大鹏湾、大亚湾、深圳湾、珠江出海口等"三湾一口"，滨海资源丰富。可建深水港的主要有盐田、妈湾、赤湾、大梅沙、土围、西涌和大鹏湾等，可建中型港的主要有蛇口和塘仁涌等，可建小型港的有 10 多处。深圳海洋经济第一产业（海洋渔业）比重极低，第二产业（包括海洋油气业、海洋船舶工业、海洋电力业、海洋设备制造业、涉海产品及材料制造业）比重较高，第三产业（包括海洋交通运输业和滨海旅游业）比重稳步上升，海洋产业结构不断趋于高级化、合理化，呈现较为明显的都市型海洋产业特色。

在地理区位优势方面，深圳毗邻深海，是国内沿海城市中距离深海最近的城市，拥有深海开发、南海开发得天独厚的区位优势。深圳是内地唯一与香港接壤的城市，是连接香港与内地的重要通道。深港之间的海域，正成为世界上最具成长潜力的湾区之一，以建设前海深港现代服务业合作区为契机，深港将共同打造中国重要的海洋经济增长极。在海洋经济发展制度保障方面，1992年全国人大常委会授予深圳特区立法权，为深圳在海洋经济领域大胆探索、先行先试提供了立法保障。2008年出台的《珠江三角洲地区改革发展规划纲要》明确要求深圳"强化全国经济中心城市和国家创新型城市的地位，建设中国特色社会主义示范市和国际化城市"，为深圳海洋经济领域的理念创新、体制创新和技术创新提供了重要的政策保障。2010年，国务院批复深圳特区扩容，宝安区、龙岗区纳入特区范围，为两区的滨海地区和海洋经济发展带来新的机遇。2011年，《深圳市海域管理条例》出台，为深圳海域规划和使用管理、海洋资源配置及海洋生态环境保护提供法律保障。在海洋经济发展资本支撑方面，深圳金融市场发达，在2010年伦敦金融城公布的第七期全球金融中心指数中名列全球第9位，中国内地城市第1位。深圳发达完善的金融体系为海洋金融创新产品开发、海洋产业融资渠道的拓宽提供了良好的外部金融环境；民间金融资本、上市公司与产业基金相结合，为购买国际资产、投资新的海洋发展领域提供了坚实的资金保障。

在产业布局上，深圳以港深合作为契机，加强与香港先进的海洋技术和人才的交流与合作，推动邮轮、游艇便利化往来，优先发展海洋交通运输业及其配套产业，大力发展海洋医药产业、海水综合利用业、海洋环保业等新兴产业，调整提升滨海旅游业、海洋化工业和海洋油气业等传统优势产业。重点打造亚太远洋渔业基地，高标准建设远洋渔业码头，打造海产品中心批发市场，重点扶持冷链物流系统建设，积极引导远洋渔业企业集群，建设游轮母港。

在岸线布局上,深圳依托大鹏半岛的优良海洋生态资源、盐田港的交通物流资源与西海岸毗邻香港的区位资源,布局涉海岸线。对大鹏半岛实施"以保护为主"的策略,围绕半岛型的海洋生态和旅游功能,稳步推进保护与开发,建成高水平、高质量的海滨旅游胜地。重点建设盐田港国际港口物流基地,与惠州港合作,建设世界级的交通枢纽,与香港共同打造成国际航运中心。在西海岸的蛇口港区、赤湾港区和妈湾港区发展海洋交通运输,前海新区重点推进深港合作。

三、东莞市

东莞市位于广东省中南部、珠江水系的东江入海处,海域面积约97平方千米,大陆海岸线长97.2千米,主要分布在狮子洋和伶仃洋,西与广州市、南与深圳市的海域相连接。拥有威远岛、坭洲岛、木棉山岛、沙口涌岛、虾缯排5个海岛,海岛岸线长34.58千米,海岛面积24.13平方千米。东莞市海域面积虽小,海岸线虽短,但区位优越且拥有丰富的深水岸线、滨海旅游、海洋生物、浅海滩涂等资源,具有发展海洋经济的资源基础。狮子洋、伶仃洋的深槽紧靠海岸线,新沙、鱼立沙、坭洲、西大坦、威远岛、沙角等地区都是建设深水港区的优良港址。东莞市海域使用现状以港口航运为主,海洋渔业、滨海旅游等海洋产业用海也较为频密。随着海洋开发向社会经济各领域的全方位推进,逐步形成了以海洋交通运输业、海洋渔业、滨海电力业和滨海旅游业为主体,海水利用业、滨海砂矿业、海洋船舶修造业、游艇旅游等新兴产业全面发展的海洋经济体系。

在海洋生物资源方面,东莞海域属南亚热带浅海区,水域环境多样,生物区系复杂,是多种经济鱼、虾类的繁育场。在岸线资源方面,东莞属于河口岸线,深水岸线内侧的陆域土地平坦宽广,淡水资源条件好,陆域水、土资源组合优势突出。在海洋区位资源方面,东莞处于东江入海河口区,水路与惠州、河源等地连通,是连接珠江三角洲东西两岸、沟通大陆腹地与远洋海港交通的理想地区,水陆交通便利,建港条件优良,腹地资源丰富，江海联运优势明显。

在产业布局上，东莞重点发展海洋交通运输业、滨海旅游业、海洋渔业、海洋电力业等主导产业，积极培育海洋石化工业、海水利用业、海洋生物制药业等新兴产业，形成特色明显、优势突出的蓝色产业体系，提高海洋产业综合竞争力。麻涌—沙田海洋经济区大力发展海洋交通运输业，建设现代物流基地。虎门—长安海洋经济区重点挖掘滨海旅游资源潜力，建设融历史、文化、生态、现代游览、休闲娱乐、度假、高端产业为一体的海洋经济综合区域。

在岸线布局上，依托虎门港的深水港口资源、威远岛的滨海旅游资源和立沙岛临海石化产业资源，重点打造物流经济带、滨海旅游带和临海石化工业带。按照打造区域性现代物流中心和资源节约型工业港口、生态型绿色港湾的要求，在虎门港建设综合型临港产业带和物流总部基地，使虎门港成为带动物流业、重化产业和沿海产业发展的龙头。重点建设威远岛滨海旅游区，将威远岛从一个传统意义上的爱国主义教育基地发展为一个环境优美，融历史、文化、生态、现代游览、休闲、娱乐、度假为一体的滨海旅游岛。充分发挥立沙岛深水岸线和市场区位优势，突出发展临海石化、海水利用、海洋生物等新兴海洋产业的核心地位，加强立沙岛石化工业园区基础设施建设，将立沙岛建设成以石化储运和石化深加工为主，原料储运、生产加工等产业一体化的石化基地。

四、珠海市

珠海市位于广东省南部、珠江口西岸，濒临南海，东与深圳、香港隔海相望，北与中山接壤，西邻江门，南与澳门陆地相连，是珠江三角洲沿海城市中海洋面积最大、岛屿最多、海岸线最长的城市。珠海领海基线内海域面积约6000平方千米，是陆域面积的3.6倍，其中滩涂面积227平方千米，大陆海岸线长224.5千米。拥有190个海岛，其中面积大于500平方米的128个，面积共174平方千米，海岛岸线长约500千米，海岛连陆的17个，岛连岛的11个。大、小河流170条，珠江水系入海八大口门中磨刀门、鸡啼门、虎跳门、崖门经珠海入海。珠海港口资源优越，分为高栏港区、九洲港区、桂山港区、香洲港区、唐家港区、洪湾港区6个港区群，其中高栏和桂山为深水港区。万山岛群拥有20米等深线，大濠水道、蜘洲水道、桂山水道、青洲航道、磨刀门水道等航道纵横其间。

珠海海洋经济发展势头良好，2010年，全市主要海洋产业总产值389.68亿元。目前已形成"一港（港口码头）二游（滨海旅游业）三仓（仓储业）四运（海洋运输业）五造（船业制造）六养（海水养殖）"的海洋产业格局，以及在海岸线、海岛、近海，建成了各显优势和各具特色的临海经济带、海岛经济区，营造了一批较有支撑力的海洋经济发展平台。涉海重大项目有序推进，横琴新区十字门中央商务区首期项目顺利动工，长隆度假区首期建设完成投资15亿元；高栏港经济区港口集疏运体系逐步完善，中海油海工深水海洋工程装备制造基地、南海天然气陆上终端等项目有重大进展；珠海航空产业园被认定为国家新型工业化产业示范基地。海岛开发有新进展，万山风电项目纳入广东省海上风电初步规划；东澳岛智能微电网项目启动，首次实现全岛利用新能源解决供电问题；小蜘洲岛修复保护开发等3个项目签约。

作为珠江三角洲沿海城市中海洋资源最富集的地区之一，珠海具有发展海洋经济得天独厚的条件。珠海建港条件优越，港湾与深水岸线众多，通海航道和锚地条件优越，能建成大中小配套、功能齐全的综合性大型港口；海洋生物资源丰富，渔业条件良好；海上旅游资源众多，星罗棋布的海岛与美丽的海湾、沙滩形成别具风格的亚热带风光。

在产业布局上，珠海依托泛珠三角横琴经济合作区建设，拓展壮大临港工业、优化传统海洋渔业、提升滨海旅游产业，建设华南地区重要的临港工业基地、珠三角地区发达的海洋交通物流中心、富有滨海特色的国际商务休闲旅游度假区、珠江口西岸高水平的海水养殖加工出口基地、全省乃至全国具有竞争力的海洋高新技术产业先导区，构筑临港重化工业、装备制造业、海洋交通物流业、海洋旅游文化业和海洋新兴产业等五大海洋产业集群。以构建粤港澳海洋经济圈为手段,把珠海沿海优势、区位优势、港口优势转化为经济优势、竞争优势,全面建成具有领先水平的蓝色产业带和科学发展的海洋经济发展示范区。以高栏港经济区为主要载体,重点发展海洋钻井平台、港口设备、海上油气田设施、船舶、港口物流机械和船用设备,推进中国海油深水海洋工程装备制造基地、中船船舶和海洋工程装备制造基地和玉柴发动机等项目建设。

在岸线布局上,珠海充分依托滨海生态资源优势和珠江口岛群资源优势,优先布局海洋生态区,打造现代物流基地。东部岸线的官塘湾岸段建设滨海新城,拱北湾发展滨海旅游,洪湾岸段建设海洋生态区。对珠江口岛群实施开发与保护并重战略,三灶岛重点发展配套服务业及空港物流业,高栏岛重点发展海洋交通运输业、现代物流业和临港工业,淇澳岛重点发展生态旅游业,万山群岛重点推进万山海洋开发试验区建设,内伶仃岛建设海岛生态博物馆。

五、中山市

中山市位于珠江口西岸,东与深圳市、香港隔海相望,中山港至香港51海里;东南与珠海市接壤,毗邻澳门,石岐至澳门60千米;西面和西南面与江门市、新会市和珠海市的斗门区相邻;北面和西北面与广州市南沙区和佛山顺德区相接;马鞍和大茅等海岛分布在市境东西的珠江口沿岸。全市海域面积176平方千米,根据广东省海岸线修测成果,中山大陆海岸线长57千米,现存横门和大茅2个海岛以及石排1个岩礁。中山市海域多为浅海滩涂,海域面积虽小,但属黄金海域。根据《珠江三角洲地区改革发展规划纲要(2008—2020年)》,中山市东部沿海地区将成为珠三角交通节点的结合部,贯穿珠江两岸交通,区位优势明显。截至2010年年底,中山已经建成并投入使用的四大港区(包括中山港区、小榄港区、横门港区和神湾港区)共有9座码头、39个泊位,其中包括8座货运码头、35个货运泊位。在这些泊位中,5000吨的泊位有1个,

3000吨的泊位有2个，1500吨的泊位有4个，1000～3000吨的泊位达16个。黄圃港多用途码头规划用地300亩，利用海岸线300米，首期拟建5个1000吨级集装箱泊位，年货物吞吐能力将达到20万标箱，主要从事港口公用码头设施的建设和经营。

中山市海洋经济空间布局主要位于中山火炬技术产业开发区和南朗镇沿海地区，主要海洋产业包括以火炬区临海装备制造基地为载体的船舶制造业和海洋装备制造业；以明阳新能源工业园为载体的风电机组制造业；以火炬区国家健康产业基地和南朗镇华南现代中医药城为载体的海洋生物医药制造业；以及以南朗镇温泉度假城为载体的滨海旅游业。

中山市发展海洋经济及吸引海洋重大项目优先布局的最大优势在于其临海工业园区的载体建设及中山港港口物流基础设施的不断完善。首先，中山市在东部临海工业园大力发展船舶制造、风电设备等重型装备制造业，致力于打造具有较强国际竞争力的海洋装备制造业集群。经过多年努力，临海工业园被国家科技部确定为国家火炬计划中山（临海）装备制造基地，2008年1月被确定为广东省重点项目，初步形成以中船中山基地、广机海事重工项目为龙头的船舶制造与海洋工程产业集群，以中铁、中机为龙头的铁道设备与工程机械产业集群，以明阳为龙头的风电产业集群，以嘉明、国电为龙头的清洁电力产业集群，以立信为龙头的纺织机械产业集群和以佳能为龙头的彩色打印机生产产业集群等六大产业集群。临海工业园已成为中山引进海洋经济重大项目、加快转型升级的重要依托。其次，中山市通过推进"一港（中山港）五区（中山港区、马鞍港区、小榄港区、黄圃港区、神湾港区）"建设，已形成以中山港港区为龙头，以中山保税物流中心为枢纽，以神湾港、黄圃港区、小榄港区为支撑，协调发展、科学发展的新格局。引入港航集团助推马鞍港区建设，利用中山东部沿海深水岸线，启动万吨级码头港区建设。推进总长38千米的横门东航道规划建设，建设标准为-9.6米、能通航万吨海轮的深水航道。扩大中山港对外开放力度，提升其作为国家一类口岸的竞争力。将珠江西岸目前唯一的中山B型保税物流中心升格为综合保税区，并择机在中山港建设保税港区，积极寻求大型航运企业落户中山。中山港区港口基础设施与深水航道的建设、完善，成为中山发展港口经济，将区位优势转化为经济优势，将沿海东部发展为临港工业、装备制造业、江海联运物流枢纽重要基地的重要支撑。

在岸线布局上，中山坚持实施东部沿海地区组团发展战略，整合东部沿海"一区三镇"资源，主要布局于火炬开发区、南朗、民众、三角、神湾、坦洲等东南部镇区沿海区域。在翠亨岸段发展高端海洋旅游产业，将洪奇门和横门建成海洋装备制造业基地。

六、惠州市

作为全省海洋大市之一，惠州拥有大亚湾和红海湾部分海域（东山海），有大陆海岸线223.6千米，大小海湾28处，大小海岛140个，干出礁108个，暗礁83个，岛岸线长133.7千米。20米水深线以内海区面积1221平方千米，领海基线向内一侧海域面积4519.44平方千米，相当于陆域面积的40%，海岸线长度和海域面积分别居广东省的第5位和第6位。10米水深以内的浅海水域302平方千米，潮间带滩涂面积3537公顷。全市大陆岸线与岛屿开发形成的港口岸线有28.4千米，适宜发展海上交通运输业，可建泊位126个（其中深水泊位76个），总吞吐能力达1亿吨；滨海旅游岸线有20多千米，可发展成颇具规模的滨海沙滩浴场、度假休闲地、旅游和钓鱼及海上文体活动中心；有渔港岸线8千米，可建大小渔港5个，容纳渔船二三千艘，有水产养殖岸线50多千米，适合发展海水养殖业；有临海工业岸线26千米，适宜发展临海工业。全市海域在10米水深线以内可供发展海水养殖的面积为13773公顷。20米水深以内的浅海滩涂面积有近200万亩，相当于全市耕地面积的80%，适宜发展海水养殖和护养增殖。

惠州市海洋经济发展迅速，在珠三角临海7市中处于前列。海洋基础建设日益完善，已成为华南地区规模最大的原油接卸基地。海洋产业已向多元化发展,"以港兴市"战略中的以惠州港(京九线最近的出海口)深水港区为中心的海上交通枢纽已基本形成,海洋渔业和滨海旅游业都得到一定发展。临海工业发展步入全省前列,在环大亚湾沿海地区建立了以中海壳牌南海石化、中国海油惠州炼油项目为龙头的石化产业,以广东LNG惠州电厂、国华热电、平海电厂等为代表的能源产业,以东风本田汽车零部件、比亚迪等为代表的机械、电子产业,初步形成以石化、电子、机械为支柱的蓝色产业带。

惠州具备优越的海洋区位优势,地处广东省东南部,位于珠江三角洲东北端,西邻大鹏湾,西南邻香港,东与红海湾相接,南连广阔的南海。大亚湾东靠红海湾,西邻大鹏湾,水域面积近1000平方千米,是广东省最深入内陆的优良海湾,湾内岛屿众多,潮差小。大亚湾区域内大项目布局集中,已形成石化产业集群区,中海壳牌南海石化、广东LNG惠州电厂、中国海油惠州炼油、比亚迪以及华德石化原油库等一批大项目已先后落户建设,未来大项目聚集带动作用效果强。

在产业布局上,惠州优先发展临港石化工业,全力拓展海洋开发的广度和深度,形成临海工业、海洋交通运输业、滨海旅游业、海洋渔业等全面发展的海洋经济新格局。首先,加快推进中海油炼化一体化基地二期和精细化工园区的建设,增强石化区产业的核心竞争力,提高石化行业的综合效益,以世界化工500强和国内化工100强为招商主攻目标,引进一批产业链长、带动性强、辐射力大的龙头型、基地型项目,将大亚湾石化工业区建成以中海壳牌和中海油惠州炼油为龙头、年产300万吨乙烯、4000万吨炼油、年销售额5000亿元、年税收300亿元的具有世界先进水平的特大型生态石化产业基地。其次,充分发挥惠州223.6千米海岸线独特的地理和资源优势,加快国华热电、平海电厂等能源项目建设步伐,推进红海湾煤电、风力发电等能源项目的建设进程,把惠州海岸打造成重要的能源基地。再次,加强惠州港建设,规划建设与临海工业和现代物流业相配套的码头项目,完善集装箱运输系统和能源储运系统,把惠州港建成国际集装箱支线港和粤东地区现代化综合性港口。鼓励支持有经济实力的企业依法开发大亚湾纯洲岛片区,建成布局合理、功能完善、运转高效的现代化大港口。预计到2020年,惠州将建成109个码头泊位,其中,万吨级以上的49个,吞吐量达1.4亿吨。最后,规划建设一批独具特色的滨海旅游区,重点发展巽寮湾、平海湾与红海湾区域旅游,打造以巽寮湾滨海旅游度假区为中心,衔接大亚湾石化区、范和港湿地公园、平海湾和红海湾为一体的惠州百里滨海旅游产业带。加快捻山半岛滨海城镇建设,发展旅游娱乐与渔业功能,建成海洋生活和生态区,形成海陆一体"惠州—罗浮山—南昆山—环大亚湾"旅游网络。

在岸线布局上,惠州市重点布局环大亚湾、红海湾海洋经济带。小桂湾至惠东港口沿海为环大亚湾海洋产业带,港口至盐洲沿岸为红海湾海洋产业带。环大亚湾海洋产业带主要发展石化、能源、港口物流、滨海旅游及临港工业;红海湾海洋产业带重点发展能源、船舶修造、集约化海水养殖和滨海旅游业。重点开发大亚湾滨海新区,建设以石化产业和核电能源为主导,电子信息和汽车工业、旅游业、港口物流业协调发展,大工业与滨海旅游并重的现代滨海新区。

七、江门市

江门市位于广东省中南部,珠江水系的西江下游。东邻佛山市的南海区、顺德区以及中山市,东南部与珠海市斗门区相接,西连阳江市的阳东区、阳春市,北靠云浮市的新兴县和佛山市的高明区,南濒南海,与港澳毗邻。江门是全省海洋大市,领海基线内海域面积约2886平方千米,大陆海岸线414.8千米,占全省的1/10;海岛岸线365.8千米,占全省的1/7;共有海岛271个,数量位居全省第二,海岛总面积253.13平方千米,其中海岛面积大于500平方米的有99个,海岛面积大于1平方千米的有10个,有居民海岛6个,另有干出礁143个,5米等深浅海滩涂面积约140平方千米。

江门港包括广海湾、主城、恩平、新会、开平、鹤山、台山等港区,各港区依托的航道条件、产业布局不尽相同，因此，港区发展规模及程度存在差异，现有的生产性泊位主要集中在银洲湖、西江等区域。江门港水域条件特殊，由西江、潭江内河水道、银洲湖水域以及广海湾、镇海湾等沿海水域组成。西江、潭江分别为通航1000吨级的内河航道，近年来新建码头规模一般在1000～3000吨级；银洲湖水域条件好，近年新建码头多为海轮泊位，一般在5000吨级以上；广海湾、镇海湾及上下川岛岸线大部分未经过大规模开发，港口开发水平较低，大部分岸线呈自然状态。

江门是全省海洋大市。全市基本形成了以临港装备制造业、临海电力产业、海洋渔业、海洋交通运输业、滨海旅游业为主导的海洋产业体系，新会银洲湖和台山广海湾区域拥有一批初具规模的海洋产业集群，成为全市经济发展最具活力和潜力的地区之一。在临港装备制造业方面，有广东轨道交通车辆修造基地、台山清洁能源（核电）装备产业基地、全省最大的双转移项目富华重工、全省最大的民营造船企业南洋船舶等一批大项目；在临海电力产业方面，有台山核电、国华台电、川岛风电场等，规划总装机容量近2000万千瓦，可与长江三峡电站媲美；在海洋渔业方面，有全国最大的鳗鱼养殖和出口基地，全市水产养殖面积、水产品总产量、水产品总产值分别位居全省第2位、第4位和第3位。

江门的黄金海岸线区位优势十分突出。沿海东可接港珠澳大桥，承接港珠澳辐射；沿海西经沿海高速公路连接粤西，成为港珠澳和珠三角向粤西拓展的主力市；沿海南靠近国际航道。广海湾及川岛地区具备建设深水港条件，其中上川岛乌猪洲具备建设30万吨油气码头的条件。交通、能源等配套设施日趋完善。银洲湖区域已初步建立起港口群，可满足海上交通运输业和临港工业发展对港口的要求。高速公路贯穿全市，铁路建设日益加快。电力能源重大项目相继建成，随着国华台电、台山核电、川岛风电和川岛海底电缆的建成，电力能源将成为江门市海洋经济发展的重要优势。

在产业布局上，江门充分发挥海洋区位优势和资源优势，以发展高技术含量、高附加值、低能耗、低污染、有自主创新能力的临海工业为核心,以海洋重大项目为依托,加快产业转型升级。以广东轨道交通车辆修造基地项目为龙头,大力发展临港装备制造业;以国华台电、台山核电、川岛风电等项目为重点,加快发展临海电力产业;以推进渔船更新改造和扶持南沙等深海捕捞业、深水网箱等健康养殖业以及水产品深加工业为重点,建设现代海洋渔业。

在岸线布局上,江门重点打造银洲湖、广海湾和川岛三大蓝色产业带,与珠三角其他城市实现优势互补、错位发展。银洲湖区域重点发展装备制造、精细化工、纸及纸制品三大临港主导产业集群和现代物流业,努力建设广东省中小型船舶及配套产业基地、广东省纸业基地、广东省精细化工基地和现代化物流中心。广海湾区域重点发展清洁能源、清洁能源(核电)装备制造、大型石化等产业,努力建设中国电能源产业基地和广东省清洁能源(核电)装备产业基地。川岛区域重点发展滨海旅游业、海洋渔业、新能源和可再生能源产业,开展太阳能、波浪能等其他海洋能的示范工程建设,深度挖掘川岛的海岛旅游资源优势,建成国家4A级以上旅游景区,成为国际邮轮停靠港。

第二节 粤东地区

一、汕头市

汕头位于粤东海洋经济区的东端,海岸线长,港湾、岛屿众多。陆域面积2064.4平方千米,沿海岛屿有40个,面积109.5平方千米,海岸线和岛岸线长达289千米(其中岛岸线111.2千米),有多处港湾和大片浅海滩涂,15米等深线以内水域面积88667公顷,沿海滩涂5933公顷,沿岸陆域水面和低洼地6667公顷,20米等深线内渔场面积5.3万平方千米,纳入汕头市海洋功能区划工作范围的海域面积约1万平方千米,相当于全市陆域面积的5倍。汕头可供开发的港口有103处，仅南澳岛可供开发的深水港址就有7处。市区的珠池、马山、苏埃、广澳4处港址，可建1万~10万吨级码头泊位69个，汕头港可进万吨货轮，是目前全国18个重要枢纽港之一。

汕头海洋开发具有较长的历史，航运业、水产业、旅游业、盐业等有一定的基础，但总的来说规模还不大。海洋经济虽然有传统、有基础，但发展方式仍较粗放，海洋渔业、港口运输业、滨海旅游业、临海工业等是其四大支柱产业。具体而言，在港口运输方面，随着华能海门电厂15万吨煤炭码头的建设和丰盛海门电厂7万吨级煤码头的规划同步推进，汕头港将建成粤东煤炭中转基地；10万吨级集装箱码头的相继建设投产，广澳港区的大规模建设，将进一步发挥集聚辐射作用，形成规模化、集约化经营，建设亿吨大港并依托大港口发展现代物流业。在海洋渔业方面，汕头部分渔业生产技术处于国内领先地位，如淡水养珠、鱼类和对虾养殖等；另外，汕头天然海藻资源丰富，龙须菜、紫菜等产量较大，拥有广东省唯一的海藻养殖基地。在滨海旅游方面，汕头加快石风景名胜区及南澳岛等海滨旅游度假区的开发建设。在临海工业方面，船舶修造有一定的基础。

海洋赋予汕头得天独厚的区位优势和丰富的海洋资源、港口资源、滨海旅游资源，开发前景广阔。汕头区位优势明显，地处粤东潮汕平原南缘，中心城区扼韩江、榕江、练江三江出海口，是中国东南沿海重要港口城市、五大经济特区之一和"珠三角""长三角"两大经济圈之间的区域性中心城市，城区距香港187海里，距台湾高雄180海里，位于太平洋西海岸国际航线和我国南北航线、航运之要冲，是交通部确定的全国20个沿海重要港口和25个公路主枢纽城市之一，具备良好的城市依托以及腹地经济的发展潜力，有条件发展成为"泛珠三角"经济合作、海峡西岸经济区的重要发展极。汕头的建港条件优越，适宜建港的自然深水岸线有28千米，可建5万~30万吨码头50多个，岛岸线长167千米。

在产业布局上，汕头着力构建东部城市经济带，对接海峡西岸经济区,建设粤台产业合作主力市。做大港口经济,重点发展临港能源工业、造船工业和装备制造业、电力、现代物流业等产业。整合港口资源,优化南澳岛、海门等深水岸线规划,优先推进深水航道、大型专业化泊位以及疏港铁路建设。把汕头港打造成东南沿海亿吨深水大港,形成以大港口支撑的区域交通航运中心,建成面向全国、通向世界的航运大通道。发展以港口物流业为主,信息服务、文化创意、金融保险、服务外包、游艇业等与临海工业相衔接的海洋生产性服务业。

在岸线布局上,对澄海区进行适当围填海,开发滨海旅游功能,建成海洋生活区。广澳湾和龙头山岸线重点发展海洋新能源和海洋交通运输,建成滨海工业发展带。海门湾岸段重点保护海洋生态系统,适当发展现代渔业,建成海洋生态区。在南澳岛群重点发展海洋旅游业、现代海洋渔业,加快海洋能开发和深水港建设,建成国家生态旅游示范区、国家5A级旅游景区和大型中转港区。

二、潮州市

潮州市位于广东省的东南部,东与福建省的诏安县、平和县交界,西与揭阳市的揭东县接壤,北连梅州市的丰顺县、大埔县,南通汕头市和汕头市属的澄海区,濒临南海。潮州市海岸线长136.8千米,列入海洋功能区划的海域面积680.9平方千米(因广东省海域勘界工作尚未完成,准确数据待国家公布),可建设大型港口的岸段主要有西澳、金狮湾、虎屿、大旗角、汛洲等,可建设中、小型港口或渔港的岸段主要有三百门、小红山、碧洲、海山等。据广东省1993年海岛调查资料,全市共有海岛33个,礁排25个,待定名岩礁15个。

潮州市拥有大埕湾、柘林湾两大海湾。其中,大埕湾与福建省相邻,处于东海与南海之间,其海域开阔,风大浪高,深水岸线长,水深条件好,后方陆域平坦,适宜发展大型临海工业;柘林湾位于潮州市南部,是广东省12个重点开发海湾之一,四周被海山、汛洲、西澳诸岛环抱着,湾外有南澳岛作为抵御风浪的第一道屏障,可供利用深水岸线充足,后方港口腹地纵深宽阔,可通舶万吨以上巨轮。柘林湾内岛屿之间形成三条进出湾内的天然深槽,水深5～9米:汛洲岛与西澳岛之间形成大金门水道,宽1800米,最深处9米;汛洲岛与黄梦岛之间形成小金门水道,宽1000米,最深处9米;西澳岛与柘林之间形成东小金门水道,宽400米,最深处6米,可建设成为西澳港区进港航道。柘林湾潮汐属不规则半日潮,退潮速度大于涨潮速度,无严重的冲刷现象,且注入湾内的黄冈河流域水土保持较好,湾内水域淤积轻微,从而大大降低港池和航道的维护费用。

潮州市海域地处闽粤边陲,交通条件优越,紧挨远洋航线,海上货物运输和陆上交通四通八达,周边已形成发达的交通网络和通信设施。主要海洋产业有海洋渔业、港口运输业和滨海旅游业。华丰造气厂、大唐潮州发电厂的先后投产,亚太通用码头、西澳港区综合建设项目、和洋船舶配套产品基地、进港公路跨海路段、金航深水网箱产业园等项目的相继落户,为潮州市海洋经济腾飞增添了重大引擎。

潮州湾区资源和港口条件是其发展海洋经济的最大优势。最大的海湾柘林湾是国家级海域使用管理示范区,也是广东省重点开发的海水养殖海湾之一。被列为国家对外开放一类口岸的潮州港,具有腹地广、水域深的特点,是建设深水和大等级码头泊位首选的黄金海港,也是连接台湾、香港、福建等地的重要枢纽。

在产业布局上,潮州在保持海洋渔业、海洋运输业、滨海旅游业快速发展的同时,加快完善道路、供电供水等基础设施,营造优良的服务环境,加大招商引资力度,大力发展资金技术密集、关联度高、带动性强的石化、能源、装备制造、船舶制造等大型基础工业和物流、贸易、旅游等港口服务业。重点建设潮州临港工业区,把潮州市建设成为"广东重要的临港产业基地"和海峡西岸经济区的重要组成部分,把潮州港建设成为集工业、商贸、物流等于一体的南方沿海区域性重要港口。同时,充分发挥潮州港资源优势、区位优势和对外开放一类港口作用,加强与海内外

第八章 广东省沿海城市海洋经济发展布局

大财团、大企业的合作，统筹做好潮州港、潮州港经济区、潮州市海洋经济发展规划，把潮州港建设成地区性重要综合性港口，把潮州港经济区建设成新型临港产业基地和对台交流合作主力市。

在岸线布局上，结合海洋产业发展布局，重视保护海洋生态环境，主要在柘林湾西岸岸段发展渔业养殖功能，建成海洋生态区。

三、揭阳市

揭阳有惠来、揭东2个沿海县，全市海岸线长136.9千米，海域面积大，10米等深线以内浅海19492公顷，滩涂面积1704公顷。揭阳市的港口资源主要分布在榕江沿岸和惠来沿海。榕江河口海域受潮汐作用为主，径流作用较小，且与汕头港出海航道相连，具有优良的通航条件。惠来沿海港湾主要有靖海港、资深港、神泉港、澳角湾、赤沙澳湾、排角湾。揭东港口主要为小型油气码头泊位。除惠来电厂的专用煤码头和重件码头外，惠来港口多为渔港，神泉港兼有货运码头（通用泊位）的功能。揭阳主要航道有榕江航道以及惠来沿海航道。惠来外海港区航道目前主要是资深、靖海、神泉3个渔商港的通航水道，以及惠来电厂航道。揭阳市外海港区的主要锚地有澳角锚地及内港湾锚地。

揭阳市的海洋产业主要以海洋电力业、海洋交通运输业、海洋渔业、滨海旅游业为主。渔业产业结构进一步优化，海洋捕捞强度有所下降，捕捞结构性调整初见成效。养殖业主导养殖品种、规模不断扩大。全市加快建设揭东县地都镇青蟹养殖基地、云路镇仿生态中华鳖养殖基地、以揭西为主罗非鱼养殖基地、惠来县对虾养殖基地和工厂化养鲍基地，实现了以养殖为主的渔业发展方式的根本性转变。涉海重点项目取得突破性进展，惠来电厂、中海油粤东LNG项目、惠来乌屿核电厂等一批涉海大型发展项目，成为全市海洋产业开发和沿海经济发展的新亮点。

在海洋产业布局上，揭阳依托沿海、沿江、临港资源优势，发挥中石油广东石化炼油项目等重大项目的集聚、带动作用，完善产业发展配套体系，重点发展临海石化产业、能源产业、大型装备、港口物流、船舶修造等沿海重化产业集群，打造电力能源、石油化工和装备制造基地，基本形成以重化工业为主导的工业体系。以构筑沿海经济带为目标，以海岸带为主轴，以大南海国际石化综合工业园等为依托，加快发展临海重化工业，重点布局石化产业基地、电力能源产业基地和装备制造产业基地，形成"一带三基地多增长极"的产业空间格局。深化港口岸线资源整合，完善港口集疏运条件，建设功能较为完善的沿海港口体系，把揭阳港打造成为亿吨深水大港，形成广东沿海乃至东南亚地区的重要港口和综合交通运输体系的重要枢纽。以揭阳潮汕机场、厦深高铁和神泉港为依托，规划建设以市区和揭东为中心的空港物流枢纽、以惠来为中心的海港物流枢纽和以普宁为中心的高铁物流枢纽，构建区域性物流体系。

在岸线布局上，在惠来沿海海岸带大力发展临港工业，发展石化、能源、装备制造业，做大做强海洋主导产业，重点发展海洋交通运输业、海洋渔业和海洋旅游业，重点建设神泉港石化基地，建成以原油、成品油装卸储存、中转为主的专业化危险品港区和重要的能源储运基地。榕江下游及出海口沿江区域，可重点发展海洋交通运输业、滨海旅游业、海洋渔业等产业。战略性海洋新兴产业要争取有突破性的发展，可结合临海产业带的发展，重点培育海洋生物制药、海洋化工、海水综合利用等高科技产业集群。

四、汕尾市

汕尾辖区内有市城区、陆丰市、海丰县、陆河县、红海湾经济开发试验区、华侨管理区等1市2县3区，总人口330多万人。所辖海域广阔，大陆架内海域面积2.39万平方千米，相当于陆地面积的4.5倍。拥有粤东三大海湾中的碣石湾、红海湾两大海湾和3个海湖。汕尾海岸资源粤东第一，海岸线长455.2千米，占全省岸线长度11.06%。辖内海域有93个岛屿、12个港口和3个海湖，全市沿海200米等深线内属本市所辖海洋国土面积2.38万平方千米，占全省海洋国土面积的14%。绵长的海岸线上既有大量具备发展深水码头的天然条件，也有大量缓坡地、盐碱地可供发展临港产业；既有风格迥异的沙滩、岛屿、滨海风光适宜发展滨海旅游业，也有大量浅海、滩涂可开发海洋水产业。汕尾港是我国对外开放最早的16个港口之一，汕尾港区及陆丰港区分别是国家一类及二类口岸。

近几年，汕尾市临港能源石化工业、港口物流业等新兴海洋产业得到快速发展。凭借丰富的海洋资源优势，汕尾电厂、华城石化、华润电厂、陆丰核电和厦深铁路等一批电力、化工、港口物流重大涉海项目落户汕尾，促进了汕尾海洋经济的快速发展。随着汕尾电厂等多个项目的投产，汕尾临港工业的发展渐成气候。在长达455.2千米的海岸线上，东起甲东风电、宝丽华风电、陆丰核电、红海湾火电、万聪船厂，西至海丰华润火电、小漠石化，已初步形成了以电力能源为主的"沿海临港工业走廊"。深汕特别合作区的建立更是令汕尾抓住了产业转移战略机遇，借助深圳资源优势吸引新能源、电子信息等先进制造业和高新技术产业进驻汕尾，成为临港工业发展强有力的支撑。海洋捕捞、水产养殖和水产品加工业同步发展，渔业经济总产值占大农业（农、林、牧、副、渔）产值的一半以上。以金厢滩海滨、小漠海滨和红海湾水上运动基地为依托的滨海观光"蓝色旅游"取得了较好发展，滨海旅游业已成为一大支柱产业。

汕尾地理区位优势明显，位于广东东南部沿海，西联珠三角，东接海峡西岸经济区。汕尾港距太平洋国际航线只有12海里，水路距香港仅81海里、距台湾高雄港200海里，陆路距广州240千米、深圳150千米、汕头160千米，是粤东地区融入珠三角的主力市。与珠三角海岸经济带趋于饱和相比，汕尾土地开发强度低，远未达到饱和状态，充足的土地储备为海岸经济纵深发展提供了广阔的腹地。汕尾港适宜建造大型深水泊位码头，根据《汕尾港总体规划》，汕尾新港将建成8～19个10万吨级以上泊位，至2020年，全市将新增泊位码头21个，形成以大型深水泊位码头为主、中小泊位码头为补充的港口新格局，可以满足大力发展能源和石油化工等重化工业对港口的需求。

在产业布局上，汕尾市充分对接珠三角，承接海洋产业转移，建成广东省新型能源基地、临海型先进制造业基地、海洋渔业深加工基地和海洋型产业转移示范区，重点建设深汕特别合作区、汕尾中心城区、汕尾临海能源工业基地、马宫石化能源基地、汕尾揭石湾石油化工和船舶制造基地，以及太湖、揭石湾两个海洋生态旅游区。发挥紧靠珠江三角洲地区电力负荷中心和海岸线长可建设大型电厂的地缘优势，重点以红海湾为中心，加快建设汕尾电厂和风电项目，推进陆丰核电项目建设。借助毗邻惠州大亚湾和揭阳石化基地的区位优势，以中海油华城石化储运项目、粤东成品油管道（汕尾段）和天然气输气管道为起点，重点发展面向粤东、珠三角和闽东南市场的石油储运、精细化工以及中下游产品加工，为珠三角石化产业带向东延伸提供腹地和配套服务。以施公寮半岛、市城区工业园区组团等为重点发展区域，重点发展船舶修造、高级游艇、玻璃钢船、钢质渔船、特种船舶等产品和服务，合理发展大型旧船拆解业务，延伸拓展配套产业，建成粤东船舶修造生产基地。

在岸线布局上，汕尾主要依托海湾资源条件，在红海湾构建火电、风电、核电门类齐全的能源产业集群，建成粤东重要的新型能源基地。其中，考洲洋岸段适度发展海洋特色渔业、滨海旅游业，建成海洋生活和生态区；东山湾岸段重点保护海洋生态系统，建成海洋生态区。碣石湾岸段进行适度围填海，建成海洋生产和生活区。品清湖岸段重点维护海洋生态系统平衡和生物多样性，打造海洋生态和旅游区。

第八章 广东省沿海城市海洋经济发展布局

第三节 粤西地区

一、阳江市

阳江是广东海洋大市，全市海、岛岸线总长458.6千米，其中大陆海岸线323.5千米，海岛岸线135.1千米，宜港岸线39.1千米。全市共有116个海岛，其中面积大于500平方米的海岛共有40个，海岛总面积113平方千米；海域面积约1.23万平方千米，20米等深线以内的浅海和滩涂面积1624平方千米，其中10米等深线以内的浅海面积620平方千米，滩涂面积131平方千米。阳江港湾众多，全市有闸坡、东平、沙扒、溪头、河北、对岸等国家认可的六大渔港，其中闸坡渔港是国家六大中心渔港之一。海岸沿线风光秀丽，滩广沙洁，河流纵横交错，主要入海河流5条。沿海生态环境极具多样性，成片的红树林约800公顷，是鱼虾蟹贝繁殖生长的理想场所。

近年来，阳江的海洋经济从传统的海洋渔业，向旅游产业、滨海能源产业逐渐延伸。海洋渔业是阳江海洋经济中的传统优势产业，全市各地建成了一批以海水优质鱼、对虾、近江牡蛎、罗非鱼等品种为主的基地化、健康化、集约化的海水养殖基地以及国家级标准化健康养殖示范基地。滨海旅游资源丰富，广东海上丝绸之路博物馆落户海陵岛后，借助"南海Ⅰ号"这一世界级文化品牌，阳江的知名度大大提升，成为广东乃至华南地区滨海旅游的热点。滨海能源产业逐渐兴起，全市沿海地区有如阳江核电、阳西华润风电、海陵风电、东平风电和新洲风电等核能、风能、浪能发电多个项目接连落地，阳江已成为广东重要的新能源基地。

阳江地理区位优势突出，地处广东省西部沿海，紧靠珠三角核心区，是珠三角的直接腹地和粤西地区面向珠三角的前沿，全市陆地面积

7946.4平方千米，人口275万，陆路距广州247千米，距湛江230千米，距珠海160千米。水路距香港143海里，距澳门129海里。被评为中国优秀旅游城市、中国最佳生态城市、中国刀剪之都、中国风筝之乡和中国温泉之乡，已经成为国内外许多人士安居置业、休闲度假、观光旅游胜地。

阳江的海洋资源得天独厚。在港口资源方面，建港条件良好。阳江港是国家一类口岸，已建成万吨级以上码头6个，5万吨级码头2个，10万吨级货轮可以进出，并已开通了直达深圳、香港的集装箱定期航班。阳江港西岸可建20万～30万吨级的多级别、多功能深水泊位，十分适宜发展临港工业和现代物流业。在土地资源方面，阳江是广东省人口密度相对较低的地区之一，属较平坦的丘陵地区，全市建设用地总面积565平方千米，可为工业开发和城市建设提供充足的用地。在旅游资源方面，阳江有100多平方千米的喀斯特峰林地貌，还有20多处水清沙洁的碧海银滩以及20多处各类型的温泉资源。

在海洋产业布局上，阳江市统筹海、岸、湾、滩、岛综合开发，建设阳江市高新区、阳东、阳西三大临海工业基地，发展海洋电力业和滨海旅游业，构建粤西能源基地和综合旅游业基地，打造海湾蓝色经济产业带。在高新区重点发展装备制造、集装箱制造、水产品加工、海洋生物医药工程、新能源、精细化工、日用电器仓储物流等现代产业，建设临港先进制造业基地；在阳东沿海重点发展海洋新能源、水产品加工，建设全省核电产业和海洋新能源基地；在阳西重点发展电力能源、海洋船舶、石油化工、水产品加工、金属冶炼加工等产业，建设石油化工基地；扶持江城区对岸水产品加工流通产业园区建设，积极支持海陵岛试验区推进风力发电建设和发展水产品加工业。

二、茂名市

茂名市南部临海，位于南中国海之滨，地处广东省西南部，背靠祖国大西南，海岸线曲折多湾，迂回220多千米，有海岛12个，10米等深浅海滩涂面积 628 平方千米，目前仅开发了 30.3%。滩长、林绿、水清是这里的资源特色。茂名拥有得天独厚的深水港口资源优势，拥有多个天然良港。茂名港是国家一类对外开放口岸，包括水东、博贺、北山岭 3 个港区，现已有码头泊位 41 个，是全国大港之一，年吞吐能力达 1759 万吨。水东港是我国对外开放一类口岸，现已建成多个万吨级成品油码头和杂货、集装箱码头，拥有全国最大的 25 万吨级单点系泊原油接卸系统，年吞吐能力达到 1450 万吨。博贺港区以莲头半岛为依托，10 米等深线离岸仅 700 米，15 米等深线离岸仅 2.5 千米，20 米等深线离岸仅 11 千米（湛江港为 30 千米，惠州港为 40 千米），稍加疏浚即可达 22 米水深，最适宜建设 30 万吨级大型深水码头。北山岭港区与博贺港区相邻（即规划建设中的博贺新港区，已建有 85 万立方米原油库和全国第一套 25 万吨级单点系泊系统，系统距岸边 15.3 千米），天然水深 24 米，初步论证，可建 2 万~30 万吨级码头泊位 89 个。

经过多年来的发展，茂名市海洋经济已具备了较好的产业基础。在海洋渔业方面，具有技术先进、捕捞能力强、作业范围覆盖广（包括远洋、深海、近海）的作业船队，有全省最大的国家一级群众渔港——博贺渔港。罗非鱼养殖、贝类养殖、对虾养殖、藻类养殖和海水网箱养殖在全省占有举足轻重的地位，对虾种苗是广东省乃至全国重要的生产基地。在海洋交通运输业方面，茂名港已发展成为以石化产品储运为主的综合性大港口，属国家一类开放口岸，具有全国最大的单点系泊原油码头和储备罐，已初步形成了碳四、碳五、碳九、芳烃、环氧乙烷、精细化工、橡塑加工七大系列产品的石化产业链，港口服务配套设施建设和管理水平也不断提高。在滨海旅游业方面，第一滩、放鸡岛、虎头山等景区设施不断完善，知名度不断提升，游客日益增多。在海洋工业方面，茂名市有海产品加工、渔船渔机修造、海水制盐、砂矿选采等传统海洋产业，实力也比较雄厚，以重化工业为主的新型临港工业也正在迅速崛起，成为后起之秀。

茂名海域辽阔，有广阔的开发利用空间。茂名海岸线长 220 千米，200 米等深线以内海区面积 2.3 万平方千米，可供开发利用的面积几乎是陆地面积的2倍,其中40米等深线以内海区面积4230平方千米。目前,茂名的内海开发利用率还不足3%,且主要集中于滩涂和沿岸较浅的海域,较深的海域还未得到有效的开发利用,开发利用的空间还非常广阔。海洋资源丰富,有较大的开发利用潜力。海洋渔业资源种类繁多,常见的经济鱼、虾、蟹、贝、藻类等有100多种,发展海洋渔业条件得天独厚。港湾资源众多,沿岸有水东、博贺、莲头、鸡打、东山等19个大小港湾,且港湾避风条件良好,深浅适宜,建港条件理想。滨海旅游资源及砂矿资源、盐业资源也非常丰富。区位条件优越,有较好的发展前景。茂名沿海地处亚热带,水资源丰富,四季气候宜人,且处于大珠三角和泛珠三角交汇处,公路、铁路、海路运输四通八达。爵山莲头岭附近具有建设华南地区深水大港的条件和优势,有发展大型临港工业的港口腹地,发展临港工业前景非常好。

在产业布局上,茂名充分发挥深水大港优势,依托博贺新港区、水东港区、博贺渔港区和吉达港区"四港"建设,发展以石化为主导的临海工业及海洋交通运输业、滨海旅游业等第三产业,打造现代化的宜居宜业海滨城市。博贺新港区主要建设5万吨级及以上的深水码头泊位,以大宗散货接卸、液体化工品、集装箱运输为主,通过保税港区建设,成为石化、矿石、煤炭、粮油等大宗货物的集散交易中心和茂名港的核心港区。水东港区以发展散杂货运输和旅游客运服务为重点,建设成为为城市生产、生活和发展服务,并为高新技术产业区、河西工业城提供港口支持的综合性港区。博贺渔港区在现有基础上,建设成为集外海捕捞、远洋捕捞、近海养殖、海产品加工和渔家风情于一体的专业性渔港。吉达港区立足于为临港产业园区服务,加快港口及集疏运基础设施建设,成为服务后方临港产业园区企业的港区。

三、湛江市

湛江位于粤西海洋经济区的最西端,地处我国三大半岛之一的雷州半岛，五县（市）四区均面临海洋，岸线绵长，全市海岸线长达1556千米，占广东省海岸线长的46%，是广东省内拥有海岸线最长的城市。海域面积2万平方千米。全市海岛、沙洲104个，岛岸线长779.9千米。浅海滩涂面积广阔，10米等深线以内浅海滩涂面积48.9万公顷，相当于全市耕地面积的1.4倍。绵长的海岸线、广阔的浅海滩涂、种类繁多的海洋生物，是湛江发展海洋经济得天独厚的优势。另外，位于湛江的广东海洋大学是全国3所海洋大学之一，海洋科技力量较好，发展海洋经济具有优越的基础和条件。

湛江拥有众多港湾，形成了以湛江港为主、环雷州半岛中小港口相互配套的优良的港口群。其中，湛江港是粤西和环北部湾地区最大的天然深水良港，以"大、优、深"著称，港内海岸线长241千米，是世界第一大港荷兰鹿特丹港的3倍，其中深水岸线97千米，航道水深40米，超过世界10大港口23～28米的码头前沿水深，可通行30万吨级货轮和50万吨级油轮，可建设第五、第六代集装箱码头。近年来，湛江港口发展速度明显加快，港口功能显著提升。凭借与国际原油、铁矿石产区海运最近的有利条件，形成相对其他港口所独有的、具备竞争力的优势，使湛江成为物流重要基地，成为临港重化工业布局的最佳选择。经国务院批准的《全国沿海港口布局规划》，将湛江港确定为我国西南沿海地区港口群的主体港，进一步凸现了湛江港的地位和优势。

湛江已经构建起包括海洋渔业、海洋能源、港口运输、现代物流、临港工业、滨海旅游等新型的海洋经济体系，海洋经济已深深渗透一、二、三次产业各领域。以石化、能源为主的临海重化工业发展迅速，海洋工业、海洋渔业、港口物流和滨海旅游等海洋支柱产业在全省处于领先水平，成为粤西蓝色产业带的龙头。

作为海洋大市，港口与岸线是湛江最重要的优势资源。湛江地理条件优越，海洋资源丰富，是中国大陆通往东南亚、非洲、欧洲和大洋洲海洋运输距离最短、成本较低的口岸，海洋区域优势地位显著，是西南出海主通道和远洋门户。湛江港拥有30万吨级油轮码头、30万吨级深水航道和

20 万吨级铁矿石码头，是我国远洋贸易的主要港口之一，是国家综合运输体系的重要枢纽，目前已经承接了华南铁矿石、原油的接卸业务，也是重要的集装箱支线港。海洋战略区位优势日益显现，使湛江成为海洋重化工业布点的最佳选择。湛江市位于中国大陆最南端、广东省西南部，地处粤桂琼三省（区）交汇处，经济腹地包括粤西地区和云、贵、川、渝、桂、湘、鄂、琼等省份。随着湛江钢铁、中科合资广东炼化一体化两个项目落户湛江东海岛，湛江以临港重化工业为龙头的现代产业体系建设突飞猛进。海洋科技优势明显，为湛江开发利用海洋资源提供科技与人才保障。湛江市拥有普通高等院校 5 所，广东海洋大学为我国第二所海洋大学，南海舰队、南海西部石油公司、湛江港务局和湛江渔业公司等驻湛涉海单位，也拥有实力雄厚的海洋科技力量和管理人才。东海岛建立了国家级的科技兴海示范基地，为开发利用和保护海洋资源提供了人才保障和科技支持。

在海洋产业布局上，湛江依托深水良港与区位优势，以"远洋门户"战略定位为目标，利用东连港澳、珠三角，西接北部湾，依托雷州半岛，毗邻海南，背靠大西南以及南海国际大通道等优势，加强与北部湾经济开发区的合作，大力发展远洋运输业、临港工业、临海海洋经济带以及发展国际性物流平台，形成聚集与辐射作用，打造海洋经济区域性发展中心、全国海洋经济强市。首先，以湛江经济开发区、湛江临港工业园区为支撑，以东海岛钢铁基地和中科炼化一体化等项目的建设为契机，着力发展东海岛高端临海现代制造业集群。其次，规划建设东海岛深水港区，重点发展钢铁、石化、修造船、装备制造等重化产业，大力发展港口物流、水产品加工流通、海洋旅游等产业。最后，加快湛江经济开发区、广东（湛江）产业转移工业园和湛江临港工业区基础设施建设，上马一批上规模、有影响的临港工业项目，重点推进湛江钢铁基地及其东海岛南岸配套工业园、临海修造船、海洋工程装备、雷州燃煤发电等临港大型用海项目的实施。

第九章

深蓝广东与海上产业转移

作为海洋经济总量连续19年居全国第一的广东，在海洋经济试点工作的启动步伐总体上已慢于鲁浙，要在本轮"海洋竞赛"中继续领跑，建设海洋经济强省，实现"蓝色崛起"，必须充分发挥自身"深蓝"特色，以海洋重大项目为导向，以"海上产业转移"为突破口，合理开发海洋资源，科学利用海岛、海湾、深海和围填海资源，根据海岸线布局海洋产业，推进广东由海洋资源大省向海洋经济强省转变。

第九章 深蓝广东与海上产业转移

第一节 广东海洋经济强省建设战略思路

广东要以科学发展为主题,以建设海洋经济强省为目标,以"深蓝广东战略"为核心,以"深蓝科技战略"为基础,以"产业高端化战略"为指导,以打造"海上绿道"为抓手,突出"深蓝"特色和海陆联动特色,抢抓机遇,先行先试,吸引海洋重大项目优先布局,不断提升海洋经济的综合竞争力和可持续发展能力,当好全国海洋经济科学发展的排头兵,实现"蓝色崛起"。

一、"深蓝广东"

广东要依托海洋开发综合试验区的建设,建设"深蓝广东"。通过给予试验区特殊政策和支持,帮助试验区高起点、高标准地搞好综合规划;支持试验区以海岸带为依托,建立试验区的陆地发展基地;使试验区成为全省乃至国家的海洋种植养殖产业科研基地、海洋食品产业基地、海洋工业品制造基地、海洋能源开发基地,以及海洋运输业、舰船构建和生产基地。最终使海洋开发综合试验区成为全省海洋经济开发示范点和辐射源,更好地带动周边区域海洋经济发展,形成不同类型的海洋经济开发区。

二、产业高端化、深蓝科技、海上绿道

(一)实施"产业高端化"战略,打造提升我国海洋经济国际竞争力的核心区

广东要以提升优势海洋主导产业为基础,以打造高端临海工业集群为

重点，以培育壮大海洋战略性新兴产业为支撑，抢占新世纪国际海洋开发的战略制高点，科学谋划海洋空间资源综合开发，促进海洋产业结构优化升级，率先构建现代海洋产业体系。要通过建设近海海洋产业链系统和终端商品生产加工产业链系统，使海洋产业链体系的资源优势在广东本地快速转化为产品优势，以南海为中心构筑全球化的海洋运输网络体系。重点发展海洋工程装备制造、海洋生物医药、海水综合利用、海洋新能源等海洋战略性新兴产业。加快珠海中船海洋工程装备基地和中海油深水海洋工程装备制造建设项目的建设；加强广州、深圳国家生物产业基地建设和中山、珠海、阳江、湛江、汕头等市的生物医药科技产业园建设；大力发展风电、核电、太阳能等新能源产业，合理布局建设大型火电厂和核电站。依托南海开发和广东港口、航道、市场优势，把广东建成我国重要的油气资源战略储备基地之一。优化临海产业布局，加快建设科技引领、产业高端、优势突出、布局合理的现代海洋产业集聚区，将广东打造成为建设海洋强国的主力军。

（二）实施"深蓝科技"战略，建设全国海洋科技创新和成果高效转化集聚区

广东要加大政府财政投入和科技扶持力度，改善海洋高科技企业发展政策环境，促进海洋企业提升自主创新能力。深化海洋科技创新和成果转化体制改革，整合优势科技资源，加快重大科技兴海项目攻关和科技成果转化。要坚持"加快转化、引导产业、支撑经济、协调发展"的指导方针，紧紧抓住科技成果转化和产业化的主线，尽快将海洋科技成果转化为现实生产力。加强海洋人才引进与培育，积极推进海洋信息化建设，推进"数字海洋"，为海洋安全、经济、科研、网格、综合、虚拟的应用提供服务，大力优化自主创新和产业发展环境，将广东建设成为具有国际竞争力的海洋科技人才高地、海洋科技创新中心、海洋高技术产业基地和成果高效转化基地。

（三）实施"海上绿道"战略，构建"三生三带"海洋生态文明示范区

广东要将海洋经济发展与环境、民生等连接起来，坚持生态环境保护与海洋资源开发并重，把海岸带进行生产岸线、生活岸线和生态岸线的主体功能分区，并付之于不同的开发和保护措施。用滨海"绿道"把全省自东向西的海岸串成一线，用蓝海、白云、青山、绿岛、潮汐等滨海自然景观结合路、桥、船、楼等人工景观，配之当地的民俗风情、历史文化、特色建筑，由海洋生态景观带、蓝色城镇居住带和临海产业带共同构成以海洋文化和海洋生态为主要特征的富有独特滨海风情的"海上绿道"。

第二节 海上产业转移

推动海上产业转移的本质是转变海洋经济发展方式。海上产业转移是一种开放式的发展，是一种高起点的利用海洋资源的发展，是推动海洋经济发展方式的转变，从而推动整体的区域协调发展，促进海洋经济的错位发展，避免重复竞争、粗放开发，最终构建特色鲜明、错位竞争、合作共赢的海洋产业区域发展格局，实现科学发展，提升广东省的海洋经济整体竞争力。

一、海上产业转移的内涵与特点

海上产业转移是利用广东省发达地区或欠发达地区的岸线、港口、海岛等海洋资源及南海开发战略腹地的区位条件，整合国内海洋产业发展的各种要素形成海洋产业集聚。这一方面体现了海洋经济发展的转移方式，另一方面也体现了全球海洋资源更广泛、更开放的利用，促进海洋资源的

流动与合理配置，是站在更高层次、从顶层设计上对全省产业链进行布局和重构，是广东海洋经济发展的最大借力。

海上产业转移具有以下特点。一是海上产业转移是一种跨梯度的、平行的产业转移，是一种区位和资源导向型的产业转移，看重的是沿海地市的岸线、港口等海洋资源及临海的区位条件。二是产业转移中主要以国际发达国家和地区及国内来粤的重大涉海项目及企业的增量转移为主。三是海上产业转移需要高科技的引领，海洋生物技术、海洋资源探测技术、海洋油气开发技术、海洋深潜技术将推动海洋产业转移向深入发展。四是海上产业转移将在广东具有明显资源及区位条件的14个沿海市形成特色明显、优势互补的海洋产业集聚区。五是海上产业转移可能需要通过围填海及海岛开发设立新园区作为承接海上产业转移的载体。

二、广东推动海上产业转移的战略重点

（一）从顶层设计上统筹全省海洋产业转移

合理谋划、科学布局全省的产业链条是一个立足现状、着眼未来的大思维、大规划，是高瞻远瞩的顶层设计。推动海上产业转移、重构广东产业格局需要省委省政府立足于广东作为海洋大省的资源优势及独特的临海区位优势，以全球视野、战略眼光来谋划广东未来的产业发展与布局，按照尊重自然、统筹协调、海陆联动、集群集约和生态优先的原则，合理布局相适应的海洋产业和产业集聚区（园区），对全省海洋经济的空间布局进行统筹，对各海域的海洋发展方向进行指导，从而促进海洋经济的错位发展，避免重复竞争、粗放开发，以实现科学发展。

（二）以我省国家级滨海新区为载体，在有条件的地区进行科学围填海

广东省入海河流众多，滩涂淤涨型海域面积大，具有实施围填海的良

好条件。填海造地可以提供大规模的连片的土地供给,形成联动的工业产业园区,为城市经济发展、招商引资创造有利条件。但是,要根据海域资源环境自然条件、社会经济发展需要、围填海生态环境综合评估等因素,确定海岸基本功能、开发利用方向和环境保护要求,科学划定禁止围填区、限制围填区和适度围填区,以我省国家级滨海新区为载体,重点推进广州龙穴岛用海区、珠海横琴岛集中集约用海区、深圳前海集中集约用海区、珠海高栏岛集中集约用海区、汕头东部集中集约用海区、江门银湖湾集中集约用海区、湛江东海岛集中集约用海区、东莞长安交椅湾集中集约用海区 8 个集中集约用海区,鼓励人工岛式围填海、多突堤式围填海、区块组团式围填海,编制区域用海规划,推进规模化、集约化用海,实现科学填海、有序用海,优先保障国家重点基础设施、产业政策鼓励发展项目和民生领域项目的围填海活动。

(三) 以港口发展为契机,推动海岛经济全面发展

广东岸线虽长,但深水岸线不多,可建成大型或超大型的港湾资源更少,利用海岛深水岸线建设大型甚至超大型深水港,是广东建设现代海洋产业体系的重要支撑之一。拥有深水岸线和优良港湾、腹地广阔、社会经济条件适宜建港的海岛将优先列入港口与临港工业类。例如,大亚湾海岛:主要由马鞭洲、纯洲等海岛组成,应充分发挥深水岸线资源优势,积极融入大亚湾地区世界级石化工业区建设。前海湾海岛:主要由大铲岛、孖洲等海岛组成,应充分发挥深水岸线资源和临港工业优势,积极配合前海湾保税港区的建设。南沙海岛:主要由龙穴岛等海岛组成,应以"大工业、大物流、大交通"为基本发展理念,构建各具特色、分工明确的空间格局。马鞍岛:主要由横门、烂山、灯笼岛等海岛组成,作为中山市东部组团的核心,其临海工业区发展应立足于产业配套。珠江口西岸海岛:主要包括黄茅岛能源工业区、万山群岛超大型深水港区和高栏诸岛临港工业区,要以港口发展为契机,延伸海洋产业价值链,如发展新兴海洋产业、临港工业、物流业、服务业和旅游业等,由此推动海岛经济实现跨越式发展。

第三节 战略支撑平台

广东在建设海洋经济强省的过程中,要着重打造好以下战略支撑平台。

一、创新体制机制,构建海洋经济强省的综合管理制度平台

(一)进一步完善全省海洋管理体系

充分发挥广东省海洋工作领导小组在规划实施中的组织协调作用。加强对全省海洋经济重大决策、重大工程项目的协调领导以及政策措施的督促落实。规范各级涉海管理部门的职责划分,合理界定省、市、县的管理范围和权限,明确有关部门的分工和责任,研究制定有关政策措施,形成职责明确、分工合理、配合协调的管理体系。

(二)创新海洋管理合作协调机制

创新跨部门、跨区域在产业协调发展、环境保护与治理等方面的合作协调机制。探索建立根据海洋经济发展规划和产业政策调控海域使用方向和规模的机制。根据海洋资源环境承载力、开发密度和用海需求,探索建立海洋主体功能区规划制度。坚持科学用海,探索区域性集中集约用海管理模式。研究解决海域使用权证与土地使用权证的法规政策关系等问题,实现海域使用权证书直接进入项目报建程序。

(三)健全海域使用动态监测体系

实施覆盖海域使用、海岛保护、海岸变迁、海湾容量等多层次的立

体、动态监视监测，为科学管理用海提供技术支撑。推进海洋环境监测和监察机构标准化建设。加强省、市、县三级海域使用动态监视监测能力建设，实施海域现状、海域权属、海洋功能区、在建项目等海域利用状况以及岸线、海湾河口、海岛等海域自然属性变化的监视监测，实现国家、省、市、县四级海域使用动态监视监测的规范化运行。

（四）严格执行海域使用管理制度

健全完善海域使用相关配套管理办法，贯彻实施海域使用三项基本制度。根据国家要求，实行围填海总量指标控制管理和年度围填海计划，统筹安排各类用海需求。探索科学有序的海域使用管理机制，推进海域使用权流转，逐步向市场配置海域资源的供海方式转变。推进海域权属作为基本建设依据的试点，促进海域资源集约、高效利用。

（五）启动海域使用权二级市场的建设

按照海域使用权的用益物权属性，在建立、完善公开出让海域使用权的各项规章制度的同时，积极推进海域使用权抵押贷款，开展海域使用权出租、出资、转让政策研究，探索建立海域使用权评估体系。进一步缓解用海矛盾，优化海域资源配置，提高海域使用的经济效益。

（六）提高海洋信息化服务能力

加快推进海洋信息化建设，积极应用各类涉海调查成果，加快推进涵盖海洋资源管理、海洋环境保护、海洋防灾减灾、海洋经济运行监测评估、海洋执法监察、海洋科技管理等功能在内的海洋综合管理与服务信息系统的建设。建设省级海洋与渔业数据中心，加强基础数据的统一管理，有序推进海洋信息共享，保障信息安全。促进海洋信息资源的有效利用，健全信息发布制度，为海洋行政管理、海洋经济建设、海洋公共服务等方面搭建信息交流与应用平台，全面提高全省海洋管理和服务信息化水平。

二、调整海洋创新发展模式，打造海洋经济强省建设的高科技与人才集聚平台

（一）构建海洋开发集成战略，建设创新型海洋经济强省

强化重点创新领域的自主创新和超前部署。为了兴海强省，广东应在树立和落实科学发展、强化自主创新的总体要求下，积极调整创新发展模式，对具有国际竞争力、有决定意义的领域重点部署，强化关键领域和薄弱环节的人才、技术、资金和物质投入与积累，依靠战略导向和超前安排求集成绩效。营造和谐优化的海洋经济集成创新环境。通过营造良好的海洋创新文化环境、良好的创新服务环境、良好的创新政策环境、完善的法律体系环境、良好的创新人才资源的开发与利用环境、有效的维护海洋权益的国际环境，加强公共集成创新平台建设，完善创新制度安排，构建创新支撑体系。

（二）建设"数字"海洋

积极推进海洋信息化建设，推进"数字海洋"战略。建设近海海洋信息基础平台、海洋综合管理信息系统和"数字海洋"原型系统；逐步完成"数字海洋"空间数据基础设施的构建，基本满足广东中比例尺（局部区域大比例尺）海洋空间数据的获取、交换、配准、集成、维护与更新要求；重点突破"数字海洋"建设所急需的支撑技术；完成"数字海洋"原型系统的开发，实现试运行，并开展应用示范研究，开发出一批可视化程度高的新型海洋信息应用产品。其目标是实现全覆盖式海洋立体观测体系，确保获取广东安全与经济所需的全球海洋综合信息数据；建设完备的基础与专题数据库体系，达到对海洋安全、经济、科研、网格、综合、虚拟的应用与服务支撑。推动海洋信息技术自主创新能力和建设能力达到世界一流水平，海洋信息产品力求先进、实用、功能强大，满足海

洋活动中的各方需求。

（三）加强海洋科技创新平台建设

充分利用国家、部门及广东省的涉海科技基础条件，优化配置海洋科技资源，加快构建"政产学研"相结合的海洋科技创新体系。加强省部（院）合作，支持企业与高等院校、科研院所开展合作，建立海洋科技创新联盟。建设一批工程技术研究中心、成果转化与推广平台、信息服务平台、环境安全保障平台和示范区（基地、园区），形成技术集成度高、带动作用强、国家和地方相结合、企业和高等院校及科研院所相结合的科技创新平台。

加强海洋科技的重点攻关，努力在现代海洋渔业、海洋生物制药、海洋工程装备制造、海洋可再生能源利用、海水综合利用、深海技术、海洋环保技术、海洋生态环境保护与修复等领域形成一批重大关键技术和具有自主知识产权的技术成果。完善国际科技交流合作机制，进一步加强与欧美、日韩、东盟等国家和地区的海洋科技交流合作。

（四）促进海洋科技成果转化

创新海洋科技成果转化机制，构建多元化、多层次的科技成果转化和公共技术服务平台，落实和完善海洋科技成果转化的财政、税收等扶持政策。以国家和省（部）级重点实验室、工程中心为依托，以广东省科技转化机构、企业科技开发基地和试验场等为主体，加快建设国家级、省（市）级海洋科技成果中试基地、公共转化平台和成果转化基地。加快海洋科技成果孵化和产业化，组织实施一批高新技术产业化示范工程，着力建设一批海洋科技产业示范基地，推进以企业为主体的科技成果转化体系建设。推进海洋科技推广服务体系建设，鼓励社会团体、科研院所、高校、企业和中介组织参与海洋科技创新成果推广应用，支持海洋科技成果推广中介机构、培训机构、技术推广站的发展。

（五）加强海洋学科建设，引进培育海洋科技领军人才

推动驻粤高等院校合理调整、完善海洋学科设置，加强海洋重点学科建设。落实广东省与国家海洋局共建广东海洋大学协议，支持海洋重点实验室、优势专业建设。实施"明珠学者""明珠讲座教授"等人才强海计划，启动海洋高级人才引进工程，本着"缺什么、补什么"的原则，想人才之所想，急人才之所急。通过提供全面人力资源服务，创新人才管理服务方式，寓"管理"于"服务"，构建完整的人才服务链条，引进一批高层次海洋科技创新人才、领军人物、科技创新团队。

三、推动海陆产业转移一体化，构建海洋经济强省建设的产业集聚发展平台

（一）借鉴陆域产业园区发展模式，共建海上产业转移园区

借鉴陆地共建产业转移工业园的模式，推动海洋产业腾笼换鸟，将珠三角的港口、码头转为金融、文化创意等海洋现代服务业，将海洋运输扩散到粤东西的其他主要港口，由珠三角市和承接市两地政府合作建设海上产业转移园，为广东临海产业的发展造出新空间。

（二）把海上产业转移纳入"双转移"战略

把推动海上产业转移作为推动"双转移"战略的重要组成部分，海上产业转移的相关项目同享"双转移"的相关优惠政策，"双转移"的省财政扶持资金中要切实扶持海上产业转移。

（三）提升海洋空间资源优化利用水平

坚持海陆统筹、科学适度用海和维护海洋生态环境，以支撑现代滨海工业、打造新型滨海新城为重点，大胆创新海域使用模式，着力提升

海洋空间资源优化利用和生态环境保护水平,积极推进建设重点突出、特色鲜明、功能明晰、优势互补的集中集约用海区域,要合理规划、科学布局、集约利用、确保生态安全。充分考虑海洋资源储备、纳污能力、生态系统稳定性、海岸地区人口和经济发展水平等方面的因素,确定科学合理的围填海规模,严格控制或禁止污染严重、破坏性强、超出工程区域围填海承载力的围填海工程项目的实施。鼓励人工岛式围填海、多突堤式围填海、区块组团式围填海。优先保障国家重点基础设施、产业政策鼓励发展项目和民生领域项目的围填海活动。加大对"批而未用、围而不填、填而不建"等圈占海域行为的查处力度,科学合理控制围填海工程规模。

四、加强南海大区域资源整合,与港澳台及东盟联手打造国际海洋产业合作平台

(一) 建立粤港澳台海洋产业合作新机制

利用港珠澳大桥建设的契机,布局"港珠澳海湾经济带",充分利用港澳服务业的优势开发海洋,加大广州南沙、深圳前海、珠海横琴与港澳地区的海洋产业合作。进一步推进粤、桂、琼、闽海洋产业合作,推动粤西海洋经济区参与环北部湾经济圈、海南国际旅游岛开发,加快建设湛江港及东海岛临港工业园区。推动粤东海洋经济区参与海峡西岸经济区建设,以南澳海洋开发试验区为依托,加大对台贸易与合作,以港口物流合作及远洋捕捞合作切入,主动与台湾产业进行对接,力争与台湾相关海洋产业形成配套产业链。

(二) 重视发展海洋产业领域的国际合作

努力打通与东盟国家经贸合作的"海上通道",开展远洋捕捞、海洋油气开发、航运物流等产业合作。鼓励外商特别是跨国公司参与广东海洋企业改组改造,投资战略性海洋新兴产业和出口型产业。鼓励有比较优势

和竞争能力的海洋石油勘探开发、海水养殖业、近海工程服务、远洋渔业、海洋运输企业实行"走出去"战略,到国外投资合作,开拓国际市场。

第十章 构建广东现代蓝色产业体系

广东作为全国海洋经济大省，海洋经济发展也进入了转换增长动力、创新驱动发展的关键期。广东要适应和引领海洋经济发展新常态，大力推动海洋供给侧结构性改革，推进海洋经济发展方式转变和海洋产业结构战略性调整，实现由海洋经济大省向海洋经济强省的跃升。

第十章　构建广东现代蓝色产业体系

第一节　广东海洋经济重点产业的选择

广东当前正处于发展海洋经济的历史机遇期，在选择重点产业时不仅要考虑未来发展目标，还要综合考虑产业市场需求、产业比较优势的历史性变动趋势，以及产业对经济社会可持续发展的引领作用。因此，结合广东的实际情况，可选取市场需求、比较优势、可持续发展、生产率上升率四大指标，确定广东海洋经济的重点产业（见表10-1）。

表10-1　广东海洋经济重点产业选择的主要指标

指　　标	计算方法
市场需求	产业增加值①
比较优势	产业区位商②
可持续发展	定性分析
生产率上升率	人均劳动生产率③

一、市场需求

综合比较2010—2017年广东海洋经济各产业增加值可知，海洋科教

---

① 市场需求指标以规模以上独立核算企业销售产值来衡量较为合适，但因数据不可得，改用产业增加值的数据进行比较，不影响最终结论。

② 区位商是指广东海洋特定产业的产值在广东海洋经济总产值中所占的比重与全国该产业产值在全国海洋经济总产值中所占比重之间的比值。区位商大于1，可以认为该产业是广东的专业化部门；区位商越大，专业化水平越高。此处，区位商 = (广东海洋某一产业增加值/广东海洋经济总产值) / (全国该产业增加值/全国海洋经济总产值)。

③ 人均劳动生产率 = 海洋产业增加值/该产业就业人员数。

管理服务业、滨海旅游业、海洋交通运输业、海洋化工业、海洋油气业等海洋产业具有较大的市场规模，海洋电力、海洋船舶工业等产业近年来发展速度较快，具有较大的发展潜力（见表10-2）。

表10-2　广东省主要海洋产业增加值变动情况

序号	海洋产业	2010年增加值（亿元）	2013年增加值（亿元）	2016年增加值（亿元）	2017年增加值（亿元）	年均增长率（%）
1	海洋渔业	320	345	272	291	-2.35
2	海洋油气业	550	580	561	539	-0.50
3	海洋矿业	0.9	1	1	1	2.67
4	海洋盐业	0.8	0.85	1	1	5.74
5	海洋化工业	420	705	514	556	7.26
6	海洋生物医药业	0.9	0.95	1	1	2.67
7	海洋电力	1.7	1.9	7	8	47.29
8	海水利用业	2.1	2	2	2	-1.21
9	海洋船舶工业	100	148	168	150	10.67
10	海洋工程建筑业	265	350	188	214	-5.20
11	海洋交通运输业	560	630	710	781	8.67
12	滨海旅游业	967	1220	1328	1496	11.53
13	海洋科教管理服务业	2130.8	2338.4	2564.8	2812	7.18

数据来源：广东省海洋与渔业局。

同时对比全国的海洋产业数据，分析显示海洋科教管理服务业、滨海旅游业、海洋交通运输业、海洋渔业、海洋油气业等产业具有较大的市场规模，海洋生物医药业、海洋电力业、海洋工程建筑业、海洋化工业等产业增长速度较快，发展潜力较大（见表10-3）。

表 10-3 全国主要海洋产业增加值变动情况

序号	海洋产业	2010年增加值（亿元）	2014年增加值（亿元）	2017年增加值（亿元）	年均增长率（%）
1	海洋渔业	2851.6	3202.9	3560.5	7.68
2	海洋油气业	1302.2	1719.7	1718.7	9.69
3	海洋矿业	45.2	53.3	45.1	-0.07
4	海洋盐业	65.5	76.8	60.1	-2.83
5	海洋化工业	613.8	695.9	843.0	11.16
6	海洋生物医药业	83.8	150.8	184.7	30.14
7	海洋电力业	38.1	59.2	77.3	26.60
8	海水利用业	8.9	10.4	11.1	7.64
9	海洋船舶工业	1215.6	1352.0	1291.3	2.03
10	海洋工程建筑业	874.2	1086.8	1353.8	15.69
11	海洋交通运输业	3785.8	4217.5	4752.6	7.88
12	滨海旅游业	5303.1	6239.9	6931.8	9.34
13	海洋科教管理服务业	6643.1	7556.9	8434.6	8.28

数据来源：广东省海洋与渔业局。

从国内外海洋经济发展趋势出发，结合国内海洋经济整体市场需求，以及广东海洋各产业市场规模和增长率变动状况，可知以下行业会有较大的市场需求：海洋科教管理服务业、滨海旅游业、海洋交通运输业、海洋油气业、海洋电力业、海洋渔业。

二、比较优势

通过计算海洋各产业的区位商，可以对海洋的比较优势进行量化分析。由表 10-4 可以看出，2017 年，广东技术和资本密集型产业在全省具有相对比较优势，尤其是海洋油气业、海洋化工业、海洋科教管理服务业等产业比较优势较为突出，在全国范围内具备较强竞争力。

表10-4 2017年广东省主要海洋产业区位商

序号	海洋产业	区位商
1	海洋渔业	0.36
2	海洋油气业	1.56
3	海洋矿业	0.11
4	海洋盐业	0.08
5	海洋化工业	2.91
6	海洋生物医药业	0.03
7	海洋电力	0.44
8	海水利用业	0.95
9	海洋船舶工业	0.62
10	海洋工程建筑业	0.66
11	海洋交通运输业	0.71
12	滨海旅游业	0.91
13	海洋科教管理服务业	1.45

数据来源：根据广东省海洋与渔业局提供数据计算所得。

三、可持续发展能力

产业的可持续发展能力是选择主导产业的重要标准之一。一般来说，技术密集型产业、资本密集型产业、劳动密集型产业的可持续发展能力依次递减。按照这一原则，海洋科教管理服务业、滨海旅游业、海洋交通运输业、海洋生物医药业、海洋油气业、海洋可再生能源产业、海洋工程装备制造业等产业的技术密集度较高，资源消耗及环境污染较小，具有较强的可持续发展能力。

四、生产率上升率

生产率上升率能够综合反映产业的生产经营效率、劳动投入的经济效益以及技术进步水平等。通过数据分析比较显示，全国海洋产业劳动生产率水平普遍较低，海洋生物医药业、海洋油气业、海洋电力业、海洋交通运输业、滨海旅游业等海洋战略性新兴产业与海洋服务业的人均劳动生产率较高，说明我国海洋经济整体上已进入海洋高科技产业快速发展阶段，科技含量及附加值较高（见表10-5）。同时，从国内外海洋经济特别是海洋战略性新兴产业发展的一般趋势看，海洋工程装备制造业、海洋可再生能源产业、海洋科教管理服务业等是技术要素密集、生产率上升较快的产业。

表10-5　2017年全国主要海洋产业人均劳动生产率

序号	海洋产业	人均劳动生产率（万元/人）
1	海洋渔业	6.21
2	海洋油气业	84.25
3	海洋矿业	28.19
4	海洋盐业	2.43
5	海洋化工业	31.81
6	海洋生物医药业	184.70
7	海洋电力	64.42
8	海洋船舶工业	38.09
9	海洋工程建筑业	21.19
10	海洋交通运输业	56.85
11	滨海旅游业	53.78

数据来源：根据广东省海洋与渔业局提供数据计算所得。

五、海洋经济重点产业的确定

根据以上的量化分析，综合考虑广东海洋经济发展现状及全国海洋经济转型升级的必然规律，结合国内外海洋产业发展特别是海洋战略性新兴产业的发展趋势等，未来广东海洋产业的发展方向应是在加快海洋渔业等传统优势产业转型升级的基础上，充分利用21世纪海上丝绸之路的建设契机，主动引进国外以及我国港澳地区先进的海洋科技力量，力争切入产业链高端环节，积极引进和扶持发展海洋战略性新兴产业。因此，以下产业应成为广东海洋经济重点产业：现代海洋渔业、滨海旅游业、海洋航运业等传统优势海洋产业，海洋工程装备制造业、海洋油气业、海洋生物制药及海洋生物育种业、海洋新材料产业、海洋现代信息服务业、海洋可再生能源产业等海洋战略性新兴产业，以及临海石化、临海钢铁、临海能源等高端临海产业。

第二节 提升发展传统优势海洋产业

在广东海洋经济发展过程中，以海洋渔业、滨海旅游业、海洋交通运输业、海洋油气业等为主的传统优势海洋产业对于发挥海洋资源禀赋优势、带动经济增长起到至关重要的作用，在海洋经济中所占比重较大。2017年，广东海洋渔业、海洋交通运输、海洋油气、海洋化工和滨海旅游五大海洋支柱产业占全省主要海洋产业增加值的90.67%，占全省海洋生产总值的32.46%。但是，由于产业规模较大、资源密集型产业发展模式已成型、产业技术水平较低，广东传统优势海洋产业发展较为缓慢。因此，面对海洋经济的未来发展趋势，要继续保持广东海洋经济第一大省的优势地位，对传统优势海洋产业的提升发展成为新时期广东海洋经济发展的重要任务。

一、现代海洋渔业

广东位于我国海岸及其生产力布局的主轴线上，突出的区位优势为广东现代渔业经济的发展提供了便利的条件。新时期应按照提升近海、开发深海、拓展远洋的原则,以渔船更新、渔港改造、渔民转产为重点,将海洋现代渔业发展与沿海城镇化相结合,形成一批渔民小镇和渔港经济区。以广东"鱼博会"为平台,进一步扩大渔业对外开放水平,鼓励广东渔业"走出去",提升广东渔业的综合发展水平和国际竞争力。

扶持具有开发外海渔场能力的龙头企业、渔业合作组织实施渔船改造,形成一批装备先进、适应深海作业的捕捞渔船。推动江门、阳江、茂名、湛江等地建设外海生产基地。大力发展远洋渔业,新建一批大型钢质节能新型渔船,建设装备先进的现代化远洋渔业船队。以"深蓝渔业"为重点,在广州、深圳、湛江、阳江等地建设远洋渔业基地,构建以开发深海和远洋性渔业资源为主的新型捕捞产业集群。

以提高渔港防台避风和后勤服务能力为核心,以现有渔港的改造、扩容、升级为重点,切实增强渔港在促进渔区经济发展、社会稳定和安全生产中的特殊支撑作用。建设"三个一批"重大项目(六大避风锚地,十大示范性渔港,10个一类、二类渔港,20个三类渔港),到2020年,基本形成现代渔港的"三大体系"。为配合优化沿海岸线功能改造和城市岸线景观改造,引导各地统筹考虑渔港规划布局,在不影响渔民正常生产的前提下,实施旧渔港搬迁工程,对新渔港规划除考虑解决渔船停泊避风、渔货交易等渔港的基本服务功能外,还要考虑渔港供水、供冰、供油、水产交易、海产品加工储存、渔港执法管理、渔业安全救助指挥等配套设施的规划设计,使新渔港建成后成为集船舶修理、水产品精深加工、大型水产品交易市场、休闲渔业、滨海旅游以及冷藏制冷、物流运输等多个产业为一体,产业结构平衡、产业层次较高、龙头作用和辐射效应明显的渔港经济区。

积极应对近年来近海渔业资源萎缩的局面,鼓励不具备远洋作业的渔民实施转产转业。重点淘汰拖网、定置网及其他破坏渔业资源的作业渔船,半渔农的渔船,到期或将到期报废的渔船,船体残旧和近岸小型渔船。除鼓励渔民发展近海养殖外,积极举办职业技能培训,帮助更多渔民寻找新的出路。

在湛江、阳江、江门、珠海、惠州、潮州等地开展深水网箱养殖试点,加大扶持力度,建设一批高标准、高水平、高效益的深水网箱养殖海上产业园。通过划定适宜养殖海域、减免海域使用金、提供技术支持、落实财政补助等措施,吸引社会资金发展深水网箱,推进深水网箱养殖的产业化、集群化发展。在湛江、茂名、阳江、汕头、潮州等地建设一批高水平的水产品精深加工园区,培育一批具有较高市场占有率的知名品牌。

推动以"海洋牧场"为主要形式的海洋生态增殖业,支持海洋"碳汇渔业"技术研发及产业化,建设一批"海洋牧场"生态增殖产业化示范区和碳汇渔业示范区。

开展多双边交流合作,努力拓展新的渔业资源开发利用空间,鼓励渔业企业与国外开展合作,在合作国家专属经济区开展合作捕鱼。鼓励企业建设海外远洋渔业基地,为广东省远洋捕捞渔船提供补给、在当地加工、销售等服务。鼓励广东渔业育种企业发挥育种技术优势,到国外建立鱼苗育种基地。

二、海洋油气业

广东具有发展海洋油气业的独特资源禀赋,濒临的南中国海是个巨大的"蓝色聚宝盆",蕴藏着丰富的油气资源。据权威部门初步估计,南海石油储量500多亿吨,在我国传统疆界线内约有300亿吨,与波斯湾、墨西哥湾、北海齐名为世界四大海洋油气区,开采前景广阔,被誉为第二个"中东"。南海北部的"可燃冰"储量达到我国陆上石油总量的一半左右。随着南海油气资源开发的加快,广东的海洋油气业得到了迅速发展,成为广东海洋经济的优势和支柱产业之一,并在全国居于领先地位。新时期,广东应着力于对新兴海洋油气资源的开发利用技术研究,提升油气勘探技术装备水平,并借助国家南海开发战略的大力推进,提高对南海深海海域的勘探开发程度,带动油气资源的上下游相关产业发展。

三、滨海蓝色旅游产业

广东是国内旅游第一大省,滨海旅游资源以海滩、海岛等自然类为主,拥有滨海自然和滨海人文旅游资源数量分别为 172 个和 84 个。且区域特征突出,粤西沿海自然旅游资源优势是海滩资源丰富,粤东沿海人文旅游资源特别是妈祖文化和滨海文化遗迹优势明显,珠三角沿海海岛资源和海滩资源等级较高。广东应整合旅游资源,全方位、多层次地开发蓝色旅游项目,着力打造几项具有广东特色的海洋旅游精品,在广州、深圳、珠海等地开展邮轮旅游试点,建设优势互补的"一程多站式"精品旅游线路,推进深圳太子湾、广州南沙等区域国际邮轮配套服务设施建设。在广州、深圳、珠海、汕头、阳江、惠州、湛江等地规划建设一批游艇旅游基地。依托 21 世纪海上丝绸之路设计旅游线路,在沿线城市、地区和国家之间开通多条由邮轮以及其他陆地交通工具串联的远洋、近海以及内陆景点的旅游线路,并将周边的自然、人文景点联系起来,打造集滨海风光、民俗风情、自然风光、城市风光于一体的"黄金旅游带",形成集生态、观光、休闲度假、商务会议、体育健身等为一体的现代综合海洋旅游经济。

广东可以依托作为海上丝绸之路发祥地的优势,利用中国与东盟国家正合力打造"泛北部湾滨海旅游胜地"的契机,联合奎隆、苏门答腊岛、柬埔寨、越南等国家或地区,以及我国三亚、阳江、广州、泉州、宁波、扬州、蓬莱等城市,设计包装面向东盟游客的旅游线路,并与港澳地区联合开发推广"一程多站"旅游线路,形成不同主题、特色、档次的多元旅游产品体系,共同打造"21 世纪海上丝绸之路"精品游线。

建立区域协调机制,引导广东及东盟国家国际邮轮运营公司和游艇旅游代理公司进驻对方国家或设立办事处,吸引国际邮轮停靠广东港口,渐次开辟国际邮轮航线。对广州港、湛江港等海上丝绸之路始发地进行旅游宣传,以珠海横琴长隆海洋世界、阳江海陵岛"南海Ⅰ号"等精品旅游线路为突破口,培育国际精品海岛休闲旅游品牌。

推进滨海旅游园区建设,在保护生态的前提下,加强开发海滩旅游、海岛旅游和海礁旅游等。与香港、澳门、广西、海南以及东盟各国签订海洋经济区域紧密合作协议,整合资源,大力发展高端海洋休闲旅游业,实行海洋旅游线路一体化、规范化、服务标准化。积极发展海岛观光、海上运动、海底潜游等新兴旅游项目,重点建设深圳东部、南澳岛、惠东巽寮、万山群岛、川山群岛、红海湾等一批海洋综合旅游区,继续推进广东省国民旅游休闲计划滨海旅游示范景区建设。通过以建立区域性滨海休闲旅游度假中心为目标,加大滨海旅游资源的整合力度,打造区域性旅游休闲娱乐区以及高端游艇旅游区。

四、海洋交通运输与港口物流业

海洋交通运输是国家整个交通运输大动脉的一个重要组成部分,呈现"船舶大型化、航运深水化和运输集装箱化"的发展趋势。港口作为海陆运输的连接点,是海洋交通运输体系的重要节点,是综合物流供应链中最大的货物集结点,连接着各种运输方式。据相关统计资料表明,国际贸易的 90% 以上是通过港口物流实现的。广东是我国大西南的重要出海口、海洋运输的重要枢纽,港口条件优越,拥有 5 个亿吨大港,是我国与丝绸之路沿线国家进行连接的海上门户。在国际海上运输通道方面,广东沿海港口承担着"出海"桥头堡的重要角色,有多条国际航线与全球接轨,可通达新加坡、马来西亚、菲律宾等东南亚国家以及欧洲、美洲、非洲、大洋洲等沿岸国家,运输费用在全国范围内具有明显的竞争优势。在国内港口物流方面,广东港口群是我国南方地区与北方地区间物流的重要枢纽,是华南、西南地区与长三角、环渤海及海峡西岸等地区间重点物资和集装箱运输方面的枢纽。在全国五大区域港口群中,广东同时拥有珠江三角洲港口群以及西南沿海港口群中的湛江港,湛江港作为大西南的出海口联通了西南地区。同时,作为华南经济圈的核心区,广东沿海港口城市具备强大的产业和资本优势，加上临近港澳，具备与港澳联手共建区域性自贸区的优势，这些都为广东依托港口物流发展海洋交通运输业提供了有力的基础和条件。

广东应大力开发建设海上通道，形成江海联运、水陆联运的联运网络。充分利用世界大洋航线，巩固和发展与广东沿海港口的海运联系，大力开发新航线，形成内接腹地、外连五洲的全球海运网。在港口建设上，大力挖掘现有港口能力，明确各港口发展方向，整合协调各港口功能。各港口因地制宜、错位发展，形成布局合理、功能完善、高效便捷的现代化港口集疏运体系，提高集疏运效率和效益。以粤港澳自贸区建设为依托，以21世纪海上丝绸之路沿线港口联盟为契机，推动广东海洋交通运输及港口物流业实现跨越式发展。

以广州、深圳、湛江、珠海、汕头等主要港口为依托，打造布局合理、分工明确、功能完善、运作高效的世界级港口群。按照国际化标准进一步提升港口技术装备和管理服务水平，形成更具影响力的国际物流中心。重点建设广州港、深圳港、珠海港、汕头港、湛江港等全国性主要港口，积极发展惠州港、汕尾港、阳江港、江门港、揭阳港等地区性重要港口。广州港以发展能源、原材料等大宗物资和集装箱运输为主，深圳港以发展集装箱运输为主，珠海港以发展集装箱、煤炭、干散货、油气化学物资等运输为主。粤西港口群以湛江港为中心，以发展能源、原材料等大宗物资运输和集装箱支线运输为主。粤东港口群以汕头港为中心，以发展煤炭、石油等能源和原材料物资运输为主。

发挥华南沿海入海河流高等级航道优势，完善江海联运通道，提高主要港口水路集疏运能力。按照国家综合交通网规划，加快建设连接沿海和内河港口的高速公路和铁路，完善港口集疏运体系，推进沿海高等级公路建设。加强珠江口东西两岸通道建设，研究推进琼州海峡跨海通道等主要出省通道前期工作。增强综合交通枢纽换乘和换装功能，提高运输效率，实现旅客"零距离换乘"和货物运输"无缝衔接"。

以21世纪海上丝绸之路沿线国家（地区）的经贸和港口合作需求为

出发点，以海上丝绸之路历史和文化纽带为基础，以海上丝绸之路沿线在广东设有总领馆的国家、广东各市友好城市中的港口城市与广东港口航线开到的国家和港口（共 21 个港口）为起点，整合沿线港口资源，建立完善的沿线港口与物流合作机制，打造航线密布、优势互补、港口码头及岸线资源合理利用的沿线港口群体网络，并通过港口合作带动相关产业合作，增进与各个国家（地区）之间的商务和人员交流，形成开放、合作、协调、有序的海上丝绸之路经济带和利益共同体。

第三节　培育发展海洋战略性新兴产业

海洋战略性新兴产业是以科技含量大、技术水平高、环境友好为特征，处于海洋产业链高端，引领海洋经济发展方向，具有全局性、长远性和导向性作用的海洋新兴产业。开发海洋尤其是 200 海里海洋专属经济区资源是蓝色经济的优先发展目标，而发展战略性海洋新兴产业则是实现这一目标的关键环节。综合广东省实际情况，应大力推进以海洋工程装备制造业、海洋生物制药与海洋生物育种业、海洋新材料产业、海洋可再生能源产业及海洋现代信息服务业为主导的海洋新兴产业发展。

广东应以珠海横琴新区、中山翠亨新区、江门大广海湾经济区、阳江滨海新区为依托，着力打造珠江西岸海洋先进装备制造产业带；充分利用广东丰富的海洋资源，开展海洋资源、能源普查，协调整合在广东的有关海洋院所机构研究力量，引入港澳海洋科技力量，以海洋生物医药和海洋可再生能源为重点，积极发展海洋基因技术、海洋生物工程技术、海洋药物与保健品等海洋高新技术，科学规划海洋能开发，提升海洋战略性新兴产业核心竞争力。

第十章 构建广东现代蓝色产业体系

一、海洋工程装备制造业

重点支持大型国有船舶企业和有实力的民营骨干船舶企业加快发展，提高产业集中度，发展大中型油船、大型汽车运输船、大型 LNG 船、高速滚装客船等高附加值产品，三用工作船、平台供应船、导管架下水驳船、铺管船、守护船等海洋工程辅助船舶，以及交流变频驱动大功率石油钻机、变频大功率泥浆泵、石油（天然气）井控系统、水下采油系统等海上钻井采油平台配套设备；争取引入在国际国内处于技术领先水平的大型海洋工程企业，积极发展与海上石油勘探行业相配套的装备设施，增进产业链条向海洋工程领域的拓展，突破深水装备关键技术，掌握设计和生产关键核心技术，重点发展深水自升式钻井平台、深海半潜式钻井平台、深海张力脚式生产平台（TLP）、深海立柱式生产平台（SPAR）、海上油田浮式生产储卸油装置（FPSO）、浮式液化天然气（LNG）生产储卸装置（LNG-FPSO）、深水自升式钻井平台、深海半潜式钻井平台、深海张力脚式生产平台、深海立柱式生产平台、海上油田浮式生产储卸油装置、浮式 LNG 生产储卸装置；在广州、深圳、珠海、湛江、惠州等地布局建设海洋油气资源勘探开发后勤基地、油气终端处理和加工储备基地；加快珠海深水设施制造基地、深圳海洋石油开采装备制造基地建设，积极打造深海海洋装备试验基地和装配基地。

二、海洋生物制药及海洋生物育种业

我们要摸清广东周围海域的海洋生物资源情况，建立海洋生物资源库、海洋生物样品库和科技信息服务网络。加强海洋生物资源发掘和筛选，开展深海生物基因资源的研究，鉴定一批具有重要应用价值的海洋生物基因，建设南海生物种质资源库。加大海洋药物、海洋生物技术产品的研发力度，提高海洋生物活性物质分离、提取、纯化技术水平，加快开发

源于海洋生物的抗菌、抗病毒、抗肿瘤及治疗心脑血管病等高效海洋新药物，完成若干创新药物的临床前研究，推动开发高附加值的海洋生物功能制品和生物化工产品，促进海洋农业高效开发利用。推进海洋生物技术产业化发展，建设一批海洋生物（医药）产业化示范基地，形成从基础研究、技术开发、产业化到规模化发展的特色海洋生物医药产业集群。重点支持海洋生物资源样品库和信息库、海洋生物天然产物化合物库、海洋生物（医药）产业化示范基地、国家南海海洋生物技术工程中心阳江分中心及海洋科技产业示范基地、海洋生物制药及海洋生物技术研究开发等项目建设。广州重点加强海洋生物技术研究与开发；深圳积极发展海洋医药产业；粤东地区重点推进海洋生物技术、海洋育种及养殖技术产业化；粤西重点发展海洋药物，推进海洋育种及养殖技术产业化。

三、海洋新材料产业

加大海水环境所用材料的产业化开发，形成具有自主产权的产品系列。加强设备制造、工程施工、新型防腐材料等相关领域的技术研发，加快海中基础设施的水中粘接及加固体系的产业化生产。逐步形成深海固体浮力材料研发生产基地，形成从关键原材料制造、固体浮力材料生产加工、外形机加工等比较完整的产业链。推进海洋生物材料的基础研发，推进海洋提取物等高附加值精加工材料的产业化。重点支持海洋防污涂料关键技术研发、新型包覆防蚀材料和固体浮力材料产业化示范、高性能海中加固体系或胶剂研发、海洋生物材料开发和海洋新材料技术产业示范基地等项目建设。

四、海洋现代信息服务业

促进海洋信息服务的公益化、产品化，推进海洋技术服务的市场化，支持涉海企业实施信息化改造升级建设，建立专题应用系统。建设完善的广东省海洋经济运行监测与评估系统和海洋基础数据库;加强海洋产业信息服务能力建设,完善海洋基础数据的统一管理,推进海洋信息共享。重点建设海洋经济运行监测信息平台、海域海岛管理信息系统、海洋科技综合服务网络平台、海洋基础数据库等项目。

五、海洋可再生能源产业

启动广东省海洋能资源普查工作,制定广东省海洋能资源开发利用规划,支持海洋风能、波浪能、潮汐潮流能关键技术研发。鼓励实施以海洋能发电为主,结合海水淡化、供暖、制冷和节能减排等综合利用项目,在海水循环冷却技术、海水预处理技术、浓盐水综合利用技术方面有所突破,开展海洋生物质能技术研究开发和示范应用推广。支持海洋矿产的研究和开发,推进海洋石油、天然气和天然气水合物的勘探开发。重点支持珠海桂山、湛江外罗海上风电项目,海岛海洋能独立电力系统示范工程,珠海桂山等海洋可再生能源开发利用综合试验平台(基地),海洋风能、波浪能、潮汐潮流能等海洋可再生能源技术研发等项目的建设。

第四节 集约发展高端临海产业

充分利用岸线、港口资源,合理布局,大力发展包括能源、重化工业在内的高端临海产业,是世界各国发展海岸经济的重要途径。广东高端临海产业基础雄厚,拥有惠州、揭阳、茂名、湛江四大沿海石化基地,全省正在形成珠江口及茂湛钢两大钢铁产业集群,良好的经济基础及项目配套无疑为广东重构临海产业布局,发展集约化、清洁化、高端化临海产业,将海岸经济区培育成新的经济增长极奠定了坚实支撑。

广东应按照"有序推进、分段实施"的方针,推进沿海石化基地扩能工程、城市钢厂环保搬迁工程、能源保障工程建设，重点布局临海钢铁工业和临海能源工业。珠三角地区重点发展石油化工和清洁能源产业，着力打造规模和水平居世界前列的现代化临海工业基地，形成若干具有国际水准的临海工业集群；粤东地区重点发展石化、装备、能源产业，着力打造规模和水平居全国领先的现代化临海工业基地；粤西地区重点发展钢铁、石化产业，打造沿海重化工业产业集群。加快广州南沙、珠海高栏港、茂名滨海新区、汕头南区滨海工业园区等现代海洋产业集聚区和临海先进制造业基地建设。积极推进湛江钢铁基地建设，加快建设中科合资广东炼化一体化项目、中委合资南海（揭阳）石化重油加工项目和中海油惠州炼化二期项目，建设若干个精细化工园区。

一、临海石化工业

依托炼油和乙烯炼化一体化龙头项目，实施以上游带动下游，以中下游促进上游发展的双向推进战略，不断延伸产业链条，带动石油化工、合成材料、有机化工、精细化工、化学建材等快速发展，进行集群集约布局，形成石化产业集群。重点打造珠江口沿海生态环保型石化产业带、茂名临海石化产业带、湛江东海岛临海石化产业带、揭阳惠来临海石化产业带四大石化基地，加快中科炼化一体化、中石油广东石化炼油等大项目建设，形成高端临海石化产业基地。

二、临海钢铁工业

调整优化产业布局，加快淘汰落后产能，优化发展临海钢铁工业。积极推进全省钢铁企业联合重组，重点发展以汽车板、家电板为代表的高等级热轧、冷轧薄板等精品钢材，以及造船用板、高强度结构板、高等级输油（气）管板和优质棒线材。在南沙发展冷轧板、镀锌钢板等钢材深加工产业。按照《钢铁产业调整和振兴规划》的要求，启动建设湛江钢铁精品基地，重点发展炼钢及辅助原料、钢铁产品深加工。抓紧完善与钢铁基地相配套的港口、公路、铁路、水电气等基础设施建设，加快钢铁现代物流体系建设。

三、临海能源工业

适应沿海经济社会发展需要，优化发展火电、支持发展天然气电、安全稳妥发展核电，实施能源保障工程，构建多元、安全、清洁、高效的临海能源工业。一是大力发展核电。在保障安全和质量的前提下积极发展核电，建设阳江核电、台山核电一期工程；开工建设汕尾陆丰核电；推进台山核电二期、惠州核电等后续核电项目建设。二是加大发展火电。有序推进东西两翼沿海大型骨干支撑电源建设，在珠三角负荷中心合理布局建设支撑电源。三是加快发展天然气。加快推进沿海 LNG 接收站和海上天然气接收工程建设，重点建设珠海、粤东（揭阳）、深圳（迭福、迭福北）、粤西等 LNG 接收站和海上天然气接收工程（珠海）等项目。四是加快推进新能源开发。进一步开发沿海陆地风电资源，大力发展海上风电，重点开发近海 30 米水深的海上风能资源，推进珠海桂山、汕尾甲湖湾、湛江外罗等地海上风电建设，打造沿海风电带。积极推动潮汐能、波浪能发电示范项目建设，逐步加快海洋能开发利用。五是做好能源储备。加快建设惠州、湛江原油储备基地，建设广州港、珠海港、汕头港、湛江港、惠州港、茂名港等沿海大型煤炭中转和储备基地，推进广州等一批大中城市天然气储备库建设。

第十一章

广东建设21世纪海上丝绸之路重要支撑区

广东作为海上丝绸之路的发祥地，是名列全国前茅的经济大省、外贸大省，在21世纪海上丝绸之路建设中要充分发挥独特优势，以打造21世纪海上丝绸之路主力省为突破口，把开放型经济体系建设提升到一个新台阶，其中一个重要的内容就是加快港口城市联盟建设，通过与"海丝"沿线城市开展海运、港口及物流服务等领域的合作，加快双方的经济合作和产业对接，打造具有巨大发展潜力的海上经济大通道和商贸物流大通道，共同提升在国际竞争格局中的地位，推动太平洋西岸新的经济增长极和经济新高地的形成。

第十一章 广东建设 21 世纪海上丝绸之路重要支撑区

第一节 广州港：千年商都

广州港作为 2000 多年来长盛不衰的港口，作为南中国的综合性主枢纽港口，战略位置极佳，经济腹地发达，营商环境优越，在国际航运界具有较高的影响力，在广东推进 21 世纪海上丝绸之路的建设中可发挥积极的作用。

一、广州港在海上丝绸之路发展过程中的历史作用

2000 多年前的秦汉时期是我国对外贸易的启蒙阶段，也是世界闻名的丝绸贸易的开始。从广州、徐闻、合浦起航至印度的南海航线是我国海上的重要"丝绸之路"，它对沟通东西方的文明起了重大作用。

唐代，广州港是全国最大的贸易港，也是世界性的贸易大港，航线四通八达，对外贸易的繁荣超过以往任何一个朝代。为了加强对外贸易的管理，促进海外交通和海外贸易的进一步发展，唐朝政府最先在广州设立市舶使，负责市舶的管理和关税征收等工作。市舶使的设立标志着对外贸易以市舶为主的时期开始了。"广州通海夷道"不但给世界人民带去了美丽的丝绸、精致的瓷器，而且使东西方之间的物质文明有了大规模的交流。

宋代，广州的海外交通和贸易比唐时又有发展，不但贸易的地区和范围扩大了，而且海上航线也扩展至东非等国，当时广州港是世界最大的港口之一。海外贸易的发展促进了市舶管理方法的进一步完善，元丰年间《广州市舶条例》的制定为后来的市舶管理提供了经验。

元代，中国的商船能远航至非洲桑给巴尔岛一带，造船业和航海技术均有很大进步。元代的市舶管理方法在总结前代经验的基础上，先后制定了供全国遵守的两个市舶法规，繁荣了市舶。当时，广州市舶贸易量最大

的是阿拉伯地区,其次是苏门答腊岛和爪哇,对广州港和城市的发展产生了深远影响。

进入明、清时期,广州又成为全国第一大港。广州在明太祖时期便已设立市舶司,是朝廷贡使登岸最多的一个口岸。嘉靖年间,对外口岸独留广州一个,广州在全国的对外贸易中长期处于垄断地位。清中期,封闭漳州、定海、云台山三港,广州成为当时全国唯一的通商口岸,对外航线较多(见表11-1)。

表11-1 中国古代以广州为起(终)点的航线表

朝代	航线	最远到达
汉	南越国—南海海域—中南半岛—马来半岛—南亚次大陆—阿拉伯地区	阿拉伯地区
唐	"广州通海夷道"(广州珠江口屯门山—南海—越南—波斯湾—乌剌国—巴格达)	巴格达
明	"太平洋上的丝绸之路"(广州—马尼拉—太平洋—墨西哥西海岸—秘鲁)	拉丁美洲
清	"中国皇后号"航线(纽约—大西洋—好望角—印度洋—澳门—广州)	纽约
	圣彼得堡—大西洋—南美洲合恩角—太平洋—夏威夷群岛—马尼拉—广州	圣彼得堡
	广州—加尔各答(印度)	加尔各答
	怡和洋行"自由之船"沙拉号(广州—伦敦)	伦敦

清末至中华民国时期,香港随着自由港口设施的不断完善,逐渐演变为华南的航运中心,并取代广州成为华南进出口的分配中心。但在这一时期,省港澳轮船公司、太古洋行、怡和洋行和轮船招商局在广州修造了目前芳村一带的码头和仓库,奠定了近代广州港的基础。1949年新中国成立之后至改革开放前的1978年,在这段特殊的时期,由于中国计划经济和被孤立封闭的国际环境,广州很难发挥出大港口的历史优势。改革开放后,随着航运业船舶大型化趋势对深水港的要求,广州港也由河口港转为

海港,主要作业港区由黄埔港区移至珠江口几何中心的南沙港区,近几年港口货物吞吐量和集装箱吞吐量均居世界前10位。

二、广州港与海上丝绸之路沿线港口的合作交流

改革开放之后,伴随着国家经济的腾飞,广州港的发展也日新月异。2013年,广州港完成货物吞吐量4.73亿吨,居世界第5位,完成集装箱吞吐量1550万TEU(国际标准箱单位),居世界第8位。至2013年年底,广州港开通外贸航线46条,其中挂靠东盟、印度洋沿岸等国家港口的航线共计35条,海运货物可经过广州港通达世界100多个国家的400多个港口(见表11-2)。

表11-2 广州港与"海丝"沿线港口间运输情况(2013年)

国　家	吞吐量(万吨)	主要货类
越南	126.40	煤炭、农产品
印度尼西亚	1344.64	煤炭、农产品、油品、机电设备
马来西亚	403.07	油品、木材、化工品、机电设备
菲律宾	39.02	农产品、煤炭
泰国	111.39	油品、粮食、机电设备、化工品
缅甸	1.46	木材、机电设备
新加坡	670.69	油品、矿石、粮食、机电设备
巴基斯坦	14.07	钢材
孟加拉国	2.39	矿石
斯里兰卡	20.12	机电设备
伊朗	62.83	金属矿石
阿联酋	114.41	机电设备、矿石
沙特阿拉伯	40.17	机电设备、油品
卡塔尔	6.90	油品
约旦	7.11	机电设备
阿曼	33.31	钢铁、机电设备

续表 11-2

国　家	吞吐量（万吨）	主要货类
也门	6.64	机电设备
埃及	26.17	机电设备
苏丹	15.19	原油及制品
莫桑比克	8.85	金属矿石
坦桑尼亚	34.32	机电设备
南非	91.27	金属矿石、化工品

目前，世界主要班轮公司均在广州设有分支机构，海上丝绸之路沿线的东南亚及中东的班轮公司，比如现在世界排名第 10 位的新加坡东方海皇旗下的美国总统轮船公司（APL）、第 16 位的新加坡太平船务有限公司、第 18 位的总部位于科威特的阿拉伯联合国家轮船公司（UASC）、第 19 位的以色列以星综合航运有限公司（ZIM）等都在广州港开展业务。

进入 21 世纪，广州与新加坡投资方先后成立了广州集装箱码头有限公司（GCT）和益海（广州）码头有限公司，在法律和政策允许的范围内，广州港欢迎国内外投资方在港口建设运营和相关港口航运服务业开展各项业务。

广东毗邻南海，有与东盟、南太平洋国家合作交往的地理优势和强大的自身实力，有通达东北印度洋、南亚次大陆国家的最短航路，有到达印度洋西岸、非洲国家的最近距离。

改革开放以来，广州港不断加强与世界各地港口的交流合作，先后与 20 个国外港口签订了友好合作协议（见表 11-3），成为广州对外经济文化交流的重要组成部分，也是宣传广州的重要窗口。广州港通过与友港之间的交流互访活动，增进与国外港口的了解和互信；通过互相之间协助做好港口推介活动，促进了班轮航线的开辟和商贸货物的流通。广州港与比利时安特卫普港开展了港口人才的培训交流合作，定期输送港口管理人员到安特卫普港接受培训，学习其先进的生产和管理经验，助力港口经济的发展，进而带动区域经济的繁荣。

表 11-3　广州港开展友好港交流情况

序号	国家及港口名称	领域	签约时间	签约文件
1	美国巴尔的摩港	港口	1982.4.21	友好港合作协议
2	美国洛杉矶港	港口	1984.10.8	友好港合作协议
3	澳大利亚悉尼港	港口	1993.4.19	友好港合作协议
4	加拿大温哥华港	港口	1996.4.11	友好港合作协议
5	美国圣地亚哥港	港口	1997.7.2	友好港合作协议
6	意大利那不勒斯港	港口	1999.11.2	友好港合作协议
7	南非德班港	港口	2003.9.19	友好港合作协议
8	菲律宾马尼拉达沃港	港口	2004.11.29	友好港合作协议
9	新西兰奥克兰港	港口	2005.8.8	友好港合作协议
10	日本福冈博多港	港口	2005.11.17	友好港合作协议
11	瑞典哥德堡港	港口	2005.12.8	友好港合作协议
12	韩国仁川港	港口	2007.7.19	缔结友好港备忘录
13	巴西苏阿比港	港口	2007.9.15	建立友好港意向书
14	智利瓦尔帕莱索港	港口	2008.9.8	建立友好港意向书
16	爱沙尼亚塔林港	港口	2008.10.30	建立友好港意向书
16	比利时安特卫普APEC港口培训中心	港口业务培训机构	2009.12	合作意向书
17	意大利奥古斯塔港	港口	2010.10.16	友好合作备忘录
18	印尼泗水丹戎佩拉港	港口	2011.7.27	建立友好港意向书
19	西班牙巴塞罗那港	港口	2011.9	建立友好港意向书
20	西班牙塔拉戈纳港	港口	2014.6.19	友好港合作协议

第二节 建设广东—海上丝绸之路城市港口联盟

自中央提出共建 21 世纪海上丝绸之路的倡议以来，作为海上丝绸之路的重要节点，广东积极谋划，通过发展海洋经济、扩大对外开放程度等积极对接国家战略。同时，亟须找到有效的具体抓手来切实推动 21 世纪海上丝绸之路的建设。广东与"海丝"沿线国家的贸易主要依靠海运来完成，区域内的贸易物流及经济往来对港口具有巨大依赖，投资贸易和生产商业网络的形成也对港口构成依赖，因此，大力推动港口城市联盟，推动与沿线港口城市的合作是进一步深化广东与"海丝"沿线国家经济合作的重要途径。

一、海上丝绸之路港口联盟的意义

（一）港口在海上丝绸之路建设中起着至关重要的作用

港口作为海陆运输的连接点，是现代物流综合运输体系的重要节点，是综合物流供应链中最大的货物集结点，它连接着各种运输方式。据相关统计资料表明，国际贸易的 90% 以上是通过港口物流实现的。自 2002 年中国与东盟启动自贸区建设以来，双边贸易额以年均近 30% 的速度快速增长，其中绝大部分的货物通过海洋运输实现，港口和海运已经成为中国与东盟合作的重要载体。2013 年，广东与东盟进出口贸易总额达 1022.1 亿美元，占全国与东盟进出口总值的 23%，其贸易部分是通过铁路和航空得以进行，但更多的是通过港口之间进行物流运输。广东与南亚、西亚、北非地区的经贸往来相对来说没有与东盟国家的密切，但由于这些地区与印度洋、阿拉伯海、红海和地中海相邻，拥有许多大型的海港，因此广东与这些国家之间的经贸往来主要也是通过海路进行的。总而言之，广东与"海丝"沿线国家或地区的贸易物流及经济往来对港口形成了巨大依赖，港口成为广东沿海上丝绸之路"走出去"的最重要的依托，因此，推动沿线港口城市的合作是进一步深化广东与"海丝"沿线国家进行经济合作的重要途径。

（二）港口建设滞后和航线运力不足制约了广东与"海丝"沿线国家的经贸合作

随着经济全球化和国际贸易竞争加剧，为降低物流成本，国际航运船舶大型化、专业化日趋明显，对港口码头靠泊能力、航道有效底宽都提出了新的要求。目前，广东沿海港口大型专业散货码头泊位和深水集装箱码头泊位严重不足，如广州港万吨以上泊位和各类专业泊位分别仅占生产泊位总数的12%和30%，标准化程度较低，这种码头结构不仅难以满足未来经济发展对港口作业能力的需求，而且将严重制约港口的集约式发展。此外，航线运力的不足也严重影响了广东与"海丝"沿线国家经贸活动的开展。目前，广东各港口的航班主要是到东盟国家的各个大型海港，且航班的始发港主要集中在广州港和湛江港，粤东地区直接到东盟国家港口的航班并不多，为深化与东盟国家的海上合作，亟须双方合作开通新的海上航线。从广东沿海港口出发到南亚地区的航班主要集中在南亚的诸多大型海港，但随着南亚大型海港的超负荷运载，在一定程度上限制了广东沿海上丝绸之路走向南亚的"步伐"，这促使广东要在向南亚地区拓展新海上丝绸之路的过程中开辟更多新的航线，与南亚地区其他港口建立海上联系并增加航班次数，加强与南亚地区的海上往来。广东要解决港口建设滞后和航线运力不足的问题，就必须加强与"海丝"沿线港口城市的合作，共建港口城市联盟，共同打造海上经济大通道和商贸物流大通道。

（三）港口城市联盟是广东与"海丝"沿线国家共建21世纪海上丝绸之路的重要途径

广东与"海丝"沿线国家建设港口城市联盟，是指以港口为依托，通过加强港口间的合作以及相关临港产业的对接,深化双方经贸合作和产业的发展。"海丝"沿线港口群具备广阔的腹地和复杂的供应链,随着全球经济一体化加快,沿海港口城市物流量加大,港口城市之间需要相互合作,相互取长补短,促进临港经济健康、快速发展。同时,港口城市应通过合作发挥港口在地区及世界供应链中的作用,扩展区域港口对全球及腹地经济的服务广度和深度,共同打造具有国际竞争力的港口城市群。从实际操作层面来看,推动港口城市联盟也是加强广东与"海丝"沿线国家进行经贸合作的有效路径。因为广东与"海丝"沿线国家尽管地缘上相邻近,还有华人华侨的纽带,但是在政治和文化上还有很大差异,所以,不能仅仅靠政府层面的推动,还应该把重点放在港口城市之间的互联互通上,在城市间推进"海丝"建设。这样能淡化政治色彩,将有助于提高沿线地区对外开放的积极性。这和历史上的海上丝绸之路发展也是一脉相承的。

(四)港口城市联盟是广东沿海港口城市拓展发展空间的重要举措

广东 14 个沿海港口地理位置优越,是我国华南、西南等地区经济社会发展的重要基础设施和对外交往的门户,在服务腹地经济发展、引导重大产业布局和沿海城市空间拓展等方面发挥了举足轻重的作用,形成了"以港兴城,港城互动"的良好局面。然而,广东沿海港口的发展也存在不少问题。由于地区经济发展不平衡,港口布局也呈现出东西两翼少、珠江流域多的状态,广州、深圳、珠海、东莞等城市的港口群处于同一水域的两岸,间隔距离不到 50 海里,经济腹地基本相同,由于行政区域的划分导致港口间低水平的重复建设、无序竞争问题严重。港口产能结构性过剩日益显现,港口之间缺乏合理分工,经济腹地重叠,各个港口为争夺货源,纷纷进行压价等恶性竞争。在这样的背景下,广东各沿海港口城市只有以发展外向型经济为导向,加强与周边各国港口城市的合作,共同开辟国际市场腹地和远洋航线,搭建港口合作新平台,形成港口城市联盟,共同拓展空间,才能实现沿海港口城市的进一步发展。

二、广东具备良好的基础与条件

广东是我国大西南的重要出海口、海洋运输的重要枢纽。与我国其他省份的港口城市相比,广东沿海港口城市有着同世界各国尤其是"海丝"沿线国家开展经贸活动的历史渊源以及无可比拟的通道优势,多个深水良港与东盟通航,运输费用在全国范围内具有明显的竞争优势。同时,作为华南经济圈的核心区,广东沿海港口城市具备强大的产业和资本优势,加上临近港澳,具备与港澳联手共建区域性自贸区的优势,这些都为广东与"海丝"沿线国家建设港口城市联盟提供了有力的基础和条件。

(一)优越的港口条件与海上运输通道是建设港口城市联盟的基础条件

广东港口条件优越,拥有5个亿吨大港,是连接广东与"海丝"沿线国家的海上门户。深圳盐田港2013年的集装箱吞吐量达1180万标箱,列全球第4位、内地第1位;广州南沙港的吞吐量居全球第7位;湛江港是国家重点规划建设的综合性大型港区,2013年港口吞吐量达1.8亿吨;珠海高栏港、东莞虎门港也步入亿吨大港行列。在国际海上通道方面,广东沿海港口承担着"出海"主力省的重要角色。广东有多条国际航线与全球接轨,可通达新加坡、马来西亚、菲律宾等东南亚国家以及欧洲、美洲、非洲、大洋洲等沿岸国家。广东与东盟之间的运输距离最短,并有诸多深水良港与东盟通航,运输费用在全国范围内具有明显的竞争优势。在国内港口连接方面,广东沿海港口群在全国有着极其重要的地位:广东港口群是我国南方地区与北方地区间物流的重要枢纽,是华南、西南地区与长三角、环渤海及海峡西岸等地区间重点物资和集装箱运输方面的枢纽。

在全国五大区域港口群①中,广东同时拥有珠江三角洲港口群以及西南沿海港口群中的湛江港,湛江港作为大西南的出海口联通了西南地区。

(二)临近港澳、设立自由贸易区的独特优势是建设港口城市联盟的有力支撑

广东毗邻港澳,具备设立面向港澳的自由贸易区的独特优势。自2003年开始,广东与港澳在货物贸易、贸易投资便利及服务贸易自由化三个方面签订多项协议。经过多年的发展和完善,粤港澳相互开放的程度与广度不断扩大,为粤港澳自由贸易积累了丰富的经验。CEPA的核心目的是实现区域贸易自由化,为成立粤港澳自贸区奠定了政策基础。另外,广东三大新区为粤港澳自贸区的成立提供了较好的物质基础。深圳前海、广州南沙、珠海横琴的开发被纳入"十二五"规划纲要,上升为国家战略发展层面,三大新区的建设为粤港澳自贸区建设提供坚实的物质基础。由于粤港澳毗邻东南亚,如果粤港澳自贸区设立成功,将在与东盟的合作中发挥重要的作用。自贸区的设立将有利于广东利用港澳在人才、管理、信息、服务方面的优势,减少与"海丝"沿线国家的交往成本,带动企业走进东盟等"海丝"沿线国家和地区,扩大双方的经贸往来。

(三)资源的差异性和港口功能的互补性是建设港口联盟的客观条件

广东与"海丝"沿线国家之间的贸易具有明显的流向、流量和流动货物品类上的差异。东盟向广东出口的商品主要是以石油、煤、木材、橡胶为主的矿物及原料,广东向东盟出口的商品则主要以交通工具、机电产品、纺织服装产品等为主。自然资源和贸易结构的互补性为双边贸易的可持续发展和港口城市的合作提供了良好的基础。在港口基础设施方面,

---

① 中国"五大区域港口群"从北到南依次为:环渤海港口群、长江三角洲港口群、东南沿海港口群、珠江三角洲港口群、西南沿海港口群。

"海丝"沿线各港口及其物流基础设施发展水平参差不齐,大多数港口装备较差,港口物流设施和装备的标准化程度较低,处于港口基础设施的建设期。例如,随着《东盟互联互通总体规划》的实施,东盟正加大对港口建设的力度,除一些国际港口枢纽外,其余港口正经历快速的成长期,在这一前提背景下,广东要想拓展21世纪海上丝绸之路在东盟地区的空间范围,就必须加强同东盟更多港口之间的联系,特别是实现广东到一些小型港口的直接通航。这就为广东与"海丝"沿线港口城市共同打造强有力的运输通道和物流节点设施保障提供了空间和基础。

(四)合作交流紧密的商贸文化往来是建设港口城市联盟的现实基础

广东一直是中国外贸的大户,同时也是中国与东盟贸易的主要承担者。自2004年中国与东盟签订自由贸易区框架协议以来,广东与东盟的全方位经贸关系不断发展,贸易额持续增长。2013年,广东对东盟的进出口贸易值为1022.1亿美元,比2012年同期增长10.7%。东盟超越欧盟,成为广东第三大贸易伙伴,占同期广东进出口总值的9.4%。广东与东盟的双边投资发展也呈加速趋势,截至2013年一季度,广东省已经在东盟直接投资约20亿美元,设立了近300家企业。广东企业投资区域覆盖东盟10国,涉及家电、电子、轻工、纺织、电信等多个行业,是东盟的投资大户。此外,广东也是中国海上贸易和移民出洋最早的省份,是全国第一大侨乡。东盟的华人60%以上都来自广东,与广东有天然的亲缘关系。广东籍的海外侨胞有2000万人,其中约1480万人分布在新加坡、泰国、马来西亚、印度尼西亚等东盟国。据统计,东盟国家逾七成的上市公司由华商资本控制。这些因素均成为广东与"海丝"沿线国家建设港口城市联盟的现实基础。

三、推动广东—海上丝绸之路港口城市联盟建设

广东应通过资源整合,把广州港建设成区域性国际枢纽港和集装箱干线大港,使之成为我国在21世纪海上丝绸之路最便捷的远洋出海通道和对外开放窗口,打造成为21世纪海上丝绸之路上重要的国际交通枢纽和区域性国际物流中心。以广州港和新加坡港率先构建港口联盟为节点,在一南一北形成海上丝绸之路的"桥头堡",新加坡港可通过马六甲海峡和印度洋把21世纪海上丝绸之路的路线延伸至印度,再经红海至沙特阿拉伯国家。加强广东沿海港口与这一沿线重要港口城市(主要包括越南的海防港和胡志明港、泰国的曼谷港、柬埔寨的西哈努克港、马来西亚的巴生港、菲律宾的马尼拉港、印尼的雅加达港、印度的钦奈港、巴基斯坦的卡拉奇港和卡西姆港以及阿联酋的迪拜港)之间的合作,共同打造具有巨大发展潜力的海上经济大通道和商贸物流大通道,形成具有国际竞争力的港口城市群。

(一)合作机制

广东与"海丝"沿线国家合作建设港口联盟要按照政府主导、市场运作的原则进行,其中政府主导是实现港口资源共享的基本保障,市场运作是港口发展的基本模式,加强宏观调控是促进港口持续协调发展的重要条件。广东应积极推进港口一体化以及港口资源整合,构建集装箱等多货种运输体系,最优配置港口生产要素,降低港口营运成本,实现"海丝"沿线港口竞争力的整体提升。

一是建立和发展友好港口的联盟关系,签订港口互利互惠、合作共赢协议。二是以市场化方式在两地港口相互参股投资建设和经营码头。三是以与国际货柜码头专业运营商共同投资建设和专业化经营管理为纽带,两地港口建立战略联盟关系。四是结成港航联盟关系,形成全球物流供应链关键节点。五是海港与内陆腹地城市建设"无水港",结成国际物流供应

链战略联盟。

1. 合作共建现代化港口

广东与"海丝"沿线各主运港，从均衡运力、高效装卸要求出发，统一做未来运输规模、入港船型预测，统一升级改造码头、航道，统一设置中心调度控制指挥系统，统一设置码头作业自动化控制系统，统一设置船运、货运信息系统，统一做港口运输分工。从按时、保质、保鲜运输要求出发，统一建立集装箱、散货、旅游定期直航航线航班。从配合港口按时、保质、保鲜运输要求出发，共同筹资，建立集装箱、散货、旅游公共运输船队，保证服务定期直航航班航线。

2. 合作共建船舶供求信息系统和调度指挥中心

广东与"海丝"沿线各港各船公司，从加快运输目的出发，共同筹资，设立船舶供求信息系统和调度指挥中心，从事相关工作，如联系近域船公司、各港口码头，收集和发布供求预期信息，调度船舶完成定期运输等。从海洋公共安全运输出发，共同筹资，设立海事安全监控信息系统和救援机构，从事相关工作，如预报海洋天气、自然灾害信息，设置航空、航海救援工具，抢救遇难船舶和人员等。

3. 合作共建海洋环保监控信息系统和管理机构

广东与"海丝"沿线国家，从保护海洋清洁环境出发，共同筹资，设立海洋环保监控信息系统和管理机构，监测海洋污染情况，及时清理海洋污染，并依据国际海洋公约，制定相关保护海上丝绸之路海域环境法律法规。各海关海防机构，从有效管理、执行共同贸易海防协议目的出发，联合成立海关海防监控管理系统，设立海关海防联合管理机构，设置相关监督执法设施。以贸易协议和联防协议为依据，制定公共运输、通行法律法规，监督海上守法运输与通行，打击海上违法运输、越境活动。

（二）共建内容

1. 建立港口与物流发展的合作和协调机制

可以由广东牵头，各个国家和地区联合成立海上丝绸之路港口合作委员会。该机构负责制定区域港口和物流发展的重大决策，协调各方投资关系，指导港口企业开展合法经营，发布区域港口信息，引导企业和市场健康发展。通过协调机制促进海上丝绸之路港口构建战略伙伴关系，建立具竞争力的港口群。避免腹地重叠的港口进行重复投资和恶性竞争，发挥港口之间的优势互补，促进港口和物流资源的战略整合，推进以港口为重点的交通和物流基础设施建设和重大产业布局，加快相关供应链和物流服务发展，提升"海丝"沿线港口群的竞争力。

2. 加强港口及物流基础建设合作和区域集疏运系统衔接

加强港口及物流基础设施建设合作，提高区域内港口综合运营能力。一是在资金和政策上支持港口码头、进港航道、集疏运系统、供应设施等公共基础设施建设。二是建立协调和规划区域集疏运系统发展的平台，统一协调区域物流包括集疏运系统的合作，设立专门协调机构，规划区域内港口与物流合作，尤其是涉及区域内多个国家的港口集疏运项目的建设。相互借鉴集疏运系统发展经验，在政策层面为区域港口及集疏运系统合作与发展提供有利条件，并为不同交通管理模式的协调及物流（集疏运）企业的运营、管理和资源整合提供交流合作平台。

3. 加强港口与物流企业主体市场的发展

为港口与物流企业提供更宽松的发展环境和发展机遇。鼓励支持各国企业间以经济为纽带进行多种方式的合作，如相互参股融资、联合建设码头、联合开辟班轮航线、相互设置服务代理机构、码头租赁经营等。采取切实措施，降低港口与物流企业在"海丝"沿线国家投资与发展的门槛，培育与"海丝"沿线国家产业需求配套的物流服务形态，建立起服务质量好、技术先进、与国际接轨，并能满足"海丝"沿线国家物流服务需求，具备国际化、规模化、专业化、社会化、信息化特色的现代港口与物流企业群体。

4. 推进综合快速通关，实现区域内港口业务与贸易便利化

加强港口口岸管理合作和贸易便利化建设。通过政府合作、企业参与，采用现代管理和信息化手段，建立统一的电子口岸数据平台，畅通口岸进出口货物的信息流、单证流、货物流和资金流,相互简化出入境手续,推进检验检疫、海关、海事、边防之间的相互联合、协作,逐步制定区域内统一的标准,简化区域内人员和货物流动的手续,加快通关速度,缩短人员及货物在港时间,提高通关效率。

5. 加强港口与物流信息系统建设合作

加强港口及物流信息系统建设合作,以信息流带动区域物流、人流和资金流效率的提升。以港务管理部门为主体,建设港口信息中心,推进港口管理信息化和港口贸易无纸化。在航运综合信息共享上有所突破,推进港口、海关、海事、商检等,在综合信息共享、拉动区域航运与物流市场发展、通过信息手段加强物流市场方面的规范化管理。

6. 建立港口科研及咨询机构,有力支撑政府和企业科学决策

"海丝"沿线多数国家的港口与物流发展仍处于发展阶段,可以推动成立区域港口合作发展研究中心,共同探索港口与物流发展新模式、新政策研究,凝聚区域港口发展合力。作为挂靠区域港口合作委员会直属的科研机构,辅助和支撑各国政府制定区域合作政策,服务于区域内外各种企业关于区域港口区域发展领域各个方面的投资决策,跟踪区域内外港口动态,支持区域港口群的快速发展和科学决策。

第三节 繁荣海上丝绸之路文化

海上丝绸之路自秦汉开通以来,一直是沟通东西方经济、文化交流的重要桥梁,由此也形成深厚而多元的海上丝绸之路文化。广东是海上丝绸之路的发祥地和经久不变的中心地,也是海上丝绸之路文化的重要集中地。广东在争当21世纪海上丝绸之路建设"排头兵"的布局中,应当立足自身丰富的海上丝绸之路文化遗产,深刻把握海上丝绸之路文化的历史内涵与价值功能,用世界眼光、现代理念繁荣海上丝绸之路文化,"文化

同行","以文会友"。

一、海上丝绸之路文化的形成历史与内涵

从历史上看,海上丝绸之路不仅是东西方互通有无的"商贸之路",也是沿线各国各民族文明交流的"文化之路"。海上丝绸之路文化正是在沿线诸族群海洋文化的各自繁衍与相互交流的过程中不断形成和发展的。

海上丝绸之路沿线人群自古以来就是海国子民,靠海为生。聚居岭南地区的先民——越人是天生的航海能手。距今5000～6000年的珠海后沙湾、中山龙穴、深圳大黄沙、深圳咸头岭等珠江口沙丘遗址出土的波浪纹彩陶,距今4000年前后的珠海宝镜湾遗址出土的船纹石刻画与渔网坠,都是越人海洋文化的代表遗存。经过越人的海外迁徙与海上交往,先秦时期南海北岸海上通道贯通,断发、文身、木拍布、独木舟等海洋性活动成为岭南与东南亚诸族群共同的文化习俗。

秦汉时期丝绸之路的开通与魏晋南北朝时期丝绸之路的拓展,不仅标志着南海与印度洋、地中海海上商贸网络的逐渐成熟,而且意味着中国文化与印度文化、罗马文化在海路交会。中国的物质文化与政治文化随着中国商人乘坐中国或东南亚船舶携带的陶器、丝绸、青铜器,从广州、徐闻等港口输出到东南亚与印度,印度的药材、医术、香料与造船技术,罗马的钱币、金银饰品、珍珠等物质文化,以及印度的佛教、婆罗门教、梵文等宗教文化也传入东南亚,并经由广东沿海进入中国内地。汉代合浦汉墓及其出土的玻璃器,南越王墓、广州汉墓及其出土的金银器,柔佛马坎门索尔顿遗址、印度阿里卡美都(Arikamedu)遗址出土的陶器,以及南海神庙、光孝寺、华林寺都能见证这一阶段海上丝绸之路文化的繁盛。

唐宋时期,"广州通海夷道"空前延伸,海上丝绸之路吸纳阿拉伯人控制的波斯湾,成为一个庞大的商贸网络。广州市舶使的设立不仅标志着广州在海上丝绸之路中心地位的最终确立,而且标志着中国国家海洋管理体系的逐渐成熟。中国与阿拉伯文化的交汇也成为海上丝绸之路文化的新

内容。中国的陶瓷、丝绸等大宗海上贸易商品与陶瓷制造技术、指南针航海技术被带到阿拉伯，阿拉伯的药材、医术、"牵星过洋"航海技术以及伊斯兰教或经由东南亚或直接传入中国。大量从事海上贸易的阿拉伯、波斯"蕃商"或"蕃客"聚居广州城外西郊的"蕃坊"，广州也成为伊斯兰教传入最早的地区之一。保留至今的怀圣寺和光塔，相传为伊斯兰教创始人穆罕默德的门徒赛尔德·艾比·宛葛素倡建，便是伊斯兰教入华最早建立的清真寺。

16世纪初欧洲人东来，海上丝绸之路被卷入新的世界贸易体系与国际海洋网络。中国文化、伊斯兰文化与欧洲文化的碰撞成就了海上丝绸之路文化的新篇章。伊斯兰教与基督教在海上丝绸之路沿线的波斯湾、东南亚相互竞争。唐宋时期就已经开始移民海外的广东人，更大规模地沿海上丝绸之路迁移，中国的民间文化也更深入地传入东南亚甚至美洲。中国的陶瓷、丝绸以及后来的茶叶等商品为欧洲人所欢迎，并出现满足西方人士审美情趣、融合中西生活文化的各种外销商品。欧洲人将中国服装、家具带回欧洲，在欧洲掀起一股"中国时尚"。而中国的政治文化甚至成为欧洲启蒙运动的重要精神来源。欧洲人从美洲带来的白银、马铃薯、玉米，从印度运来的鸦片，同其科学技术、民主管理模式与基督教先后在广东登岸，传入内地，由此掀起中国文化从传统艰难迈入近代的序幕。

由此可见，海上丝绸之路文化是一种海洋性浓重，兼具本土性与国际性、主体性与多元性，不断融合东西方文化的世界文化。广东在其形成发展过程中一直都是中国的前沿与窗口，是这一世界文化的重要集中地，遗留了相当丰富的海上丝绸之路文化遗产。

依照联合国教科文组织的分类，世界文化遗产分为"物质性文化遗产"和"非物质性文化遗产"两大类别。前者主要指具有科学、艺术价值的文物、建筑群和遗址；后者又称"无形文化遗产"，主要指世界各族人民世代相承的、与群众生活密切相关的各种传统文化表现形式（如民间文学、民俗活动、表演艺术、传统知识和技能，以及与之相关的器具、实物、手工制品等）和文化空间（即定期举行传统文化活动或集中展现传统文化表现形式的场所，如歌圩、庙会、传统节日庆典等）。广东海上丝绸之路文化遗产亦可划分为"物质性海上丝绸之路文化遗产"和"非物质性海上丝绸之路文化遗产"两大类别。

（一）物质性海上丝绸之路文化遗产

物质性海上丝绸之路文化遗产主要是指陆上、海上与海洋活动相关的各种文化遗存，尤其是各种考古发现呈现的海洋考古。自新中国成立以来，南海沿岸地区在海外交通考古与研究方面不断取得重要成就。广东、香港、澳门的环珠江口海域考古发现，广州南越国"文帝陵"、宫殿遗址，广东徐闻、遂溪及广西合浦等地汉至南朝海上交通港口遗址、窖藏遗址，南海诸岛考古发现等，都发现了大量极为珍贵的海上丝绸之路文化遗物、遗迹。特别是近年广东"南海Ⅰ号""南澳Ⅰ号"等沉船考古，更是我国海洋文化遗产发掘的重大突破，极大地充实了海上丝绸之路文化的内涵。

另外，越南、泰国、马来西亚、印度尼西亚、菲律宾等南海周边国家也发掘了一批历史时期的海洋港口、聚落遗存，发现沉船不下200艘，大部分为中国船，即使是外国船，也几乎都与濒海省区有关。这些"域外"海洋文化遗存，有些可以改写南海历史和文明景观，构成中国南海海洋文明的"域外"景观，是海上丝绸之路文化遗产的重要组成部分。

（二）非物质性海上丝绸之路文化遗产

南海沿岸省区各类无形的海洋文化遗产十分丰富，包括官方性质的军事、制度文化遗产。例如，历代官方在广州等港口设官管理贸易，从唐宋时期的市舶使、市舶司和清代的海关等，它们设置时间最早，机构最稳定，制度最健全，在中国外贸制度史上的地位也最为典型，留下了一笔具有全国意义的海洋制度文化遗产。

沿海民众的生活习俗、民间传说、宗教信仰、宗族文化等，无不洋溢着浓厚的海洋气息。沿海民众对南海神、龙母、天后（妈祖）、伏波将军、谭公等神灵的崇拜也很普遍,相关庙宇随处可见,构成沿海地区大大小小的民间海神(水神)系谱和信仰体系。

素有航海传统的广东人在唐宋以后陆续有民众渡海移居到东南亚国家,称为"住蕃"。明清时期,下海民众除东南亚地区外,还远走美洲、澳洲新大陆以及欧洲、非洲,遍及世界。他们吃苦耐劳,精明能干,被西方人称为"中国的加泰隆尼亚人",与苏格兰人一样富于创业精神。他们把具有浓郁地方特色的广府、客家、潮州、海南文化带到居住国家,这种跨地域、跨国界的文化传播,既是海上丝绸之路文化的重要内容,也构成中华海洋文化的组成部分。港澳地区作为近代东西方碰撞交流的文明成果,遗留下风格独特的中西合璧的文明景观,也是海上丝绸之路文化遗产的重要部分。

二、海上丝绸之路文化的价值与功能

海上丝绸之路文化是在2000多年的海上丝绸之路交流历史中形成的。它深入到沿线诸族群的日常生活中,并在塑造经济模式、政治形态、社会结构、文化认同、道德信仰等方面都发挥过历史性的价值与功能,有些至今仍产生积极的作用。以广东而言,悠久的海上丝绸之路文化与丰富的海上丝绸之路文化遗产能够承载以下价值与功能。

(一)协调社会秩序,培养国民海洋意识

在濒海之地和涉海人群中,以海上丝绸之路文化为中心的海洋"非遗"深藏于地方社会,特别是海洋信仰与民间习俗,占据着沿海基层社会的信仰世界和意识形态,构成有内在发展逻辑的地方精神力量。从传统到现代,海洋"非遗"始终是一个没被陆地社会充分认识、获得理解的文化边角和社会边缘。在当下现代化建设与海洋社会建设中,应该以科学理性、宽容务实的态度,进入海洋"非遗"赖以生存的社会空间,发挥海洋非遗特有的"神来之笔"的柔性力量和独特的多元功效,构筑幸福

健康的精神家园，维护沿海社会秩序与社会稳定，同时将海洋信仰文化遗产转化为可持续利用的文化资本。

现代社会对冲突的协调与控制已经形成一些公认有效的手段，正式的、常规的手段当然是政权、法律、政策、以暴力工具行使权力的制度内手段，另外就是非正式的、制度外的控制手段，包括习俗、道德、舆论等相对独立于国家制度、政权之外的控制手段，即所谓的"社会公众的一致意见"。习俗、道德等形成共识可以产生强有力的社会规范力和无形的约束力，化解社会纷争和矛盾冲突，同时形成带有导向性的精神模范与规范指引，引导人们自觉确立符合社会共同体利益的价值取向和行为准则。从长远来看，应该充分发挥海上丝绸之路"非遗"的社会整合功能，在沿海社会建构内在的柔性协调机制，化解社会矛盾与纷争，进而达致把沿海地区和谐社会建设规范到与国家意志相适应的战略目标里。"非遗"的力量不容忽视，海洋人文资源的作用绝对不是可有可无的。

中国虽然拥有辽阔的海洋，但相对于处于主导地位的大陆农耕经济与农业文化而言，海洋文化在中国传统社会中只是支流与附属，因而具有区域性与非主流的特点。整体而言，中国的海洋意识相对淡薄。因此，弘扬海上丝绸之路文化，能够在全社会倡导海洋强国意识、海洋权益意识、海洋环保意识、海洋可持续发展意识等，构筑现代国民共识。这是一项关系国民素质、国家前途，需要持之以恒来进行的长期任务。

（二）维护南海主权，促进中国与东南亚和睦交往

历史依据是我国处理南海问题争议上必须牢固坚守的，也是对我国最为有利有力的一张王牌。海上丝绸之路文化在解决南海问题上具有不可或缺的政治价值和外交价值，为我国提供无可取代的历史依据。

南海自古以来就是中国的领土，由中国最早发现、命名并持续对西沙群岛、中沙群岛、南沙群岛的岛礁及其海域行使主权管辖。南海古称"涨海"，宋元以后的中国文献称西沙、南沙群岛等为"千里长沙""万里石塘""石星""石塘"。由中国人民命定的南海诸岛及其海域的古名称，

在历史上长期为航海家所采用。20 世纪发现的诸多南海诸岛的历史遗物、遗迹，至今仍留在海南渔民手上用于南海航行的《更路簿》，都证明中国人民持续不断地对南海进行开发经营。

南海沿岸省区历史上的军政长官（从唐代的岭南节度使、宋代广南经略安抚使，到明清时期的两广总督、广东巡抚），都肩负并行使着代表国家管理南海区域外交、经贸等事务的任务，在帝国"朝贡体系"中占据重要的地位。明清时期广东卫所屯防系统，以及广东海道、广东水师，现代的原广州军区、南海舰队、海防民兵及其他中央驻粤海洋管理部门、研究机构等制度建制，都是因应国家需要，为南海海防、科学研究、开发管理服务的。这些既是地方的也带有国家层面的制度建制，也是今天仍可大量借鉴并使用的海上丝绸之路文化中的重要部分。

中国政府始终坚持拥有并维护南海诸岛及其附近海域主权的立场，也为和平解决南海问题而不懈努力。中国与东南亚国家的"朝贡体系"（宗藩关系）是以"怀柔远人"、和平交往为原则的东方邦交传统，蕴藏着深厚的东方人文伦理精神与和平智慧，与源自威尼斯重商主义、以强权掠夺为特征的西方外交传统大相径庭，对于当今世界解决国际争端、处理外交关系，至今仍有可资借鉴、值得重视之处。以海上丝绸之路为代表的海洋文化遗产，充分展示了历代中国人民是爱好和平的，通过平等交流，互通有无，互利互惠，达致双赢。海上丝绸之路既是中国与海外交往的贸易之路，也是中外文化交流与友好交往之路。"南海Ⅰ号"宋代沉船、"南澳Ⅰ号"明代沉船，是从中国沿海地区驶往东南亚的中国商船，带给人们的基本信息无疑是国际间的友谊之旅、和平之旅。以国际眼光审视海上丝绸之路文化的外交价值与功能，可以促进与东盟国家的双边经济合作，实现区域经济与文化发展共赢，推进中国—东盟区域经济合作，以合作确立互信，以互信化解纷争，树立我国作为负责任的、可信赖的大国风范。

历史上中国与东南亚国家关系，除了国家层面的地缘政治、国际关系之外，南海沿岸省区与周边国家民间层面更存在着流淌不息的海洋经济社会联系。唐宋以降，不断有濒海民众走向海洋，在南海异国他乡谋生致富。近现代粤籍华侨遍布世界各地,其中东南亚华侨居多。他们吃苦耐劳,精明能干,与其他地区的华侨一起,为南洋开发做出巨大贡献。华侨在东南亚形成了一些跨国界的、多民族所共具的特殊"亲情"和文化理念。通过海上丝绸之路的海上贸易联系、海洋交通网络、族群交往、文化交流,南海周边地区历史发展呈现出"天涯若比邻"的紧密关系,体现出"你中有我、我中有你"的相互依存的内在力量和内部逻辑。所以,有学者提出"东南亚的华南"与"华南的东南亚"的概念。"华南—东盟"既是个历史的概念,也是个发展的概念、经济互惠的概念,更是个文化交流的概念、和平外交的概念。这种跨民族、跨国界的民间交往,彰显了南海各省区与东南亚各国民间紧密的经贸关系和友好情谊,可以成为中国对东南亚各国推进"民间公共外交"的宝贵文化资源,成为中国发展与东南亚关系的特殊的海洋管道。

(三) 传播商业文明,促进广东经济发展与区域经济合作

濒临浩瀚的南海,加上地理区位优势、丰厚的海陆资源赋予南海沿岸地区极为优越的海洋发展空间和机遇,造就了濒海地区民众与内陆地区大不一样的海洋习性与生活方式。

秦汉以降,从华南到中南半岛、暹罗湾、爪哇海海域越来越密切的海洋贸易、人口迁移、文化交流,逐步构成一个以贸易为主导、经济联系密切的国际性海洋贸易体系,早有西方学者称之为"东方地中海",北部湾区域被称为"小地中海"。明清时期广东地方文献记载:"边海之民,皆以船为家,以海为田,以贩番为命。"在繁荣的海外贸易推动下,广东沿海城乡追逐什一之利,蔚成风气,"人多务贾","农者以拙业力苦力微,辄弃耒耜而从之"。传统的重农抑商观念有明显异动和转变,呈现出一派浓郁的海洋商业文化气息。与国际海外市场特别是东南亚千丝万缕的贸易联系,使以广州、澳门、香港为核心的珠三角地区拥有强大的经济实力和影响力,成为环南中国海经济圈和海上丝绸之路的一个中心。华南地区在中国现代化进程中开风气之先,成为中国民主革命的策源地,当代更是改

革开放的先行地区。

以重商为特征的商业文明是历代涉海人群从海洋历练中凝结出的文化属性和特性。可以断言，敢于冒险、意志坚强、富有创造能力和实干精神、敢为天下先的文化底蕴将成为南海沿岸省区继续走在改革开放前沿，成为广东实现习近平总书记提出的实现"三个定位、两个率先"目标的巨大精神力量。

文化资源优势可以转化为经济发展优势。以海上丝绸之路为代表的海洋文化资源，为开发海洋旅游、海洋文化产业增添可资开发的文化资本，完全可以成为南海沿岸地区社会经济发展的增长点。值得注意的是，现代南海沿岸地区面向海洋，发展外向型经济，海洋产业从构成简单的海洋渔业、海洋盐业为主，发展到以交通运输、滨海旅游、海洋油气、海洋船舶等传统产业为主导，以海洋电力、海水利用、海洋工程建筑、海洋生物医药、海洋科教服务等新兴海洋产业为重要支撑的比较完善的海洋产业体系。港口等重大海洋基础设施建设取得突破性进展，从而积聚了极为丰厚的现代海洋工业文明成果。不过，这些海洋经济与文化的重要价值尚未引起足够重视，有待加强保护，开发利用。

（四）开创海洋科学新局面，推进广东与中国文化富强

海上丝绸之路文化遗产得天独厚，在国内可谓首屈一指，为历史学、考古学、人类学、社会学等学科提供文献和田野考察所得不到的最有实证价值的实物资料。近代中国重大考古发现——例如殷墟甲骨、敦煌、吐鲁番文书的发现，引起国际学术界的广泛关注，不仅形成了高水平的研究队伍，而且产生了大批高水平的研究成果，形成跨学科的国际显学甲骨学、敦煌学。"南海Ⅰ号"宋代沉船、"南澳Ⅰ号"明代沉船等海上丝绸之路文化物质遗产的出水与研究，也将带来中国海洋史研究、海上丝绸之路研究、海洋文化遗产研究等多方面的重大突破，形成全新的学科领域。海上丝绸之路文化是建设海洋强省、文化强省的重要资源，在塑造地域文化新形象，在现代化进程中走出海洋事业与地域文化协调发展的"文艺复兴"

之路中起到不可替代的作用。

三、海上丝绸之路文化共建

海上丝绸之路形成和发展的历史轨迹清楚表明，广东是海上丝绸之路的重要发祥地，广州作为海上丝绸之路的主要港口历久不衰。"南海Ⅰ号""南澳Ⅰ号"等水下考古的重大发掘，再次见证了历史上广东海洋文化与经济的盛况，使海上丝绸之路的历史真实、生动、形象地再现于世人眼前。

但是，我们必须看到，海上丝绸之路作为一种文化线路类型，是各地海洋文化遗产资源的集合，其所承载的文化积淀也蕴涵在海上丝绸之路沿线的族群形体基因、语言文字、生活方式、传统技术、礼仪习俗、宗教信仰、文学艺术等非物质海洋文化遗存之中。海上丝绸之路沿线的物质与非物质文化遗存的承启与变化、影响与交流，构成了这一独特文化带上文化遗存的共性与特性、多样性与典型性，衍生出丰富多彩的面貌和内在的密切联系。这就决定了进一步繁荣海上丝绸之路文化，必然是一项长期、复杂，需要多部门通力合作、多学科共同研究的系统工程。

（一）普查保护工程

广东海上丝绸之路的申遗工作正在紧锣密鼓地推进，应在申遗的基础上，抓紧对全省范围内海上丝绸之路文化遗产"家底"进行全面普查，建立跟踪保护资料库，应对快速发展的城镇化冲击。

海上丝绸之路覆盖地域广阔，资源构成丰富，时空跨度大，申遗和保护工作的难度很大。目前，申遗工作处于起步阶段，诸多问题需要从国家到地方层面跨地域、多方面、多部门的通力合作。海上丝绸之路文化遗产资源包括人类在陆地、海上从事海洋活动所遗留下来的遗址、遗物。广东沿海海岸带及海域是历史上中外商民贸易交流与文化交流的主要区域，遗留了无数有形与无形的海洋文化遗产。目前，海上丝绸之路的广东区段相继发现了"南海Ⅰ号"及"南澳Ⅰ号"两艘古代沉船，但从挖掘、整理、鉴定、研究到陈列、开发、利用的整个过程尚处在摸索阶段。除了物质性的文化遗产外，"文化线路"中民俗、民间工艺、宗教和文化传承等非物质性文化遗产，例如南海神庙每年春季的"波罗诞"庙会，还未引起足够重视。这就要求广东需要对沿线各地海洋文化遗产进行"家底"盘点，一方面作为海上丝绸之路申遗的基础和依据，另一方面也为下一步相关保护、研究、开发以及中长期规划提供全面、翔实、可靠的资料和可持续利用的资源。可考虑参照《长城保护条例》的立法模式，制定区域性《海上丝绸之路（中国段）保护条例》专项法规，厘清相关地方政府及其部门的监管职责，明确保护管理的要求。

加强对以"南海Ⅰ号"为代表的海上丝绸之路重点文化遗产的保护挖掘，使之成为提升全民海洋意识、构筑现代海洋文化的新教材、新资源。

"南海Ⅰ号"是迄今为止我国发现的最能体现海上丝绸之路盛况的不可多得的古船实物。以往关于海上丝绸之路的文字记载很多，但较少以实物去呈现。"南海Ⅰ号"是海上丝绸之路的珍贵实物载体，它不仅正处在海上丝绸之路的航道上，而且藏品的数量和种类都异常丰富和可贵，给此段历史的研究提供了最可信的标本。我们相信，对这些水下文物资源进行勘探和发掘，可以复原和填补古代海上丝绸之路的一段历史空白。从目前发掘的情况看，瓷器是"南海Ⅰ号"沉船中最为重要的遗物。此外，"南海Ⅰ号"陆续出水的金镯、腰带、漆盒、铜镜、铁锅、铜钱等饰物和生活器物，让世人领略了宋代社会经济的繁荣景象，生动地再现了国人四海扬帆的壮观景象，把我们带入波澜壮阔的古典大航海时代，重温海上丝绸之路昔日的繁华。相关的研究发掘，例如古船满载着各式各样的货物，从生产、销售到市场，构成了一个怎样的经济链条和经济体系？"南海Ⅰ号"是世界海洋文化遗产的杰出代表，如何将它打造成为贯通历史与未来、沟通中国与世界的知名海洋文化品牌，扩大中华文化的影响力？这些问题还亟须多学科的研究合作。

（二）宣传推介工程

宣传文化部门应加强组织、策划工作，组织文艺工作者以海上丝绸之路为素材创作高规格、高水平、群众喜闻乐见的文艺作品，通过小说、诗歌、影视作品以及文艺汇演、艺术会展等多种形式，组织社科专家编写通俗的、故事性强的乡土教材，利用报纸杂志、广播电视和新媒体，多渠道地把海上丝绸之路宣传工作引向深入，全面、生动、形象地展示广东与海上丝绸之路的历史文化。要加强舆论宣传，鼓励公众参与，营造良好的保护文化遗产、传承人类文明的氛围和土壤。

海上丝绸之路作为一种"文化线路"，其保护强调地区间的合作参与，公众对"文化线路"建立的愿望是判定"文化线路"真实性的重要一环。任何文化，缺乏公众参与，或失去民众支持，没有群众基础，它都不可能拥有较大的影响力和较长的生命力。因此，"文化线路"申遗要建立在激发公众对遗产兴趣的基础之上，这是"文化线路"理念倡导的中心目标之一。以"南海Ⅰ号"为代表的人类海洋活动遗物遗迹，是先民遗留下来的宝贵文化遗产，体现了我国东南沿海的悠久航海传统和海洋文化内涵，构成中华文化的特殊版块。它们本身所展示的先民勇于探险、开拓创新的胆识和智能，所挖掘的海洋文化内涵与文化精神，有助于提升全民族的海洋意识和海权意识，构筑海洋文化，增进民族文化的创造力、竞争力。目前，各地群众对海上丝绸之路的历史、实质及影响的认识尚停留在较浅层次，公众海洋意识相对淡薄。所以，必须加强公众参与与舆论宣传，使海上丝绸之路文化遗产的"对话""交流""和平""友谊"等文明精髓深入人心，更好地发挥其教化文明的社会职能和功效。

我们应通过海上丝绸之路的宣传推介，强化与沿线国家和地区的文化联系和情感交流，缓和海洋争端，为积极参与国际海洋事务，如密切与南海周边国家的海洋合作开发，创造良好舆论氛围。

（三）学科建设工程

我们应以建设海上丝绸之路为契机，加强与海上丝绸之路沿线国家和地区相关研究机构的合作与交流,加快构建有中国特色的海洋人文社会科学新学科、新体系。

以全局性、前瞻性、战略性与"科际整合"概念重点建设海洋史学,进而促进海洋政治学、海洋经济学、海洋社会学、海洋法学、海洋管理学等分支学科的完善与发展。海洋史学研究主要有海洋发展史与海洋文化史两个领域。

海洋发展史包括如下方面:①海岸带开发史。包括濒海地区人口迁移与变动,人类对地理、港湾、洋流、潮汐、风候的认识和利用,当地的农业与非农业开发,港口、城市、聚落的兴衰,等等。②岛屿带开发史。包括岛屿的发现与利用、农业与非农业开发,等等。③海洋国土开发史。包括海洋捕捞、海盐制作、海洋交通、海底资源的开发与利用、海洋气象的认识与利用,等等。④海洋贸易史。包括近海贸易与远洋贸易、海上国内贸易与对外贸易、相关国或地区贸易活动形成的"海洋贸易圈"、海洋贸易管理制度、海关,等等。⑤海洋军事史。包括海洋战略与海上战争、海防制度与海防设施、海防技术,等等。⑥海洋社会史。包括沿海地区血缘、地缘、业缘、神缘组成的各种社会关系,渔村社会,海商组织,海盗组织,沿海、海岛因外向型经济发展出现的城市化,因外国侨民的聚居形成的外侨社区,等等。⑦海洋科技史。包括海洋经济活动的工具、生产方法,航海术与造船技术,海洋灾害的预防,海上与海底资源开发技术,等等。

海洋文化史研究则侧重于人类在海洋活动中的价值观念、思维活动等精神领域,包括如下方面:①海洋价值观。主要体现在人类海洋活动的价值取向与行为方式。人们从最初的渔猎中发现海洋的经济价值,在海上航行中认识到海洋的交通运输价值,到现在已经不断地认识到海洋具有陆地不可取代的空间价值、资源价值、政治价值、国家安全价值、消费价值、生态价值、审美价值、娱乐价值,等等。②海洋思维方式。海洋是陆地之外的第二生存空间,海上人群以海洋为依托,他们总是从海洋而不是从陆地的视角来看世界,其开放性、流动性、冒险性、创造力,都不是一般陆地的人们所能比拟的。从传统的海洋时代到大航海时代,人类经历了一次革命性的社会经济变革,海洋思维展示了海洋般强大的力量。③海洋品格。海上人群不管是船居、陆居或水陆两栖,向海而生、以海为田,生存环境的不稳定性、不确定性,赋予海上人群与陆地居民大不一样的生存本能、处事方式、自由意志和冒险精神。海洋文化史研究还包涵海洋信仰、民众习俗、海洋文化交流史、海洋文化遗产等内容。

建立海洋人文社会科学是因应我国国家海洋战略而出现的新兴科学领域。我国在未来发展中能否从战略高度成为无可置疑的海洋强国,国民能否成为具备海洋意识的大国公民,以及国际间是否能建构起公平原则的海洋秩序,先进的海洋人文社会科学都是关重要的。

(四) 文化产业工程

我们应深入发掘海上丝绸之路的文化内涵,为沿海地区发展旅游业、文化产业增添可资开发、永续利用的文化资源。

以"文化创意"为核心,通过技术的介入和产业化的方式制造、营销不同形态的文化产品,可以极大提升文化的认知度和附加值。海上丝绸之路旅游文化资源丰富,辐射区域广阔,有必要探索、制定海上丝绸之路沿线旅游经济合作规划,带动交通、餐饮、商贸、通信等相关产业的发展,发展相关文化产业,共享人文资源合作带来的共赢效益,使以海上丝绸之路文化遗产为主体的旅游—文化产业集群成为沿线区域社会经济发展的新增长点,使"南海Ⅰ号""南澳Ⅰ号"及南海神庙等海洋文化遗产在科学保护与合理开发利用中互相促进,相得益彰,成为见证人类海洋文明,沟通历史、现实与未来,造福人间、永续利用的人间美景。

以海上丝绸之路历史文化为内容,瞄准海上丝绸之路沿线国家和地区文化市场,打造具有岭南文化特色的文化产品,如精心设计和规划"重走海上丝绸之路文化线路",带动旅游、宣传、交通、餐饮、娱乐等相关产业的发展。

参 考 文 献

[1] Nakahara H. Economic Contribution of the Marine Sectors to the Japanese Economy [J]. Tropical Coast, 2009, 16 (1): 31 - 35.

[2] Pugh D, Skinner L. A New Analysis of Marine - Related Activities in the UK Economy with Supporting Science and Technology [J]. IACMST Information Document, 2002 (22).

[3] 陈爱慧, 刘淑静, 邹川玲, 等. 我国海水淡化产业区域发展特点及建议 [J]. 水利经济, 2015 (6): 61 - 64.

[4] 陈东景, 刘海朋. 海洋战略性新兴产业支撑条件评价与障碍因素诊断——以山东省为例 [J]. 东方论坛, 2018 (2): 9.

[5] 陈明宝, 韩立民. 蓝色经济区建设的运行机制研究 [J]. 山东大学学报 (哲学社会科学版), 2010 (4): 83 - 87.

[6] 程炜杰. 海洋第三产业发展若干思考 [J]. 开放导报, 2016 (2): 23 - 27.

[7] 都晓岩, 韩立民. 海洋经济学基本理论问题研究回顾与讨论 [J]. 中国海洋大学学报 (社会科学版), 2016 (5): 9 - 16.

[8] 冯冬. 我国海洋战略性新兴产业区域差异及影响因素分析 [D]. 天津: 天津理工大学, 2015.

[9] 付秀梅, 陈倩雯, 王东亚, 等. 我国海洋生物医药研究成果产业化国际合作机制研究 [J]. 太平洋学报, 2015, 23 (12): 93 - 102.

[10] 国家海洋局. 2017 年中国海洋经济统计公报 [R]. 2018.

[11] 国家海洋局. 海洋及相关产业分类 [S]. 北京: 中国标准出版社, 2006.

[12] 国家海洋局. 海洋经济统计分类与代码 [M]. 北京: 海洋出版社, 2000.

[13] 何广顺. 海洋传统产业总体稳定, 转型升级步伐不断加快——《2015年中国海洋经济统计公报》解读 [N]. 中国海洋报, 2016 – 03 – 07.

[14] 何广顺. 海洋经济稳中向好, 结构调整继续深化——解读《2017年中国海洋经济统计公报》[J]. 海洋经济, 2018 (2).

[15] 黄盛, 周俊禹. 我国海洋生物医药产业集聚发展的对策研究 [J]. 经济纵横, 2015 (7): 44 – 47.

[16] 姜勇, 赵喜喜, 田敬云, 等. 我国海洋可再生能源产业技术发展现状以及山东省未来发展思路 [J]. 海洋开发与管理, 2015, 32 (9): 32 – 35.

[17] 李双建, 于保华, 魏婷. 世界主要海洋国家海洋综合管理及对我国的借鉴 [J]. 海洋开发与管理, 2012 (5): 6 – 10.

[18] 李晓蕙, 韩园园. 我国海洋管理政府职能演化特征 [J]. 海南大学学报 (人文社会科学版), 2015 (11): 48 – 54.

[19] 李懿, 张盈盈. 国外海洋经济发展实践与经验启示 [J]. 国家治理, 2017 (2): 41 – 48.

[20] 林香红, 等. 英国海洋经济与海洋政策研究 [J]. 海洋开发与管理, 2014 (1): 110 – 114.

[21] 刘大海, 李森, 陈小英. 全球蓝色经济定量研究 [M]. 北京: 海洋出版社, 2018.

[22] 刘二森. 全球海洋工程装备市场格局与发展趋势 [J]. 中国工业评论, 2016 (9): 63 – 70.

[23] 刘海朋, 陈东景. 海洋战略性新兴产业研究进展综述 [J]. 海洋经济, 2017 (2): 55 – 64.

[24] 刘洪昌，张华. 战略性海洋新兴产业突破性技术创新路径及对策研究［J］. 当代经济，2018（12）：4-7.

[25] 罗兴婷，张苇锟. 海洋新能源产业技术创新系统构建及政策保障［J］. 资源开发与市场，2017，33（7）：789-795.

[26] 马飔，慈艳柯，马修水，等. 海洋工程装备产业发展现状及对策研究［J］. 电子世界，2018（12）：16.

[27] 毛伟，杜军，温秋靖. 我国海洋战略性新兴产业国际化发展研究［J］. 海洋开发与管理，2018（2）：7-10.

[28] 欧春尧，宁凌. 经济新常态下我国海洋生物医药产业发展战略选择研究［J］. 南方农村，2017，33（3）：18-23.

[29] 平瑛，赵怡慈. 供给侧视角下我国休闲渔业发展的影响因素研究［J］. 中国渔业经济，2016（5）.

[30] 孙国梁. 海洋战略性新兴产业的形成及培育策略研究［D］. 杭州：浙江大学，2015.

[31] 孙悦琦. 韩国海洋经济发展现状、政策措施及其启示［J］. 亚太经济，2018（1）：83-90.

[32] 同春芬，夏飞. 供给侧改革背景下我国海洋渔业面临的问题及对策［J］. 中国海洋大学学报（社会科学版），2017（5）：32-35.

[33] 王江涛. 我国海洋产业供给侧结构性改革对策建议［J］. 经济纵横，2017（3）：47-51.

[34] 王欣桐. 基于国际比较的我国海洋战略性新兴产业发展研究［D］. 海口：海南大学，2016.

[35] 王鑫. 海洋经济领域国际技术创新战略联盟的发展现状与趋势研究［D］. 青岛：中国海洋大学，2013.

[36] 王祎，李志，李芝凤，等. 基于产业链分析的海洋工程装备制造业发展研究［J］. 海洋开发与管理，2015（7）：40-43.

[37] 吴梵，高强，刘韬. 供给侧结构性改革下海洋环境污染治理新思路——以山东半岛蓝色经济区为例［J］. 生态经济，2017（8）.

[38] 吴磊, 詹红兵. 全球海洋治理视阈下的中国海洋能源国际合作探析 [J]. 太平洋学报, 2018, 26 (11): 56-69.

[39] 吴平平, 陆军, 陈峰. 我国海洋工程装备制造业面临的困境和解决措施分析 [J]. 南方农机, 2017, 48 (16): 174-174.

[40] 伍业锋. 海洋经济: 概念、特征及发展路径 [J]. 产经评论, 2010 (3): 125-130.

[41] 向晓梅, 张栓虎, 吴伟萍. 广东海洋经济发展水平省际比较及可持续发展的政策建议 [J]. 改革与战略, 2017 (4).

[42] 向晓梅. 农业供给侧结构性改革视角下我国海洋渔业转型升级路径 [J]. 广东社会科学, 2017 (5): 25-31.

[43] 杨锦坤, 韩春花, 田先德. 我国深海大洋数据资源管理实践与未来发展探索 [J]. 海洋信息, 2018 (4): 10-14.

[44] 杨尚宝. 我国海水淡化产业发展述评2016 [J]. 水处理技术, 2017, 43 (10): 1-3.

[45] 殷克东, 高金田. 海洋经济蓝皮书: 中国海洋经济发展报告 (2015—2018) [M]. 北京: 社会科学文献出版社, 2018.

[46] 尹肖妮, 王国红, 周建林. 区域知识承载力与海洋新兴产业集聚耦合研究 [J]. 华东经济管理, 2016, 30 (9): 59-65.

[47] 于会娟, 姜秉国. 海洋战略性新兴产业的发展思路与策略选择——基于产业经济技术特征的分析 [J]. 经济问题探索, 2016, 37 (7): 106-111.

[48] 张静, 韩立民. 试论海洋产业结构的演进规律 [J]. 中国海洋大学学报 (社会科学版), 2006 (6): 1-3.

[49] 张开城, 徐以国, 乔俊果. 中国蓝色产业带建设 [M]. 北京: 海洋出版社, 2017.

[50] 张兰婷, 倪国江, 韩立民, 史磊. 国外海洋开发利用的体制机制经验及对中国的启示 [J]. 世界农业, 2018 (8): 66-71.

[51] 张鑫, 宁凌. 以供给侧改革推进我国海洋产业转型升级——基于海

洋产业发展的灰色关联分析［J］．广东海洋大学学报，2017（2）：43－46．

［52］张耀光，刘锴，等．中国与世界多国海洋经济与产业综合实力对比分析［J］．经济地理，2017，37（12）．

［53］张雨山，刘骆峰．我国海水淡化与综合利用发展现状及前景展望［J］．建设科技，2016（1）：44－45．

［54］张紫云，周昌仕．供给侧改革下的海洋产业结构优化策略［J］．当代经济，2018（3）．

［55］郑根江，栗鸿强，薛立波，等．海水淡化产业现状［J］．水处理技术，2017，43（10）：4－6．

［56］仲雯雯．国内外战略性海洋新兴产业发展的比较与借鉴［J］．中国海洋大学学报（社会科学版），2013（3）．

［57］周玲玲，等．中国生态用海管理发展初探［J］．中国海洋大学学报（社会科学版），2017（6）：24－29．